Werner Gilde
Der Große Buddha lächelt

Werner Gilde

Der Große Buddha lächelt

Reisen zu Wasser und zu Lande

Mitteldeutscher Verlag
Halle · Leipzig

ISBN 3-354-00317-0

Lizenz-Nr. 444-300/8/88 · 7001
Printed in the German Democratic Republic
Illustration und Einband: Rolf F. Müller
Gesamtherstellung: Karl-Marx-Werk Pößneck V 15/30
Best.-Nr. 639 397 0

00850

Zur Sache

Das Leben an sich ist bereits kompliziert. Noch komplizierter wird es, wenn man über sein Leben berichten soll oder will. Jeder, der einen Lebenslauf schreiben muß, weiß das. Das Problem besteht darin, aus den 8760 Stunden eines Jahres diejenigen herauszufinden, in denen etwas passierte, das auch für einen Leser noch von einigem Interesse ist. Mein alter Deutschlehrer riet mir vor 50 Jahren: Halte dich einfach an Tatsachen.

Aber wer entscheidet, was Tatsachen sind oder nicht?

In meinem Buch: »Für 1000 Dollar um die Welt« schilderte ich nach den greifbaren Unterlagen das Leben des Kapitäns J. Voss, der am Anfang des Jahrhunderts die Welt umsegelte. Ein Mann, der in einem kleinen Boot so ein Abenteuer besteht, muß doch, nach meiner Ansicht, ein Mensch von Format sein. Die Leser scheinen einer ähnlichen Ansicht zu sein, denn das Buch erlebte bereits sieben Auflagen und ist ins Russische übersetzt.

Aber –

ein Exemplar verirrte sich nach Kanada, wo Voss zeitweilig wohnte und wo es in der Stadt Victoria sogar ein Museum über ihn gibt. In Kanada fand sich ein Leser, der deutsche Bücher liest. Dieser Leser kennt, so schrieb er mir, eine alte Dame, die die Tochter eines Mannes ist, der den Kapitän Voss zeitweilig begleitete. Und diese alte Dame berichtet, ihr Vater habe über Voss erzählt, dieser sei ein übler Säufer und Schmuggler gewesen. Vor allem schmuggelte er Chinesen in die USA hinein. Als nun einmal die Küstenwache hinter ihm her war (so erzählte die alte Dame meinem Leser), warf er kurzerhand die Chinesen über Bord.

Was sind nun die Tatsachen? Die Unterlagen aus dem Museum in Victoria oder die Lebenserinnerungen des Vaters der alten Dame?

Man sagt, für jedes Ding gäbe es drei Ansichten: meine, deine und die der Tatsachen.

Wie wir sehen, ist die Tatsachenansicht nicht besser als deine oder meine.

In einigen Büchern habe ich handwerkliche Vorgänge beschrieben. Diese Stellen unterliegen erfahrungsgemäß der besonderen Kontrolle fachmännischer Leser. Ich erhielt zustimmende Briefe von Zimmerleuten und von einem Segelschiffskapitän über den fachlichen Teil. Der Kapitän beanstandete aber, daß ich für ein Segel, das bei wenig Wind hin- und herschlägt, den Ausdruck: ›es flabbte‹ benutzte. Das war seine Ansicht. Nach meiner Ansicht gibt das Wort das Geräusch des schlagenden Segels sehr gut wieder.

Damit bin ich bei deiner und meiner Ansicht angelangt.

In dem Buch »Dienstreisen mit Augenzwinkern« erzählte ich, wie ein Engländer mit Namen Smith in der Bar des Hotels Elefant in Weimar seine Jacke auszog. Er trug nach der damaligen Mode eine schöne rote Weste. Ohne Jacke sah man aber, daß der Rücken der Weste zerrissen war, was mich zu Betrachtungen über das ehemalige englische Weltreich anregte.

Eine Dame, die damals mit in Weimar war, schrieb mir, die Weste sei nicht zerrissen, sondern zerschlissen gewesen. Wahrscheinlich hat sie recht, denn als Frau kann sie das besser beurteilen als ein Mann (vor allem um Mitternacht in einer Bar).

Mit voller Absicht verschwieg ich in früheren Berichten und in diesem die Namen meiner Begleiter (mit

Ausnahme den meiner Frau), damit sie nicht sagen müssen, sie hätten alles ganz anders gesehen und erlebt.

Aber ich danke ihnen allen für ihre kameradschaftliche Einstellung auf unseren Reisen.

Aus dem Beispiel mit der zerrissenen oder zerschlissenen Weste sieht man aber auch, daß es oft notwendig ist, den Namen von ausländischen Freunden zu verschweigen oder zu verändern. Das gilt um so mehr, wenn geschäftliche Interessen der DDR davon berührt werden.

Zu meinem Bedauern muß ich aus diesem Grunde auch auf die Erzählung einiger besonders schöner Erinnerungen verzichten.

Einmal war ich einige Tage mit einem Minister eines ausländischen Staates zusammen. Wir hatten fachlich und menschlich viel miteinander auszutauschen. Bei einem Gespräch über Jugendfragen sagte der Minister im Brustton seiner Dienststellung: »Nun will man bei uns auch noch die Bordelle abschaffen. Was sollen die armen jungen Männer dann machen?«

Es muß eine interessante Ministerratssitzung gewesen sein, in der dieser Beschluß gefaßt wurde.

Aber erzählen kann man die Geschichte nicht. Sie wäre zwar harmlos und (nach Fernsehmaßstäben) jugendfrei. Doch bestimmt würde der Außerordentliche und Bevollmächtigte Botschafter des Landes, in dem die Story sich ereignete, bei unserem Außenministerium vorsprechen und protestieren.

Beim Lesen dieses Buches wird vielleicht der eine oder andere feststellen, daß unverhältnismäßig oft über Zöllner, Polizei und Grenzbeamte geschrieben wurde, sowie über Essen und Trinken.

In meiner Eigenschaft als Direktor des Zentralinstitutes für Schweißtechnik habe ich Tausende von Betrieben im In- und Ausland besucht. Die Erfahrung lehrt, daß mit großer Wahrscheinlichkeit vom Pförtner eines Betriebes (oder vom Telefonfräulein, wenn man telefoniert) auf den Betrieb selbst geschlossen werden kann. Genauso wie die Betriebswache die Visitenkarte des Werkes darstellt, ist die Grenzübergangsstelle die Visitenkarte eines Landes.

Was die Eßgewohnheiten betrifft, so zeigen sie die meisten Menschen in einem gelösten Zustand. Es gibt dabei viel zu beobachten und zu bedenken.

Wer viel in der Welt herumkommt, wird bescheiden und tolerant. Er beginnt auch, manches zu Hause komisch zu finden.

Mit einem leisen Lächeln über sich selbst kommt man am weitesten.

Mein Dank gilt meinen Freunden und Bekannten in vielen Ländern, denen dieses Buch gewidmet ist.

Halle an der Saale – ein Ostseehafen?

Flüsse münden in der Regel in größere Flüsse und schließlich in das Meer. Wer sich einmal die Mühe macht und eine Karte der Binnenwasserstraßen der DDR zur Hand nimmt, findet, daß die Flüsse untereinander durch Kanäle verbunden sind. Und – der Zeigefinger verfolgt eine dicke blaue Linie, die anzeigt, daß hier Schiffe bis 1000 t Ladung fahren können – von Halle kann man über die Saale zur Elbe, von dort auf Kanälen zur Havel, weiter über einen Kanal um Berlin herumfahren. Von Berlin führt der Oder-Havel-Kanal über das berühmte Schiffshebewerk Niederfinow in die Oder, womit der Anschluß an die Ostsee erreicht ist.

Aber gerade hier lagen unsere Schwierigkeiten.

Wir hatten 1969 in Halle unseren Seekreuzer »Henriette« gebaut, 10 m lang, 3,05 m breit aus glasfaserverstärktem Polyester. Der Kran im halleschen Hafen ächzte, als er das 5 t schwere Boot anhob und in das schuhcremeartige Hafenwasser absetzte. Aber die »Henriette« schwamm. Ihr weißes Deck leuchtete in der Aprilsonne, und ihre grüne Außenhaut hob sich elegant gegen das Flußwasser ab. Konstrukteur und Erbauer betrachteten wohlgefällig das Produkt ihrer Zusammenarbeit.

Die Binnenwasserstraßenkarte hatten wir genügend studiert. Von der Binnenreederei besaßen wir einen Vertrag, nach dem ihre Schiffe uns von Halle nach Stralsund schleppen sollten. Schwierigkeiten machte uns nur das kleine Oderstück um Szczecin herum durch Polen hindurch. Zwar konnten Frachtkähne im Transitverkehr die Oder benutzen, aber ein Sportboot? Die Diplomaten, die den Transitvertrag ausgehandelt haben, hatten damals andere Sorgen, als an Sportboote zu denken.

Auch benötigte man in den damaligen Jahren einen Paß mit Visum, um durch die VR Polen reisen zu können.

Die Pässe waren noch verhältnismäßig einfach zu beschaffen, aber ein Transitvisum zum Befahren der Oder war ein anderer Fall. Es sagte zwar niemand: nein, aber es sagte auch keiner: ja.

Bekanntlich hilft Gott dem Seemann, vorausgesetzt er kann steuern. Jedenfalls fand im April in Berlin ein polnischer Staatsbesuch statt. Einer der Gäste äußerte den Wunsch, nach Halle zu fahren und dort meine Arbeitsstelle zu besuchen.

So fuhr bei uns eine Autokolonne mit Blaulicht und Polizei vor, und dem Tschaika-Wagen entstiegen prominente polnische Gäste. Der Besuch verlief zu ihrer Zufriedenheit. Bei der Auswertung herrschte eine gelokkerte Stimmung. Ich dachte an den Seemann, der steuern können muß, und trug bei einer passenden Gesprächspause meine Sorgen mit dem Transitvisum vor. Das Regierungsmitglied und die Vertreter der polnischen Botschaft in Berlin hörten sich mein Problem interessiert an. Dann führten sie untereinander ein Gespräch mit vielen Zischlauten, das der Dolmetscher nicht übersetzte. Dann wurde ich gefragt, wann ich die Oder befahren wolle.

»Zwischen dem 1. und 10. Mai.«

»Dobře«, sagte der Staatsgast auf deutsch, »es wird an der Grenze ein Visum für Sie vorliegen.«

Am 2. Mai frühmorgens nahm uns ein Motorboot der Binnenreederei auf den Haken und schleppte uns saaleabwärts. Die hohen Spundwände des Hafens blieben hinter uns. Am Hafenausgang in die Saale wühlte der Kiel der »Henriette« durch den dort abgelagerten Modder. Immerhin haben wir 1,50 m Tiefgang. Dann sind wir auf dem Strom. Rechts rückten die gelben Porphyrfelsen bis an das Ufer heran. Links zeigten sanft ansteigende Felder ein erstes, schwaches Maiengrün. Wenn das Wasser nicht so schwarz und stinkig wäre, würde die Saale bei Halle zu den schönsten Flüssen zählen, und die Touristen würden von weit her anreisen, um den Blick zu genießen.

Daß es früher einmal so war, zeigten die Überreste großer Gartenlokale am Saaleufer. Die alten Hallenser erzählen noch, wie sie in der klaren Saale gebadet hatten. Das Bild von der »Saale hellem Strande« scheint demnach nicht nur der Fantasie Franz Kuglers entsprungen zu sein. Es war einmal ein Stück Wirklichkeit.

Wir waren an diesem Morgen die einzigen Flußbefahrer weit und breit. Ich saß in der Plicht und steuerte die »Henriette« möglichst genau im Kielwasser unseres Minischleppers. Die Pinne lag angenehm leicht in der Hand. Das ist ein Zeichen, daß der Konstrukteur eine gute Bootsform gezeichnet hat.

Als Bedingung hatten wir beim Bauauftrag gestellt, das Schiff solle sicher sein und hochseetüchtig. Zwei Personen sollten ausreichen, um es zu segeln. Aber es sollte auch Schlaf- und Lebensraum für fünf Personen im Urlaub vorhanden sein.

Heute waren wir zu dritt. Henriette räumte die Kajüte ein, und Maren, eine unserer Töchter, half ihr dabei. (Maren verließ uns in Ueckermünde, als unsere Reise nach Schweden begann.) Gleich links (Verzeihung, backbord) am Eingang war die Pantry eingebaut mit einem zweiflammigen Propankocher, Topfregalen und Fächern für Teller, Tassen, Mehl, Salz und was sonst noch in einer Küche gebraucht wird. Alles war zu erreichen, ohne daß der Smutje seine Füße bewegte. Das erschien uns wichtig, denn im Seegang ist Kochen Schwerstarbeit; und der Koch muß sich festklammern können, wenn er mit heißen Speisen hantiert.

Maren werkte im »Salon«, wie in früheren Zeiten die Kajüte des Schiffers hieß. Er schloß sich, nur durch ein halbhohes Schott getrennt, an die Pantry an. Auf beiden Seiten sind in der Kajüte Sitzbänke, die gleichzeitig nachts als Kojen zum Schlafen dienen. Sie sind zwei Meter lang, und das ist gleichzeitig die Länge des Raumes. In der Mitte ist noch Platz für einen festgeschraubten Tisch, dessen eine Hälfte heruntergeklappt werden kann. Sie gibt dann den Durchgang zum Vorschiff frei. Neben den Bänken und unter ihnen ist Stauraum für Wäsche, Ersatzteile, Werkzeuge und was der Schiffer sonst noch alles braucht, um ein Segelboot betriebsfähig zu halten. Das Wichtigste sind einige Zentner Konserven. Seefahrt macht hungrig, und die nächste Einkaufshalle ist unter Umständen 100 Seemeilen entfernt.

Das Saaletal weitete sich. Rechts grüßte der Petersberg, berühmt als »höchste Erhebung bis zum Ural auf diesem Breitengrad«. Die Schallöcher im Turm der Kirche sind zu erkennen. Das bedeutet, daß wir uns auf der Rückseite einer Kaltfront befinden und mit Regenschauern zu rechnen ist. Oder mit anderen Worten: Auch im Mai setzt sich das typische Aprilwetter fort.

Auch Regen kann uns nicht schrecken. Die »Henriette« ist als Plastkonstruktion praktisch fugenlos gebaut und von unten und von oben absolut wasserdicht. Die Mannschaft, die draußen sitzen muß, um zu steuern oder sonstige Arbeit zu verrichten, trägt Ölzeug, das heißt, wir sagen noch Ölzeug, weil sich dieser Name aus der Zeit erhalten hat, als Leinenstoff noch geölt wurde, um ihn wasserabstoßend zu machen. Unser Ölzeug ist aus PVC oder polyurethanbeschichteten Stoffen hergestellt. Im Prinzip sind solche Anzüge wasserdicht, aber in der rauhen Wirklichkeit läuft Regen und Spritzwasser am Kragen und an den Manschetten unter die Wetterschutzbekleidung. Hinzu kommt noch die Wasserabscheidung des Körpers durch die Haut. Man muß zugeben, daß es eigentlich immer feucht unter dem Ölzeug ist.

Vor uns tauchte die erste Seilfähre auf. Ein Schild am Ufer machte rechtzeitig darauf aufmerksam. Unser Schlepper stieß mit seinem Horn einen langen Warnton aus, damit der Fährmann auf uns aufmerksam wird.

Seilfähren stammen noch aus der »guten alten Zeit« und sind ein Musterbeispiel menschlichen Scharfsinns. Einige 100 Meter vor der Fährstelle liegt mitten im Fluß ein schwerer Anker, von dem ein langes Drahtseil zum Fährschiff führt. Anker und Seil sind durch eine Reihe von schwimmenden Fässern sichtbar gemacht. Kurz vor der Fähre teilt sich das Seil in zwei Hälften, die an beiden Enden der Fähre über Winden laufen. Der Fährmann oder die Fährfrau kurbelt nun an den beiden Winden so, daß der Schiffskörper schräg vom Fluß angeströmt wird. Die Resultierende aus Wasserdruck und Widerstand des Seiles setzt die Fähre in Bewegung und treibt sie zum anderen Ufer.

Was wir in der Schule mühevoll (und meistens schrecklich theoretisch) über das Parallelogramm der Kräfte lernen, haben die Fährleute seit langem ausgenutzt. Jeder Naturschützer müßte begeistert sein, daß hier ein Schiff ohne Atom-, Motor-, Dampf- oder sonstige künstliche Kraft bewegt wird.

Nur der Steuermann unseres Schleppers flucht. Er muß genau aufpassen, daß er auf die richtige Seite der Fähre kommt, denn der halbe Fluß ist ja immer durch das Drahtseil gesperrt. Der Zufall will es fast regelmäßig, daß die Fähre sich in Bewegung setzt, wenn ein Schiff bergab (also mit hoher Geschwindigkeit) kommt. Dann ist immer die Frage: komme ich noch vor der Fähre vorbei, oder muß ich hinter der Fähre herumfahren?

Von uns mit Herzklopfen erwartet, taucht die erste Schleuse auf. Als man anfing, in größerem Maße Schleusen zu bauen, also um 1750, wurden sie für die Bedürfnisse von Holzkähnen mit dicken Holzwänden ausgelegt. Die moderneren Schleusen des zwanzigsten Jahrhunderts (wie hier an der Saale) sind für große Motorkähne bis zu 1000 t Tragfähigkeit gebaut. In keinem Fall dachten die Baumeister an Segeljachten mit empfindlicher Außenhaut, einem tiefen Kiel und 10 Meter Länge. Bei uns kommt noch hinzu, daß der 11 Meter lange Mast an Deck liegt und achtern über das Heck hinausragt.

Unser Schlepper bugsierte uns aber vorsichtig und gekonnt in die Schleusenkammer. Das Tor schloß sich hinter uns, und langsam schien die Schleusenwand neben uns zu wachsen. Wir schleusen »bergab«. Dabei entstehen keine größeren Strömungen in der Kammer. Wenn wir später, um von der Elbe in die Havel zu kommen, »bergauf« schleusen, werden wir noch viel Arbeit und Ärger mit dem in die Kammer schießenden Wasser haben.

Die Burg von Wettin und das Schloß von Bernburg schauen auf uns herab. Im Mittelalter lagen sie an einer breit dahinfließenden Saale. Mit dem Beginn des Industriezeitalters wurde der Fluß immer mehr eingeengt, einmal um die Überschwemmungsgefahr zu mildern, und dann, um ihn zu vertiefen. Man erkannte die große Möglichkeit, die ein Warentransport auf dem Wasserwege bietet, besonders für Massengüter. Porzellanerde, Kies, Zuckerrüben, Korn waren auf dem Fluß billiger zu transportieren als auf der Landstraße mit Pferd und Wagen. Auf alten Bildern sieht man noch die zahlreichen

Flußkähne mit einem hohen Mast. An ihm wurde das Zugseil befestigt, an dem Pferde, Ochsen oder Menschen den Kahn bewegten.

Noch bevor die erste Eisenbahn gebaut wurde, versuchte man, die Flußschiffahrt zu motorisieren. Im Jahre 1816 baute ein Herr Humphrey mit »hoher königlicher Genehmigung« zu Berlin das erste deutsche Dampfschiff, die »Königin Charlotte«. Sie brachte es auf stolze 14 PS Leistung mit ihrer Dampfmaschine. Weitere Schiffe folgten, zuerst in Berlin und später in Dresden. Das Haupthindernis für diese Dampfschiffe waren die zahlreichen Zollstationen, bei denen sie halten mußten. Die Zöllner hatten es bei der Abfertigung nicht besonders eilig. Daher beschwerten sich die Dampfschiffbesitzer bei einer löblich königlichen Regierung und rechneten vor, daß ein Schiff, um 12 Groschen Zoll zu zahlen, drei Stunden festgehalten würde. Dabei (so schrieben sie) müßte aber der Kessel weiter geheizt werden, wobei für sechs Taler Kohle verfeuert würde. Die Ausnutzung der Grundmittel ist also kein Problem der Neuzeit.

Auf der Saale verkehrten um 1900 Kettendampfer. Eine Kette lag auf dem Flußgrund von Halle bis zur Flußmündung. Besonders gebaute Dampfschiffe ließen die Kette über ein Rädersystem an Deck laufen und zogen sich so an der Kette den Fluß entlang. Schwierig wurde es, wenn zwei Kettendampfer sich begegneten. Dann mußten komplizierte Manöver gefahren werden, um das eine Schiff von der Kette zu lösen, es um das andere Schiff herumzuführen und die Kette wieder aufzunehmen.

Den entscheidenden Rückschlag erhielt die Flußschiffahrt durch den Lastkraftwagen. Es wurde in allen Ländern jahrelang übersehen, daß der LKW »so billig fährt«, weil er Straßen benutzt, die aus anderen Konten bezahlt werden. Sie (die Straßen) waren sowieso da,

dachte man. Erst der Schwerlastverkehr mit seinen Straßenschäden machte die falsche Rechnung deutlich, und die Ölknappheit zwang zum Überdenken der Transportprobleme.

Ich erzählte schon, daß wir auf unserer Fahrt 1969 auf der Saale keinen Frachtkahn sahen. Inzwischen hat sich die Lage geändert. Die Transportmengen der DDR-Binnenreederei stiegen von 13,7 Millionen Tonnen (1970) auf 16,5 Millionen Tonnen (1983).

Hinter Bernburg wurde (und wird leider immer noch) die Saale noch schmutziger. Große gelbbraune Schaumballen drehen sich träge in der Strömung. Der Fluß verläuft größtenteils zwischen Deichen. Die Flußufer sind mit Steinen ausgelegt, die mit einer öligen Schmutzschicht bedeckt sind.

Der Schriftsteller Ben Hardy, der Seemannsgeschichten im Stil von Ringelnatz schreibt, machte ein Gedicht, in dem es heißt:

»Jeder Fluß muß strenggenommen
um die Küste zu erreichen
erst einmal herunterkommen.«

Hardy überschrieb das Gedicht: Die Rhône. Und er dachte bei dem mehrdeutigen Wort: herunterkommen hauptsächlich an die Hafenlokale am Mittelmeer. Aber für die Saale, vor allem hinter Bernburg bis zur Mündung, paßt der Vers auch.

Obwohl wir das Wasser (?) mit Abscheu betrachteten, schwammen Hunderte von Wildenten darin. Am Ufer stehen Reiher und überlegen lange, ob sie unseretwegen auffliegen sollen oder nicht. Schließlich breiten sie doch ihre Schwingen aus und bringen sich in Sicherheit, wobei sie jedesmal einen kräftigen weißen Kotstrahl verächtlich ausstoßen.

Plötzlich liegt das weite Wasser der Elbe vor uns. Es ist nicht ganz so schmutzig wie das der Saale. Wir erinnern uns, 1949 noch an verschiedenen Stellen gebadet zu haben, aber heute möchten wir nicht mehr in die trüben Fluten steigen. Vielleicht liegt unsere Abneigung auch daran, daß gerade ein kalter Regenschauer auf uns niedergeht. Der Fluß sieht trostlos aus. Zehn Minuten später liegt alles im hellen Sonnenschein, die Ufer sind leicht begrünt, und der Frühling liegt in der Luft. So schnell wechselt hier das Aussehen der Natur und auch unsere Stimmung.

Abends liefen wir in einen Seitenarm der Elbe kurz vor Magdeburg ein. Dort befindet sich ein Büro der Binnenreederei. »Wir haben Sie schon erwartet. Morgen früh schleppen wir Sie zur Schleuse Niegripp. Dort wird nachmittags ein Schleppzug zusammengestellt, an den Sie sich anhängen müssen. Der Motorkahn heißt ›Plaue‹.«

Am nächsten Morgen herrschte erst einmal dichter Nebel. Die Sicht lag unter zehn Meter, und aller Verkehr ruhte. Erst nach Stunden des Wartens und Frierens tauchten die Umrisse eines Schleppers auf.

»Halten Sie sich immer genau in meinem Kielwasser«, rief eine Stimme aus dem Nebel, und ein Schatten warf mir eine Leine zu. Langsam zog der Schlepper an. Sobald der Hafen hinter uns im Nebel verschwand, erhöhte er seine Geschwindigkeit. Vor mir glühte matt seine Hecklaterne, die ich ansteuerte. Links und rechts standen Nebelwände. Nur über uns wurde es lichter. Zwei dunkle Schatten waren wenige Sekunden links und rechts zu sehen, und über uns rumpelte es. Wir unterfuhren eine Brücke.

Bisher war mir unter dem Ölzeug trotz des kalten Nebels warm gewesen. Jetzt begann ich zu schwitzen. Einige Meter nach rechts aus dem Kielwasser des Schleppers ausgeschert, und die »Henriette« hätte den Brückenpfeiler gerammt. Wahrscheinlich hatte der Steuermann des Schleppers, weil er auf seiner Brücke viel höher stand als ich in der Plicht, eine bessere Sicht und konnte sich gar nicht vorstellen, daß ich nur den Schimmer seiner Hecklaterne sah.

Bei einer späteren Gelegenheit bin ich wieder durch die Magdeburger Brücken und am berüchtigten Domfelsen vorbeigefahren. Unter dem einen Brückenjoch wurde das Wasser so zusammengepreßt, daß es vor der Brücke deutlich höher stand als hinter der Brücke. Bei Tag und Sonnenschein war die Fahrt schon aufregend genug. Bei Nebel möchte ich sie nicht wiederholen.

Außerhalb Magdeburgs wurde der Nebel schnell lichter. Schließlich waren die Elbufer deutlich zu sehen. Auf dem Wasser lagen noch einzelne Nebelbänke. Es war ein seltsames Bild, wenn über einer Nebelbank ein Mast mit einer Flagge zu sehen war, der sich scheinbar ohne

Untersatz in den weißen Wolken bewegte, bis plötzlich der Rumpf eines Motorkahnes aus dem Nebel hervorstieß, zu dem der Mast gehörte.

Rechts weitete sich eine Bucht. Am Ufer lagen Schleppkähne und Motorkähne. Dahinter waren die mächtigen Tore der Niegripper Schleuse zu sehen. Alles ist einige Nummern größer als auf der Saale. Unsere »Henriette« schrumpft sichtlich zusammen. Vom Bug bis zum Heck zehn Meter wirken winzig vor einer Schleusenkammer, die für 1000-Tonnen-Schiffe ausgelegt ist.

Ein Lautsprecher brüllt über das Wasser: »Die grüne Jacht soll einfahren.«

Unser Schlepper wirft die Schleppleine los. Wir bringen unsere »Forelle« zum Laufen und tuckern mit 6 PS zur Schleuse.

»Beeilen Sie sich!« schreit der Lautsprecher.

Wir möchten schon, aber mehr als Vollgas können wir nicht aus dem Motor herausholen. Wir haben außerdem den Eindruck, daß die Stahlwände der Schleuse viel zu schnell auf uns zukommen.

Hinter uns schließt sich das Schleusentor. Wir sind allein in der Kammer. Vor uns viel Wasser bis zum oberen Tor. Hinter uns viel Wasser bis zum unteren Schleusentor. Über uns eine himmelhohe Spundwand voller Öl und Schlick. Und mitten drin haben wir an einem Haken unsere Leinen festgemacht und harren der Dinge, die da kommen werden. Sie kommen in Form eines ungeheuren Wasserschwalls, als die Schütze im oberen Tor geöffnet werden. »Henriette« zerrte an den Festmachern und drohte abwechselnd mit Bug und Heck gegen die Schleusenwand zu schlagen.

Da wir mit dem Wasser in die Höhe stiegen, versank der Haken, an dem wir festgemacht hatten, unter uns im Wasser. Mit Mühe hielten wir das Boot an der Wand frei, und es gelang uns noch gerade, rechtzeitig vom

Festmacherhaken freizukommen und einen neuen zu finden, der höher sitzt.

Dann öffnete sich das obere Tor, und wir konnten hinausfahren. Später benutzten wir Schleusen, die viel unangenehmer waren, aber da hatten wir uns daran gewöhnt und waren nicht mehr so beeindruckt.

Hinter der Schleuse lag ein Lastkahn am Ufer, dessen Schiffer uns heranwinkte.

»Ihr sollt mit uns auf die ›Plaue‹ warten«, rief er.

Es war einer der kleinen motorlosen Lastkähne, die damals schon selten waren. Nur noch 120 Stück ihrer Art wurden 1969 über Flüsse und Kanäle vom Schlepper gezogen. War kein Schlepper vorhanden, ergriffen die zwei Männer der Besatzung lange dicke Stangen, während die Frau des Schiffers an die drei bis vier Meter lange Ruderpinne ging. Die Männer setzten am Bug des Kahnes auf jeder Seite eine Stange in das Wasser oder an das nahe Ufer. Ihre Schultern stemmten sie in Stützen am oberen Ende der Stange, und dann begannen sie mit ganz kleinen Schritten zum Heck zu gehen. Dabei schob sich der Kahn langsam, ganz langsam vorwärts. Es war eine bittere Arbeit. Von den 120 Kähnen von 1969 sind heute nur noch ein Dutzend in Betrieb. Wer den Kahnschiffern beim Treideln zusah, ist froh, daß dieses Stück »Romantik« ausgestorben ist.

Romantisch war so ein Kahn auf den ersten Blick schon. Die Besitzerfamilie lebte in winzigen Puppenstubenräumen auf dem Achterdeck. Die Stuben waren kleine Schmuckkästchen, die die Schiffersfrau uns mit Stolz vorzeigte. Weniger romantisch lebte der Bootsknecht in der »Hölle«, das war ein Raum im Bug des Schiffes. Hier ging es spartanisch zu.

Die Familie der Kahnschiffer stammte meistens aus bestimmten Orten wie: Aken, Zerpenschleuse oder Liebenwalde.

Unser Kahn war aus Zerpenschleuse. Die Schiffersfrau freute sich, durch unseren Besuch etwas Abwechslung zu haben.

Am Nachmittag erschien aus der Schleuse das Gütermotorschiff »Plaue«. Ein Schleppzug mit drei Kähnen wurde zusammengestellt, und als vierter Anhang kam die »Henriette«. Es war schön, so weit von den röhrenden Dieselmotoren der »Plaue« entfernt zu sein.

Wir drei lösten uns an der Pinne ab und genossen die Wälder am Elbe-Havel-Kanal und später die Havel mit ihren Seen.

Wer von uns müde war, zog sich in das Vorschiff zurück. Von der Kajüte geht es bei uns in einen winzigen Raum. Steuerbord befindet sich dort der Kleiderschrank für die Landgangssachen und backbord das WC, ein wichtiger Bestandteil eines Bootes, das längere Fahrt macht. Davor, nochmals durch ein Schott getrennt, liegt das Vorschiff mit zwei Kojen, wo man ruhig und ungestört vom Bordbetrieb schlafen kann. Durch die Bootswände hört man das Wasser gurgeln, was wunderbar einschläfernd wirkt.

Nach der Durchfahrt durch Genthin wurde es dunkel. Der Motorkahn gab einige Signale mit seinem Typhon. Auf den Kähnen wurden die Schleppdrähte losgeworfen. Während der Schiffer und sein Gehilfe die langen Drähte mühevoll einholten und auf einer Trommel aufwickelten, stand die Schiffersfrau am Ruder und steuerte.

Ihr Rock wehte in der Abendbrise, und wir unterhielten uns, warum die Frauen auf den Kähnen fast alle Röcke trügen, obwohl Hosen doch viel praktischer wären. So denken wir zunächst, weil beim Segeln Hosen die Einheitskleidung für alle Geschlechter sind. Vielleicht hängt das Röcketragen einfach mit der Tradition zusammen. Die ersten Generationen von LPG-Bäuerinnen trugen auf den Feldern grundsätzlich lange Hosen und darüber Röcke, sozusagen als Kompromiß zwischen alter und neuer Zeit. Jetzt ist auf den Feldern der Rock verschwunden.

Daß auf den Wasserstraßen zwischen Elbe und Oder bestimmte Traditionen herrschen, stellte um 1930 bereits der Engländer Forester fest. Er beschrieb in seinem Buch: »Bootsfahrt in Deutschland«, was er alles gesehen hatte. Tief beeindruckte ihn, daß Frauen (damals) bei großer Hitze im Unterrock an den Flußufern saßen (how shocking!), ohne daß die Moral der deutschen Männer dadurch ins Wanken kam.

Inzwischen lief unser Kahn, an dem wir dranhingen, immer langsamer. Er schlich nur noch durch das Wasser. Aber seine träge Masse ließ ihn immer weiter treiben. Schließlich, als er fast stand, drückte die Schiffersfrau mit aller Kraft das Steuer herum. Ganz sanft legte sich der Kahn an zwei dicke, eiserne Dalben. Feierabend!

Beim Morgengrauen dröhnte wieder das Typhon des Schleppers und weckte uns. Der Kanal war nebelbedeckt und sah trostlos aus. Die Schiffer machten die Schlepptrosse fertig, und langsam setzte sich der Schleppzug in Bewegung.

Unser Kanal mündet in den Plauer See. Da die Sonne durchkam, gewannen wir Interesse für unsere Umwelt. Auch ein kräftiges Frühstück hatte dazu beigetragen. Von links stößt der Schiffahrtsweg entlang der Havel zur Elbe auf unseren Kurs. Zu den DDR-Schiffen und den polnischen Motorkähnen, die im Transit unsere Kanäle benutzen, kommen jetzt noch Kähne aus der BRD, die Westberlin versorgen.

Alle wollen und müssen durch die Brandenburger Vorstadt-Schleuse. Die Schleuse ist eines der Nadelöhre der Binnenschiffahrt. Mehr als 100 Schiffe müssen täglich durch die Schleusenkammer. Eigentlich darf die

»Henriette« nicht mitschleusen, weil sie kein Frachtschiff ist. Für Sportboote gibt es die kleine Stadtschleuse. Aber wenn wir uns von unserem Schleppzug abhängen und den Umweg durch die Stadt machen, verlieren wir unseren Schlepper.

Also schlängelten wir uns mit klopfenden Herzen zwischen die hohen Stahlwände der großen Kähne und hofften, daß uns keiner erdrückt. Zu unserem Glück waren alle Kahnschiffer sehr besorgt um unser Wohl, und sie gaben sich große Mühe, sich von uns frei zu halten.

Hinter Ketzin bogen wir in den Havel-Kanal ein, der uns um Berlin herumführt und uns hinter Hennigsdorf wieder ein kurzes Stück in die Havel zurückbringt. Hier wurden wir alle Schleppkähne los und hängten uns direkt an das breite Heck von MS »Plaue«. Da der Widerstand der Kähne fehlte, erhöhte sich auch die Geschwindigkeit des Motorkahnes. Nun besitzt jedes Schiff eine Grenzgeschwindigkeit, die der Wurzel aus seiner Wasserlinienlänge entspricht. »Henriette« besitzt eine Wasserlinienlänge von etwa 9 Metern, die »Plaue« ist wohl 80 Meter lang. Die Wurzeln verhalten sich also wie 3 zu 9, das heißt, die »Plaue« besitzt von der Schiffsform her eine dreimal so hohe mögliche Höchstgeschwindigkeit wie unser Boot. Zwar fuhr der Motorkahn nicht mit Höchstgeschwindigkeit, aber er fuhr doch so schnell, daß wir unsere mögliche schnellste Fahrt fast erreichten. »Henriette« hob sich vorne aus dem Wasser und saugte sich mit dem Heck tief weg. Ihre Verbände knirschten unter der Beanspruchung. Aber wir denken, wenn sie diese Belastung aushält, wird sie uns später auf See nicht im Stich lassen. So preschten wir den endlos langen Oder-Havel-Kanal entlang bis zum Schiffshebewerk Niederfinow.

Bestimmte Bauwerke genießen legendären Ruhm, z. B. der Eiffelturm, weil sie eine neue technische Periode einleiteten. Das Schiffshebewerk Niederfinow gehört auch dazu.

Ursprünglich mußten die Kähne über eine Schleusentreppe mit langen Schleusenzeiten, die 36 m bergauf oder bergab geschleust werden.

Im Jahre 1934 wurde anstelle der umständlichen Mehrfachschleusung das Schiffshebewerk in Betrieb genommen. Wie bei fast allen technischen Höchstleistungen ist sein Prinzip sehr einfach. Ein großer Fahrstuhl ist über ein System von Drähten mit Betonklötzen im Gleichgewicht. Daher sind nur geringe Kräfte erforderlich, um den Fahrstuhl zu bewegen. Der »Fahrstuhl« ist als ein riesiger Wassertrog von 85 m Länge und 114 m Breite ausgebildet, mit Toren an jedem Ende, die bei Bedarf geöffnet oder wasserdicht verschlossen werden können.

Die »Plaue« und die »Henriette« fuhren langsam in den oben liegenden Trog ein. Der Blick schweift aus 36 m Höhe weit über die Oderebene. Er geht aber auch zu dem feingliedrigen Stahlgerüst und den Drahtseilen des Hebewerkes. Hinter uns schloß sich das Tor. Natürlich weiß ich, daß die 1000 Tonnen der »Plaue« die Gesamtmenge des Troges nicht verändern, weil die gleiche Menge Wasser bei der Einfahrt hinausgedrückt wurde. Aber zwischen Schulwissen und Vorstellungsvermögen ist ein großer Unterschied. Ich habe das Gefühl, der Fahrstuhl sei um unser Gewicht schwerer geworden. Mit 12 cm/s und ohne Problem sinken wir in die Tiefe. Das untere Tor ging auf, und wir sahen das riesige Bauwerk hoch über uns stehen.

Der Schiffer der »Plaue« ist offensichtlich froh, daß er die 32 m Höhenunterschied in wenigen Minuten überwunden hat. Er legte noch etwas in der Geschwindigkeit zu. Später erfuhren wir, er wollte noch vor der Ladenschlußzeit in Hohensaaten sein, wo wir über Nacht bleiben sollten.

Ein Motorboot der Polizei kam am Feierabendplatz zu uns, und ein Unterleutnant wollte genau wissen, woher wir kommen und wohin wir wollen.

»Ich kann Sie nicht über die Grenze lassen«, sagte er. »Die polnische Seite schickt Sie zurück.«

Wir bestanden darauf, daß unsere Papiere in Ordnung seien und er uns nicht festhalten dürfe.

Schließlich meinte er, wir könnten ja fahren, aber wir würden schon sehen, daß wir Ärger bekämen.

Nach dieser Prophezeiung klopfte uns doch das Herz, als wir am nächsten Morgen auf die Oder hinausfuhren. Einige Kilometer weit stehen auf der rechten Flußseite rot-weiße und auf der linken Seite schwarz-rot-goldene Grenzpfähle. So ganz haben wir demnach die DDR noch nicht verlassen.

Die »Plaue« warf mitten im Strom ihre Heckanker. Wir trieben an ihrem Heck vorbei und legten uns längsseits an ihre Bootswand.

Jetzt, vor Anker, sehen wir, mit welcher Kraft die Strömung läuft. Mit unseren lächerlichen 6 PS kommen wir nie nach Hohensaaten zurück, wenn man uns nicht weiterfahren läßt.

Von der DDR-Seite naht ein graues Motorboot zur Abfertigung. Von der anderen Flußseite kommen sogar zwei Boote. Der Schiffer der »Plaue« murmelt etwas von: großem Bahnhof und macht ein bedenkliches Gesicht.

Als erste kamen unsere Grenzorgane an Bord.

»Sie wollen also im Transit durch Polen?« Tiefer Zweifel ist in der Stimme.

Dann kam das erste polnische Boot. Auf der »Plaue« fand eine Konferenz der Grenzorgane statt, und sie besprachen: (wie es in Pressemeldungen immer so treffend heißt) Fragen von beiderseitigem Interesse.

Ihr Interesse galt uns, und an den Gesichtern unter

den verschiedenen Uniformmützen war zu sehen, daß wir irgendwie störend wirkten.

Unterdessen machte das dritte Boot fest. Aus der Art, wie die Hände an die Mützenschirme flogen, war zu entnehmen, der Uniformierte, der ausstieg, muß in der Rangliste ziemlich hochstehen.

Er ließ sich einen Lagebericht geben, in dem wir die Hauptrollen spielten. Dann kam er auf uns zu. Aus der Tasche holte er ein Notizbuch, in dem er eifrig blätterte. Wir vermuteten, daß er einen Paragraphen suchte, gegen den wir verstoßen haben.

»Sind Sie Pan Gilde?« fragte er auf deutsch. »Ich habe die Weisung, Ihnen ein Transit-Visum zu geben.«

Dankbar erinnerte ich mich an den Staatsbesuch vor einigen Wochen und beschloß, nie mehr an dem Wort eines Diplomaten zu zweifeln.

Die Fahrt auf der Oder ging mit dem Strom und dem Bewußtsein, das entscheidende Hindernis überwunden zu haben, sehr schnell. Wir redeten noch mal über die Tage auf den Kanälen. Immerhin haben wir über 400 Kilometer seit der Abfahrt von Halle zurückgelegt. Da das Wasserstraßennetz der DDR 2300 Kilometer lang ist, kennen wir demnach einen beträchtlichen Teil der Flüsse und Kanäle, auf jeden Fall aber die bedeutendsten Wasserwege. Wie ausgedehnt das Fluß- und Kanalsystem ist, wird uns klar, als wir es mit der Länge unserer Autobahnen vergleichen. Sie sind insgesamt nur 1700 Kilometer lang.

Nach wenigen Stunden wechselten plötzlich im Fahrwasser die Tonnen in Farbe und Größe. Wir verließen demnach die Binnenwasserstraßen und erreichten das Gebiet der Seewasserstraßen. Die Oder weitete sich seeartig. Der erste Leuchtturm tauchte auf.

Am eindrucksvollsten ist für uns stets der norddeutsche Himmel. Über Halle bis nach Berlin hin steht fast immer eine Dunstglocke. Hier an der Küste ziehen Wolken wie große Segelschiffe über einen blauen Hintergrund. Und wenn schlechtes Wetter ist mit Wind, Regen oder Schnee, dann ist im Norden richtiges schlechtes Wetter. In Mitteldeutschland sieht schlechtes Wetter immer so aus, als wolle es sich entschuldigen.

Jedenfalls empfing uns das Oder-Haff so angenehm wie möglich. In Trzebiez legten wir an, um aus Polen auszuklarieren. Vor uns wurde ein Schubverband abgefertigt. Der Sprung vom alten Schleppkahn zum Motorkahn ist groß, der Sprung zum »Schuba« ist noch größer. Fast 150 Meter lang ist der Verband, also länger als manches Seeschiff.

Auf der »Henriette« nutzten wir die Zeit bis zur Abfertigung und setzten den Mast. Nun sahen wir wie ein richtiges Segelboot aus. Die Weiterfahrt über das Haff nutzt der Schiffer, um das Boot segelklar zu machen.

Die »Plaue« schleppte uns an Leuchttürmen und großen Tonnen vorbei. Seeschiffe auf der Fahrt nach Szczecin kamen uns entgegen. Ihre Heckwelle ließ die »Henriette« tief wegtauchen. Sie zerrte an der Leine, die sie mit der »Plaue« verband, als wollte sie andeuten: nun ist es genug mit der Schlepperei.

Wir bogen aus dem Fahrwasser, das zur Ostsee führt, nach Westen ab und näherten uns der Grenze zwischen der VR Polen und der DDR.

Eine Tonnenreihe quer über das Haff von Kamminke auf Usedom bis in die Nähe von Altwarp auf dem Festland zeigte die Grenze an. Auf der östlichen Seite lag ein Wachschiff der polnischen Grenzbehörden, und auf der westlichen Seite ankerte ein graues Schiff mit der DDR-Dienstflagge. Wir sahen die Optiken der Ferngläser blitzen, die auf uns gerichtet waren. Eine Jacht war damals ein ungewohntes Bild. (Heute gehören Jachten im Transit zum Alltag.)

Nach einigen Stunden ankerten wir vor Karnin und klarierten wieder in die DDR ein. In einem zweiten Motorboot kam extra unseretwegen ein Major herausgefahren.

»Wo kommen Sie denn her?« Die Betonung liegt auf dem Wort Sie.

»Aus Halle.«

Es folgt ein Studium unserer Pässe.

»Wo wollen Sie hin?«

»Nach Ueckermünde.«

»Was wollen Sie dort?«

»Segeln.«

Damit war das Gesprächsthema erschöpft. Wir erhielten einen Stempel in die Pässe gedrückt und waren damit wieder vollwertige Bürger der DDR.

Unsere Segel gingen hoch, ein letztes Winken zur Besatzung der »Plaue«, und die »Henriette« schäumte durch das trübe Haff-Wasser. Ein Segelsommer begann.

Die Reise nach Ystad

Man sagt, das Ankommen ist das Schönste an einer Reise. Für Seereisen sehe ich das anders. Für uns ist der schönste Augenblick, wenn Rasmus seinen Schluck aus der Flasche (zu deutsch: seinen Köm aus dem Buddel) bekommt.

Die »Henriette« pflügt durch den Sund, Richtung See. Die Türme von Stralsund und die Rathausfassade bleiben hinter uns. Hinter uns liegt auch die Lauferei wegen der Reisepapiere. Das Schleppen des Proviantes und des Wassers ist fast vergessen. Vorbei ist die Zeit, wo der Schipper plötzlich aufsprang und auf seinem Merkzettel Notizen machte, was noch zu tun sei.

Wir haben ausklariert, und als der Genosse vom Zoll uns die letzte Festmacherleine zuwarf, waren alle Gedanken an die letzten Tage und die Hektik der letzten Stunden vergessen. Vor uns liegen fünf Wochen, aus denen wir das Beste machen wollten.

Der Schipper prüft noch einmal den Stand der Segel, alles ist o. k. Die erste Eintragung in das Bordbuch über das Ausklarieren, das Wetter, die Wetteraussichten und die Segelführung sind gemacht. Nun ist es an der Zeit, Rasmus günstig zu stimmen.

Wer Rasmus ist, läßt sich nicht genau erklären. Er ist jedenfalls verantwortlich für gutes oder schlechtes Wetter, für gute oder schlechte Fahrt und für die Stimmung an Bord. Ihm steht nach 30jähriger Tradition auf unserem Schiff zu Beginn der Segelsaison und zu Beginn einer größeren Reise ein Schnaps und eine Ansprache des Schippers zu.

Ich hole daher die berühmte Flasche, deren Inhalt in Nordhausen produziert wird, und halte die folgende Rede:

»Also Rasmus, wie wöllt nun no Schweden seilen. Schick uns goden Wind, nicht to veel, abers blot nicht to wenig. Lot emm von de richtigen Siet weihen. Wi brukt jümmers eene Handbreet Water ünnern Kiel. Und dat wie uns god verdrägt. Prost!«

Und damit schüttete ich Rasmus einen kräftigen Schluck Köm über Bord.

Dann setzt der Steuermann die Buddel an die Lippen. Aber Henriette tut nur so, als ob, denn sie trinkt keinen Schnaps. Als nächster ist der Schipper an der Reihe. Er nippt nur schwach. Nordhäuser ist bei ihm mehr bei Magenverstimmung oder zu Eisbein gefragt. Die Hauptsache ist, Rasmus hat seinen Teil erhalten. Er weiß jetzt, was wir wollen. Im Zweifelsfall wird er nun seinen großen Daumen dazwischen halten.

Unser Schnapsvorrat beträgt jetzt zwei Flaschen minus ein Glas. Das ist wichtig, denn die schwedischen Zollbestimmungen sind streng. Schweden ist ein halbtrocknes Land, das heißt, Alkohol wird nur in staatlichen Monopolläden zu enormen Preisen verkauft. Daher sind unsere Flaschen für uns, was für einen Ölscheich seine Ölquellen sind. Für Öl kann man bekanntlich fast alles in der Welt kaufen.

Bei unseren Einkaufsunternehmungen vom Seglerhafen aus gingen wir am Frankendamm immer wieder an einem Teil der ehemaligen Stadtbefestigung mit einer Marmortafel vorbei, auf der mit Goldbuchstaben steht, daß hier König Karl XII. im Jahre 1715 einige Wochen während der Belagerung von Stralsund lebte.

Nun wurden und werden ja immer wieder überall Gedenktafeln angebracht, daß ein berühmter Mann hier einmal sein müdes Haupt ausruhte. Die Stralsunder Tafel ist aber so groß, daß wir verleitet werden, uns zu informieren, was seine Majestät eigentlich in Stralsund wollte.

Karl XII. ist wohl der König, der die meisten Kriege geführt hat und folgerichtig sein Land ruinierte. Schweden war nach dem 30jährigen Krieg ein Riesenreich, dessen Ostgrenze am Ladogasee lag und das zahlreiche Provinzen entlang der Festlandsküste der Ostsee besaß. Fünfzig Jahre später schlug Karl XII. sich mit Russen, Polen und Sachsen (!) herum, um diese Außenposten zu erhalten. Der Zar Peter I. drängte die Schweden in langen Kämpfen nach Westen zurück. Aus der schwedischen Festung Nöteborg am Ausfluß der Newa aus dem Ladogasee machte Peter das russische Schlüsselburg. Und wo vormals ein schwedisches Dorf stand, gründete der Zar St. Petersburg.

Nun beschloß Karl, nach Moskau zu marschieren und den Krieg so zu beenden. Die schwedischen Generäle müssen genau wie später die französischen und die deutschen in der Schule gefehlt haben, als in Erdkunde Rußland dran war. Karl wählte auch noch den Umweg über die Ukraine. Als erstes bekam er Schwierigkeiten mit dem Nachschub, und dann vernichtete Zar Peter das schwedische Heer 1709 bei Poltawa.

Karl setzte sich ab nach Bender in der heutigen Moldauischen Sowjetrepublik, das damals türkisch war. Dort blieb er sechs Jahre! Wenn seine Minister eine dringende Entscheidung wünschten, mußte ein Kurier durch ganz Europa reiten und die Anfrage zum König bringen.

Ich glaube, die Schweden waren ganz froh, daß ihr König in der fernen Türkei saß und nicht zuviel Unheil anstiften konnte.

Der schwedisch-russisch-polnisch-dänische Krieg lief aber weiter, und eines Tages standen die russischen Soldaten in der Nähe von Stralsund. Schwedisch-Pommern war damals die Kornkammer der Schweden.

König Karl bestieg daher sein Streitroß und preschte in 17 Tagen Richtung Heimat. Das steht so in allen Geschichtsbüchern. Wieviel Pferde er zuschanden ritt, wird nicht berichtet. Er ließ sich dann am Jahresende 1715 in Stralsund belagern.

Nun wird uns auch klar, warum die Gedenktafel an einem Teil der Befestigung angebracht wurde, die wir im modernen militärischen Sprachgebrauch als Bunker bezeichnen würden. Der Feind beschoß nämlich die Stadt, und Majestät war froh, eine meterdicke Mauer über dem Kopf zu haben.

Die Stralsunder Bürger waren natürlich nicht so gut dran. Daher waren sie glücklich, als die Stadt nicht mehr zu halten war und der König mit Müh' und Not mit einem Schiff Stralsund verließ.

Übrigens wurde Karl zwei Jahre später bei einer Belagerung durch einen Kopfschuß getötet. Noch heute streiten sich die Geschichtsforscher, ob der Schuß vom bösen Feind kam oder ob ein guter Freund das Land von diesem Kriegshelden befreien wollte.

Wie man an diesen Bemerkungen sieht, sind Inschriften, Losungen und sonstige Plakate immer gut, sobald man informiert ist, was eigentlich dahintersteckt.

Die ersten fünf Meilen von Stralsund geht der Kurs fast genau Nord. Dann biegt das Fahrwasser zur See auf Nord-West ab. Das Nordfahrwasser führt nach Hiddensee. Die Schiffe der Weißen Flotte und eine Schar Segler haben als Ziel Vitte oder Kloster. Wir segeln seewärts durch die Vierendehl-Rinne.

Nachts werden solche Rinnen mit Hilfe von Richtfeuern befahren. Ein Ober- und ein Unterfeuer müssen in einer Linie stehen, dann ist das Schiff genau im Fahrwasser. Wandern die Feuer aus und blinken sie nicht mehr übereinander, dann muß der Lotse schleunigst die entsprechende Korrektur vom Rudergänger ausführen lassen, sonst läuft das Schiff auf. Leider liegt jetzt (1985) eine Sandbank etwas im Fahrwasser drin, und das System funktioniert nicht mehr. Ein paar Kubikmeter Sand setzen die Technik außer Betrieb. Für den Tagverkehr, also für uns, bezeichnet eine Tonne die flache Stelle.

Die Technik kann schnell die Natur verändern. Aber die Natur hat Zeit. Sie braucht auch nicht auf die Kosten zu sehen, wie wir Menschen. Das hilft ihr im Augenblick nicht viel, es gibt ihr aber die Gewißheit der Dauer gegen die Kurzlebigkeit der menschlichen Rasse.

Vom Bock, halb Sandbank, halb Insel, geht das Fahrwasser wieder nach Norden. Nach einer Meile sind wir auf der Ostsee.

Nun geht die Reise richtig los!

Einige Zeit begleitet uns auf der Steuerbordseite noch Hiddensee mit weißem Badestrand, weißen Häusern und kleinen dunkelgrünen Gehölzen. Diese Bepflanzungen sind erst aus der neueren Zeit. Davor war Hiddensee flach, kahl und sandig. Auf dem Dornbusch stand im Mittelalter ein großer Eichenwald. Als Wallenstein im 30jährigen Krieg Stralsund belagerte, ließ er die Eichen abholzen. Wallenstein führte ja nicht nur den Titel eines kaiserlichen Generals und Herzogs von Friedland. Er war auch kaiserlicher Admiral. Eichenholz war ein strategischer Rohstoff und mußte daher dem Feind abgenommen werden.

Nachdenkenswert ist, wieso damals Eichen auf einem Gelände wuchsen, wo wir heute mit großer Mühe verkrüppelte Nadelbäume und Sanddorn aufziehen.

Die Seeroutine beginnt auf der »Henriette«. Wir haben zwar bis Ystad keinen großen Törn, doch bei flauen Winden kann es doch zwei Tage dauern, bis wir da sind.

Wir können – so Rasmus es will – auch in 12 Stunden da sein. So ist das bei der Segelei!

Wir teilen die Wachen ein. Wer Freiwache hat, kocht, navigiert und schläft, wobei Schlafen die Lieblingsbeschäftigung ist.

Wer noch nie in einem kleinen Boot auf der offenen See war, denkt, es sei doch weiter nicht anstrengend zu segeln. Man sitzt still, ärgert sich nicht wie im Auto über den Gegenverkehr, und der Wind wird es schon machen. Im Gegensatz zum Auto arbeitet das Schiff aber ununterbrochen im Seegang, selbst wenn dieser nur schwach ist. Etwa alle sechs Sekunden hebt eine Welle die Jacht. Das Anheben geschieht jedoch nicht gleichmäßig mit dem ganzen Boot. Zuerst hebt sich das Heck oder der Bug, und insgesamt werden die verschiedensten komplizierten Bewegungen ausgeführt. Der Körper muß diese Bewegungen ausgleichen. Am Anfang einer Reise macht er es unbeholfen, später geschieht es unbewußt. Dabei werden (alle sechs Sekunden) Muskeln betätigt, die wir sonst wenig gebrauchen. Durch bloßes Sitzen in einem Segelboot kann man Muskelkater bekommen.

Nimmt man zu dieser körperlichen Anstrengung noch den Einfluß vom Wind und notwendiger Arbeiten am Schiff, so ist man froh, wenn man liegt, und schläft sofort ein. Selbst im Schlaf bewegt sich der Körper in der Koje im Takt der See.

Auch sonst treten Probleme auf, die es an Land nicht gibt. In einen Suppentopf darf nur so viel Flüssigkeit eingefüllt werden, daß sie bei Schieflage nicht überschwappt. Oder nehmen wir ein so einfaches Ding wie den Deckel des WC. Zu Haus klappt man ihn auf oder zu – fertig. Auf der »Henriette« liegt das Klo auf der Backbordseite. Liegt sie nach dieser Seite über, ist alles in Ordnung. Liegt sie aber nach Steuerbord über, so fällt der Deckel immer wieder zu und dem Benutzer schmerzhaft ins Kreuz. Ich glaube, ich bin der erste, der diese Beobachtung in die Literatur einführt.

Natürlich macht uns beiden die Müdigkeit zu schaffen. Zum Glück ist es an Bord nicht so gefährlich wie im Auto. Auf See stehen keine Bäume, und unsere »Straße« ist meilenbreit. Und wenn es uns auch schwerfällt, so werden doch alle Dinge getan, die getan werden müssen, bis hin zum täglichen Teppichkehren in der Kajüte.

Weil es so schwerfällt, bei der Schaukelei einen Entschluß zu fassen und ihn auszuführen, hat sich die Sonderstellung des Kapitäns herausgebildet, die auch heute noch viel stärker ist als bei einer vergleichbaren Stellung in einem Betrieb auf dem festen Lande. Segelschiffskapitäne (und auch die modernen unserer Seereederei) geben ihre Weisungen dem 1. Offizier, und der muß zusehen, daß sie ausgeführt wurden. Auch in der Unterbringung unterschieden sich Kapitäns- und Mannschaftsunterkünfte wie Tag und eine finstere Herbstnacht. Auf den Aaland-Inseln in Mariahamn besichtigten wir auf einer früheren Reise die »Pommern«. – Aber das ist eine Geschichte, die man weitausholend erzählen muß.

Also: Um 1900 wurde die Lage der Segelschiffe aussichtslos gegenüber den Dampfern. Segler waren zu langsam und erforderten zu viele Besatzungsmitglieder. Die Reeder kamen aber auf einen Trick, um trotzdem bestimmte Seglerrouten rentabel zu gestalten. Sie setzten in den Prüfungsgremien für zukünftige Schiffsoffiziere durch, daß jeder Anwärter längere Zeit »vor dem Mast«, also als Segelschiffsmatrose, gefahren sein mußte. Natürlich wagten die Offiziersanwärter nicht, Heuerforderungen zu stellen, ihnen war mehr an einer guten Beurteilung gelegen.

Sicherlich waren auch die Kapitäne an den Seefahrtsschulen für die Regelung nach der Devise: »Uns ging es auch einmal schlecht, warum sollen die jungen Leute es besser haben.« Jedenfalls segelten die Segler der Reedereien von Hamburg und Bremen mit ihren Offiziersanwärter-Mannschaften vor dem ersten Weltkrieg Rekorde auf der Fahrt nach Chile, um Salpeter zu holen.

Nach 1918 waren die meisten Segler versenkt, und Salpeter wurde in Leuna aus der Luft gewonnen. Es blieb nur noch die Weizenfahrt nach Australien. Weil ein Segler voller Korn von Januar bis April oder Mai brauchte, um von Australien nach Europa zu kommen, traf er gerade dann in Hamburg oder London ein, wenn die Ernte in Europa aufgebraucht war. Ein Maschinenschiff hätte zwar die Fracht schneller gebracht, aber dann hätte der Weizen eingelagert werden müssen. Für diese Route dachte der Reeder Ericson aus Mariahamn sich eine neue, kostengünstige Methode aus. Er besetzte seine Schiffe mit 16jährigen Jungens, die einmal Schiffsoffiziere werden wollten, und ließ deren Eltern »Schulgeld« zahlen. Damit finanzierte er das Kapitänsgehalt und die niedrige Heuer von zwei oder drei älteren Matrosen, und er behielt trotzdem noch Schulgeld als Gewinn übrig.

Als der zweite Weltkrieg ausbrach, lag die »Pommern« in Mariahamn. Ericson hatte sie für den Schrottpreis gekauft. Nach 1945 war es mit der Segelschiffahrt endgültig vorbei, und die »Pommern« wurde ein Museumsschiff.

Man kann dort die mächtige Takelage besichtigen und den 100 Meter langen Laderaum bestaunen. Dann kann man die Mannschaftsunterkunft besichtigen (wir nähern uns dem Ausgangsthema). Jedem Matrosen und Jungen standen eine graugestrichene Koje zu und ein winziger Schrank. Dazu ein Platz am Tisch und ein Hocker. Wurde nun ein Matrose zum »Alten« gerufen, was aber nur sehr, sehr selten geschah, so stieg er erst einmal die Stufen zum Achterdeck empor, und zwar auf der Backbordseite (Steuerbord – nur für Offiziere!). Das Achterdeck durfte nur auf ausdrücklichen Befehl betreten werden. Dann ging es an den winzigen Kammern der Steuerleute vorbei bis zur Tür zum Allerheiligsten. Wenn Jan Maat dann schüchtern anklopfte und auf ein barsches »Herein« die Tür öffnete, stand er in einem Raum, der sich fast über die ganze Schiffsbreite erstreckte, ausgeschlagen mit Edelhölzern und an der Längswand einem riesigen Sofa mit rotem Plüsch bezogen. Darauf saß ER, der »Master next God«, der befahl, was zu tun oder zu lassen sei.

Falls Sie, geneigter Leser, die finnischen Aaland-Inseln als nicht zum Thema einer Schwedenreise gehörig betrachten, so muß ich darauf hinweisen, daß sie um 1800 aus schwedischem in russischen Besitz wechselten und daß erst 1922 Schweden die Inseln als finnischen Besitz anerkannte, unter der Bedingung, daß in Mariahamn eine autonome Regierung eingerichtet würde.

Unser Kurs führt uns mit 25° am Kompaß von Hiddensee nach Ystad. Dabei kreuzen wir nahezu alle Schiffahrtslinien, die von Ost nach West verlaufen. Den Kiel-Kanal passieren jährlich 80 000 Schiffe. Durch den Sund fahren 50 000. Demnach kreuzen 120 000 bis 150 000 große Schiffe unseren Weg. Zum Glück verteilt sich diese erstaunliche Zahl auf 365 Tage, das heißt, am Tag sind es nur etwa 400, und die verteilen sich noch auf 24 Stunden. Immerhin müssen wir mit jeweils sieben bis acht Schiffen in der Stunde von West nach Ost und mit der gleichen Zahl von Ost nach West rechnen. Die schnellsten – die Finnjets zwischen Travemünde und Helsinki – laufen 32 Knoten, das sind 60 Kilometer in der Stunde.

Unsere »Henriette« bringt es, je nach Wind, auf einen bis sieben Knoten. Wir sind also in der Lage eines Fußgängers, der eine Autobahn überquert. Nach den Regeln zur Verhütung von Zusammenstößen auf See muß zwar das maschinengetriebene Fahrzeug einem Segler ausweichen, aber die wachhabenden Offiziere verlassen sich oft darauf, daß der Segler gar nicht die Nerven hat, es darauf ankommen zu lassen.

Wir machen daher immer rechtzeitig und deutlich sichtbar Platz.

So nach und nach stellt sich der innere Frieden ein, der das Segeln auf See so auszeichnet. Die nötigen Segel sind gesetzt, der Kurs ist festgelegt, der Schipper und »sin Fru« haben eine Tasse Kaffee bekommen, »Henriette« wiegt sich in einem sich unendlich wiederholenden Rhythmus.

Alle Stunde wechselten Henriette und ich uns am Ruder ab. Wer Freiwache hat, schläft eine halbe Stunde, macht Brote oder Mittag, navigiert oder wartet einfach, bis er wieder mit der Wache dran ist.

Die Ruhe, die von einem solchen Tagesablauf ausgeht, ist unbeschreiblich. Alle Stunde trägt der Schipper auf der Seekarte 5 Seemeilen in Richtung Ystad ab.

Gegen Mittag müssen wir nach unserem Koppelkurs über einer Bank stehen, wo die Wassertiefe von 30 m auf unter 20 m zurückgeht. Wir lesen vom Echolot den Wert 18 m ab. Wir liegen also richtig. Auch daß sich unsere Navigation bestätigt, gibt uns das Gefühl tiefer Befriedigung. So klein sind die Ansprüche auf See.

Kurz vor Ystad machen wir Platz für zwei Fähren. Eine geht nach Trelleborg, und die andere kommt von dort mit dem Ziel Saßnitz. Fährschiffe halten von der Brücke sorgfältig Ausguck. Aber sie haben einen Fahrplan und weichen nur um wenige Meter aus. Da geben wir lieber den Weg frei.

Am Horizont tauchen weiß-grüne Silos auf. Im Hafenhandbuch steht, »Ystad ist leicht an den Silos zu erkennen«. Das könnte eigentlich bei jeder schwedischen Stadt über 10 000 Einwohner stehen. Silos und Öltanks gehören überall zum Hafenbild. Nach den Silos kommt ein Kirchturm in Sicht. Dann sind Häuser zu erkennen, und schließlich sehen wir, daß die Häuser Fenster haben. Das ist ein sicheres Zeichen, daß wir 2 bis 3 Meilen vom Ufer entfernt sind. Hier muß irgendwo die Ansteuerungstonne Ystad stehen. Der Navigator stellt stolz fest, sie liegt genau vor unserem Bug.

Durch gewaltige Wellenbrecher motoren wir in den großen Seglerhafen von Ystad. Es ist erst 19 Uhr, wir hatten eine sehr schnelle Überfahrt.

Ein schwedischer Segler winkt uns zu, wir sollen neben ihm festmachen. Er hat unsere Flagge gesehen und ist natürlich neugierig, wo wir herkommen.

Der nächste, der sich um uns bemüht, ist der Hafenmeister. Er kassiert 40 Schwedenkronen Liegegebühr für eine Nacht.

Wir müssen uns daran gewöhnen, daß in Schweden alles seinen Preis hat, und der Preis ist meistens sehr hoch.

Wir stellen uns vor, bei uns zu Haus würden 15 bis 20 Mark Liegegebühren je Nacht verlangt. Außer für den Liegeplatz gelten sie auch für die Benutzung der blitzsauberen »Toaletter«. Für die Dusche muß 1 Krone in einen Automaten gesteckt werden. Stromanschluß (wie z. B. in Stralsund) ist kaum bekannt. Die Schweden sitzen (wie wir später sehen) bei Kerzenschein oder bei Petroleumlampen in der Kajüte.

Unser nächstes Problem ist das Einklarieren. Aus der DDR, der UdSSR und der VR Polen ist uns geläufig, daß Polizei und Zoll bereitstehen. Von Schweden wissen wir, daß man es dort mit der Grenze nicht ganz so ernst nimmt. Erst einmal setzen wir die schwedische Flagge in der Saling und danach die gelbe Flagge Q des Internationalen Signalbuches. Das ist nicht etwa die Pestflagge, wie mancher annimmt. »Quebeck« bedeutet: »An Bord alles wohl, erbitte Verkehrserlaubnis mit dem Land«. Allgemein ist es die Aufforderung an die Staatsorgane, an Bord zu kommen. Aber es kommt keiner.

»Sie müssen selbst hingehen«, rät uns unser schwedischer Nachbar.

»Wo ist das Immegration Office?«

»Das weiß ich auch nicht. Gehen Sie in die Stadt und fragen Sie.«

Also laufen wir vom Seglerhafen die 500 m in die Stadt, zuerst durch den Grüngürtel, der Ystad umgibt, dann durch den Stadtkern.

Der schwedische Naturforscher Linné, der das heute noch gültige lateinische Bezeichnungssystem für Pflanzen und Tiere schuf, besuchte 1749 Ystad und schrieb dann in sein Tagebuch: »Alte Häuser gibt es recht viele in dieser Stadt«. Was vor 140 Jahren galt, ist heute natürlich immer noch gültig, obwohl die Ystädter in der Zwischenzeit einiges hinzubauten.

Besonders in den Napoleonischen Kriegen um 1800 gelangte die Stadt zu einer wirtschaftlichen Blüte und damit zu neuen Häusern. Die Erwerbsquelle war schlicht und einfach der Schmuggel mit dem Festland. Wenn eine ganze Stadt reich wird, weil sie Ware zollfrei irgendwohin bringt, kann man sich vorstellen, wieviel heute bei der Ein- und Ausfuhr von Erzeugnissen durch den Zoll abgeschöpft wird. Und eben diesen Zoll suchen wir in Ystad, denn wir wollen nicht reich werden, sondern brave Touristen sein.

Im Ystädter Zentrum findet jetzt – abends gegen 21 Uhr – ein Fest statt. Alle Läden haben geöffnet. Vor den Geschäften sind Stände aufgebaut, in denen allermögliche Touristen-Krimskram angeboten wird. Eine Volksmenge drängt sich durch die noch halbmittelalterlich engen Straßen. Wenn ich schreibe ›drängen‹, dann meine ich wirklich drängen, Ellenbogen gegen Bauch.

Vermehrt wird die Enge noch durch eine typisch schwedische Angewohnheit: Wenn man Bekannte trifft, bleibt man auf der Stelle stehen, um einen Plausch zu halten, ohne Rücksicht darauf, daß man allen anderen Leuten im Wege steht. Hier drückt sich eine schwedische Grundhaltung aus: »Ich bin so gut wie jeder andere. Warum soll ich Platz machen? Sollen die anderen doch um mich herumgehen.«

Dabei sind die Schweden sonst sehr rücksichtsvoll.

Wir schlängeln uns durch die Menge und um die Papierkörbe. Überall stehen 1 m hohe Behälter für Abfall wie: Papier, Eistüten, Kronkorken (!), Zigarettenstummel (!), abgebrannte Streichhölzer (!!!).

Schließlich finden wir einen Polizisten. Wie fast alle Schweden, versteht er Englisch. Wir erklären ihm, daß wir einen Stempel in unsere Pässe haben möchten. Er schaut sich die Pässe an. Irgendwie ist ihm das Problem neu. Wir gehen am besten zur Polis-Station, meint er. Dort würde man uns schon helfen.

Also spazieren wir zur Polis-Station, einem langen, flachen Gebäude aus blauem Klinker und Glas. Die Station hat viele Türen, und alle sind um 22 Uhr geschlossen. Hinter der einen Glastür brennt die Deckenbeleuchtung. Wir drücken auf einen Klingelknopf. Sofort erscheint eine fesche Polizistin und fragt nach unserem Begehr. Wir einigen uns auf die Umgangssprache Englisch und erklären unser Problem. Sie läßt uns eintreten und führt uns in die Halle, in der offensichtlich tagsüber der Publikumsverkehr stattfindet. Es ist ein großer Raum in blau, gelb und grün, alles helle Pastelltöne. Ein Tresen teilt den Raum. Die Polizisten, mit denen der Bürger spricht, sitzen nicht hinter Glas-Guck-Fenstern, sondern man sitzt oder steht sich »gleichberechtigt« gegenüber. Große Fenster geben Einsicht in dahinterliegende Amtszimmer. Der Besucher kann also sehen, ob für seine Steuern gearbeitet wird oder nicht.

Für Leute, die warten müssen, wie wir, stehen mit grünem Kunstleder bezogene Polstersessel zur Verfügung. Man kann sich auch vor einen Tisch auf einen richtigen Stuhl setzen, falls man ein Formular ausfüllen möchte.

Wenn wir nicht wüßten, daß wir auf dem Polizeipräsidium von Ystad wären, würden wir meinen, in einer Bar (wenn auch ohne Gläser) zu sein.

Auch für Lesestoff ist gesorgt. Broschüren über Verkehrsregeln liegen in sechs Sprachen aus. Wir entnehmen der deutschen Fassung, daß täglich 40 bis 60 Zusammenstöße mit Wild passieren. Andere Hefte befassen sich mit Alkohol am Steuer (»wir haben die strengste Gesetzgebung der Welt auf diesem Gebiet«) und Diebstahlssicherung.

Schließlich klärt eine Schrift noch über die aus den USA eingeschleppte Krankheit AIDS auf.

Unsere Polizistin kommt zurück. Wir müssen zum Immegration Office, und damit wir nicht weitersuchen, wird sie uns hinfahren lassen. Gleich darauf fährt ein komfortabler Volvo vor und bringt uns an die richtige Stelle.

Der »Tull« ist auch gleich zur Hand. Wir bescheinigen, daß wir weniger als 1 Liter Schnaps und 2 Liter Wein an Bord haben, und sind nun richtig in Schweden einklariert.

Inzwischen ist es fast 23 Uhr geworden. Trotzdem hat am Hafen noch ein Kiosk auf. Das Wort Kiosk wird uns bald ein vertrauter Begriff, wenn wir zu den unmöglichsten Zeiten etwas brauchen. Ein Kiosk ist ein winziger Getränke-, Zeitungs-, Süßigkeiten-, Brot- und Butter-Laden. Hier in Ystad probierten wir zum ersten Mal Glas (Speiseeis). Eine Firma versorgt alle Kioske, Konsums,

Kaufhäuser, Tankstellen und Eisbuden mit etwa 15 Sorten Eis. Das schöne sind dabei die raffinierten Mischungen verschiedener Eissorten in einer Waffel. Am Beispiel des Speiseeises zeigt sich ein Wirtschaftsprinzip in Schweden. Einmal große Umsatzzahlen (daher eine Marke für das ganze Land), andererseits eine große Breite im Angebot (denn die Kundenwünsche sind verschieden).

Während wir an unserem Eis lecken und zum Boot zurückwandern, denken wir ärgerlich an unsere heimische Eisindustrie, die uns nur die Auswahl zwischen Vanille-, Schoko- und höchstens Fruchteis läßt. In den schwedischen Eisbuden gibt es neben den 15 Sorten Fertigeis noch mindestens die gleiche Sortenzahl Softeis bis hin zu Lakritzeneis.

Ystad hat in einem alten Haus ein Informationsbüro eingerichtet. Für den Fall, daß der Tourist es – trotz Hinweisschilder – nicht findet, ist noch ein IFO-Stand auf dem Markt und einer im Bootshafen aufgebaut. Überall stehen Studenten zur Verfügung, die deutsch und englisch Auskunft geben können. In erster Linie verteilen sie Prospekte von der Stadt und dem Land in der gewünschten Sprache. Mit Land meine ich nicht etwa Schweden, sondern jeweils eines der »24 Länder«, in die Schweden unterteilt ist.

Wir sind jetzt im südlichsten Land, in Skåne. Bei dieser Gelegenheit lernen wir gleich einige Besonderheiten der schwedischen Sprache. Sk wird wie Sch gesprochen. Wir befinden uns also in Schonen. Überhaupt können wir fast alles lesen, aber kein gesprochenes Wort verstehen. Wenn Glasögen an einem Laden steht, gibt es dort Brillen. Bil ist die schöne Abkürzung von Automobil. Schamvoll denken wir an unsere Sprachkünstler, die aus der Abkürzung Auto das Kürzel Kfz machten und aus dem international üblichen Bus die Buchstabengruppe KOM.

Aber wahrscheinlich haben die Schweden auch solche Sprachsünden, wir Ausländer merken sie nur nicht.

Auf der Landkarte von Schonen, die uns überreicht wird, fallen uns gleich einige vertraute Plätze auf. Da ist der Ort Vämmenhög, westlich von Ystad. Dort beginnt die Erzählung: »Niels Holgersons wunderbare Reise mit den Wildgänsen« von Selma Lagerlöf. Heute ist das Buch bei uns vielleicht nicht mehr so bekannt wie früher. Niels wird, weil er schlecht zu den Tieren ist, in einen Zwerg verwandelt und reist mit den Wildgänsen durch ganz Schweden nach Lappland. Natürlich bessert er sich dabei und wird wieder ein Mensch. Seine ersten Abenteuer führen ihn nach Glimmingehus. Jedenfalls schuf Selma Lagerlöf mit dieser Geschichte ein hervorragendes Geografiebuch von Schweden.

Schonen war im Mittelalter eine Gegend, in der sich Schweden und Dänen eifrig bekriegten. Erst um 1550 wurde das Land endgültig schwedisch. Nach der Reformation in Schweden, um 1550, haben die Könige möglichst viel Kirchenbesitz an sich gerissen. Aus Klöstern und Kirchen wurden Kornmagazine, oder man ließ die Gebäude einfach verfallen. Erst um 1900 herum besann man sich auf die Tradition und begann mit der Restaurierung aller Baudenkmäler, die bis heute noch nicht abgeschlossen ist.

Jedenfalls sind die Inneneinrichtungen schwedischer alter Bauwerke meistens sehr dürftig. Statt dessen gibt es überall in den alten Räumen Ausstellungen über moderne Kunst oder Kunsthandwerk.

Nachdem wir uns Alt-Ystad angesehen haben, gehen wir in ein Gartenrestaurant, um eine Tasse Kaffee zu trinken. Man holt sich eine gut bürgerlich aussehende gefüllte Kaffeekanne nebst Tasse und, wenn man will, Eis oder Kuchen und setzt sich im Garten an einen Tisch. Bänke und Stühle sind aus solidem Gußeisen, Geschlechter überdauernd. Spatzen sitzen auf den Tischen und picken die Kuchenkrümel auf. Die Gäste bemühen sich, die Vögel nicht durch plötzliche Bewegungen zu verscheuchen. Zwischen den Tischen watscheln Enten. Ich lasse meine Hand über die Stuhllehne hängen (Gußeisen ist hart). Eine Ente beißt in meinen Daumen und fordert so ihren Anteil am Kuchen. Viele junge Leute von 15 bis 25 sitzen da und trinken Kaffee. Wenige haben sich Bier geholt. Es ist »Autofahrer-Bier«, also fast alkoholfrei. Bier in unserem Sinne gibt es nur im Systembolag, dem Laden für Alkohol, oder in wenigen Spezial-Restaurants. Übrigens wird Alkohol in jeder Form erst an Bürger verkauft, die mindestens 21 Jahre alt sind.

Wir besuchen natürlich auch einen Systembolag-Laden, den einzigen in der Stadt. Als erstes reißt man sich aus einem Automaten eine Nummer ab. Dann wartet man geduldig, bis die Nummer auf einem Leuchtschirm erscheint, und trägt dann seine spirituellen Wünsche vor. Das Angebot ist sehr, sehr reichhaltig und sehr teuer.

Man sagt, durch das System würden die Schweden am vielen Trinken gehindert, aber wenn sie einmal loslegten, dann sei es fürchterlich. Es wird wohl wie überall sein, es gibt solche und solche. Aber es ist doch schön, wenn in den normalen Läden die Regale mit Lebensmitteln gefüllt sind und nicht mit Schnapsflaschen.

Beim Einkaufen müssen wir uns an einige Dinge gewöhnen, weniger an die riesige Auswahl als an die Preise. Wenn 500 Gramm Brot (geschnitten und hervorragend verpackt) fast 5 Mark kosten, ißt man jede Schnitte auf und wirft nichts in den Abfall.

Abwechslungsreich ist die Kleidung. Eine Dame im weißen Faltenrock und blauer Klubjacke mit lila getöntem Silberhaar neben einem jungen Mann in Turnhose und nacktem Oberkörper. Er ist in Begleitung seiner Frau, die einen Minislip und darüber ein mit einem Knopf zugeknöpftes gestreiftes Herrenhemd trägt. Solange man nicht raucht oder Eis ißt, darf man alles.

Bisher habe ich vergessen zu erzählen, wie es zu der Schwedenreise kam.

Ich wollte ein Buch über den Grafen Baltzar von Platen schreiben. Platen wurde auf Rügen (damals schwedisch) geboren.

Mit 13 Jahren, also 1779, trat Baltzar im schwedischen Kriegshafen Karlskrona in die Kadettenschule ein. Bereits nach einem Jahr wurde er Fähnrich, wahrscheinlich, weil er in der Wahl seines Vaters sehr vorsichtig gewesen war, denn Vater Platen war damals Generalbefehlshaber von Schonen, also Südschweden. Platen trat dann mit 14 oder 15 Jahren in die Handelsmarine ein und erwarb nach seinen eigenen Angaben Seemannschaft und Sprachkenntnisse. Nach drei Jahren trat er in die schwedische Kriegsmarine ein. In der Seeschlacht bei Hogland (1788) wurde er verletzt und gefangengenommen. Zwei Jahre lang wurde er in Twer und Niski-Nowgorod (Gorki) gefangengehalten. Nach Friedensschluß kehrte er zurück und wurde sofort zum Flottenkapitän befördert. Als Kapitän der Fregatte »Bellona« leitete er eine Botschafterexpedition nach Marokko.

Bei der Rückkehr 1792 wäre es beinahe zu einem Krieg mit Dänemark gekommen, weil das dänische Wachschiff im Sund den Salut der »Bellona« nicht vorschriftsmäßig erwiderte. Platen machte seine Fregatte gefechtsklar und erzwang einen vorschriftsmäßigen Salut von 21 Schüssen. Zufällig war gerade ein schwedischer Minister Augenzeuge, der dem König einen Bericht darüber gab. Platen wurde daraufhin befördert und erhielt gute Beziehungen zum Könighaus.

Als Kapitän zur See (wie wir heute sagen würden)

nahm Platen 1800 seinen Abschied. Er kaufte den Grundbesitz Frugärden an dem See Väner und schuf dort ein Mustergut. Ernst Moritz Arndt, der ihn 1804 besuchte, erzählte unter anderem, daß auf Frugärden die Felder mit den Rückständen aus der Trankocherei gedüngt wurden, ein für die damalige Zeit sehr fortschrittliches Unterfangen.

Auf Reisen in Europa lernte Platen Kanäle in England und Frankreich kennen. Er wurde in die Direktion des Trollhätta-Kanals aufgenommen, der Göteborg mit dem Vänersee verbindet. 1806 erschien seine Schrift: »Abhandlung über Kanäle durch Schweden mit besonderer Hinsicht auf die Verbindung des Vänersees mit der Ostsee«.

Diese Veröffentlichung war die Grundlage zur Bildung der Götakanal-Aktiengesellschaft und dem Beginn des Baues im Jahre 1810. Nun widmete Platen sich 19 Jahre lang dem Kanalbau und überwand dabei alle nur denkbaren bürokratischen und technischen Schwierigkeiten. Er galt im schwedischen Reichstag als einer der besten Redner.

1827 bis 1829 übernahm er zu der Leitung des Kanalbaues noch die Statthalterschaft über Norwegen (das damals zu Schweden gehörte). Ende 1829 starb Platen an Krebs. Er erlebte die vollständige Fertigstellung seines Kanals im Jahre 1832 nicht.

Die kurze Aufzählung des Lebenslaufes zeigt, ein wie dankbares Objekt Platen für ein Buch darstellt. Es kann alle Elemente enthalten, die wirkungsvoll sind: Abenteuer, Kampf mit der Natur, Auseinandersetzung des Neuen mit dem Alten, politische Intrigen und sogar ein Schuß nationalen Kulturerbes.

Im Schärengarten

Der Morgen beginnt mit einem Blitzstart. Eigentlich gibt es zwei prinzipielle Möglichkeiten, um vormittags loszusegeln. Die Anhänger der einen Richtung (der Mehrheit) sagen, vor 10 Uhr weht der Wind nur selten stetig. Also stehen wir um 8 Uhr auf, frühstücken und segeln dann ab. Die andere Richtung meint, möglichst früh los, alles andere findet sich schon.

Wir gehören an den meisten Tagen zu den Frühlosseglern. Eben nach 5 Uhr schiebt uns der Motor aus dem Seglerhafen. Im freien Wasser setzen wir Segel und holen Zähneputzen und vor allem das Frühstück nach. Der Wind überlegt sich noch, aus welcher Gegend er wehen will. Aber nach einigen Stößen rund um die Windrose legt er sich auf Süd-West fest, gerade rechtzeitig, damit wir der Fähre Ystad-Swinoujsche Platz machen können. Wir wollen um den Südzipfel Schwedens herum nach Simrishamn segeln. Keine weite Tour, etwa 30 Seemeilen.

Zuerst müssen wir aber einen großen Umweg um ein Schießgebiet herum machen. Die Militärs aller Staaten mit Küsten pflegen Schießplätze anzulegen, auf denen sie aufs Meer hinausfeuern. Zugegeben, es ist immer noch viel besser, als wenn Landschaft für solche Zwecke beschlagnahmt wird. Aber der Schipper flucht doch, wenn er erst einmal viele Meilen ins Meer hinausfahren muß, um außerhalb von Bomben, Granaten und Raketen seinen Kurs abstecken zu können. Wir segeln also zwei Stunden von der Küste weg, dann zwei Stunden parallel zur fernen Küstenlinie und dann zwei Stunden wieder auf die Küste zu, um bei dem Ort mit dem schönen Namen Käseberga, etwa 30 Autobus-Minuten von Ystad entfernt, zu sein. Segeln ist tatsächlich die langsamste, teuerste und unbequemste Art, um von einem Ort zum anderen zu kommen.

Käseberga ist bei den Historikern berühmt, weil vor etwa 1000 Jahren ein Wikinger-Häuptling hier begraben wurde. Auf seinem Grabhügel ließen seine Erben mit großen Steinen den Umriß eines Wikinger-Schiffes setzen. Der ehemalige Kriegshafen der alten Schweden ist heute ein winziger und überfüllter Hafen für Sportsegler.

»Welchen Wochentag haben wir heute?« will Henriette wissen. Wir fangen an, die Erlebnisse der letzten Tage aufzuzählen und sie mit dem Kalender zu vergleichen. Schließlich einigen wir uns auf Donnerstag.

»Heute Simrishamn«, rechne ich weiter. »Freitag segeln wir nach Kalmar und sind Sonnabend da. Sonntag beginnt dann die Fahrt in die Schären.«

Dann fällt uns ein, daß wir in Kalmar zur Bank müssen. Das bedeutet bei dieser Rechnung, daß wir erst Dienstag zu den Schären können. Das ist aber nach unserer Reiseplanung zu spät. Nach einigem Hin und Her beschließen wir, auf Simrishamn zu verzichten und gleich weiter nach Kalmar zu segeln. Nun macht es sich bezahlt, daß wir Ystad früh verließen, denn wenn der Wind uns nicht im Stich läßt, können wir am Freitag noch vor 17 Uhr (Bankschluß) in Kalmar sein.

Der Schipper setzt den neuen Kurs ab. Steuerbord ist die Südspitze von Bornholm zu sehen. Ein endloser Strom von Fahrzeugen kommt uns entgegen. Wer von Leningrad oder Stockholm kommt oder dahin will, muß zwischen Schweden und Bornholm hindurch.

Unser Segeltag verläuft im beruhigenden Gleichmaß.

»Henriette« läßt ein langes Kielwasser zurück, das links und rechts von einer Blasenreihe eingefaßt ist. Der Wind weht den ganzen Tag gleichmäßig. Auch die Abendflaute bleibt aus.

Um 23 Uhr wird es dunkel. Man merkt, daß wir viel nördlicher sind als in einheimischen Gewässern. Der Abendstern geht groß wie eine Schiffslaterne auf. Immer mehr Sterne treten hervor. Die Bugwelle der »Henriette« flüstert leise. Die Nacht ist voller Stimmen und Geräuschen. Ich sitze dick und warm angezogen am Ruder und freue mich, als am Horizont die Lichter des Turmes auf der Felsinsel Utklippan auftauchen. Wir sind genau da, wo wir nach der Navigation sein müßten.

Utklippan ist die äußerste Spitze der militärischen Sperrgebiete Schwedens. Wenn unser Schiff auch bestimmt auf den schwedischen Radarschirmen als heller Fleck beobachtet wird, der Fleck ist außerhalb der Verbotszone.

Einige Stunden später, eben nach 3 Uhr, wird es hell. Die Sterne verblassen, nur zwei Planeten und eine silbergraue Mondhälfte sind noch zu sehen. Das Meer erscheint schiefergrau, kalt und abweisend. Das Flüstern der Bugwelle hört sich unharmonisch an. Ich friere, trotz der dicken Sachen, die ich anhabe. Jeans, darüber eine dicke Taklerhose, darüber eine wasserdichte Hose, Unterwäsche, Pullover, Anorak, Wetterjacke, über alles noch einen Regenmantel. Auf dem Kopf eine Pudelmütze. Eigentlich kann ich nur die Augen ungehindert bewegen.

Ich verfluche die Stunde, in der ich mir ein Boot zulegte, statt mir eine Datsche zu kaufen. Dort würde ich noch im schönsten Morgenschlaf liegen. Die Sonne kommt rot und kalt hinter einem schwarzen Wolkenstreifen im Nordosten emporgekrochen. Langsam wandelt sich ihr Rot in gleißendes Gold. Ihre Strahlen spen-

den Wärme. Ich kann die Wetterbekleidung ausziehen. Der Morgenkaffee kommt. Es ist angenehm warm, und die Welt sieht eigentlich sehr freundlich aus. Die See ist herrlich grün mit einzelnen weißen Streifen auf den Wellenkämmen. Ich habe es immer gesagt: Ein tristes Leben auf einer Datsche ist unvorstellbar. Nur Segeln gibt das Gefühl von Freiheit und Naturverbundenheit.

Am Horizont tauchen fast gleichzeitig die Öltanks von Kalmar, das berühmte Schloß und die Brücke von Kalmar nach Öland auf.

Das Schloß ist ein massiger, viereckiger Bau mit hohen Wällen und wehrhaften Türmen. Eigentlich ist es eine kleine Festung. Später werden wir sehen, daß die schwedischen Schlösser aus der Zeit von 1500 bis 1600 alle nach dem gleichen Muster als Festungen erbaut wurden. Im Jahre 1389 wurde hier die Kalmarer Union geschlossen (das Datum muß jedes schwedische Schulkind lernen), in der Schweden, Dänemark und Norwegen zu einem Staatswesen vereinigt wurden. Die wirtschaftlichen Gegensätze der Landesteile waren aber so groß, daß die Union bereits nach wenigen Jahren zerfiel und die drei Staaten bis 1812 immer wieder erbitterte Kriege gegeneinander führten. Daher auch der Bau des Schlosses (besser der Neubau) um 1600, das mit seinen Geschützen die engste Stelle des Kalmarsundes beherrscht. Zwar liegt die Insel Öland außerhalb der Reichweite der damaligen Geschütze, aber der Sund ist an dieser Stelle voller Felsen, und nur unmittelbar unter Kalmar verläuft eine Fahrrinne.

Seit einigen Jahren überquert eine Hochbrücke aus Beton den Sund. Mit 6 km Länge und 153 Pfeilern ist sie die längste Brücke Europas. Interessant ist eine optische Täuschung. Als wir uns der Brücke von Süden her nähern, glauben wir deutlich zu sehen, daß ihr Verlauf gekrümmt ist. Sie erscheint konvex. Beim Durchfahren der Brücke sehen wir, daß sie schnurgerade über den Sund verläuft. Von der Nordseite empfinden wir die Brücke wieder als eine riesige Kurve, nur andersherum als von der Südseite.

Seitdem der Fährverkehr von Öland durch die Brücke ersetzt wurde, ist der große Hafen von Kalmar leer und verlassen. Fischer gibt es in Schweden – im Verhältnis zur Wasserfläche – nur wenige (der Fisch kommt aus Norwegen und Dänemark). Der Frachtverkehr auf Schiffen in der Küstenfahrt ist fast ganz eingestellt. Nur Küstentanker verkehren noch und stellen die Versorgung mit Öl und Benzin sicher. Häfen, die nicht benutzt werden, verkommen sehr schnell. Hier haben die Schweden aufgepaßt und den Kalmarer Hafen, sowie viele andere ehemalige Fischer- und Versorgungshäfen zu einem »Gasthamn«, einem Gasthafen für Sportboote umgebaut. Einige hundert Segler und Motorboote machen jede

Sommernacht in Kalmar fest. Sie wollen zu den Schären, oder sie kommen von dort.

Und jedes Boot muß 40 Kronen Hafengeld zahlen. Als Gegenleistung sind rund um die beiden Hafenbecken 50 Papierkörbe aufgestellt, ein Behälter für Glas, einige Müllcontainer, drei oder vier »Toaletter«, einige Duschkabinen mit einem Automaten für warmes Wasser, ein Kiosk, und ein Hafenmeister sorgt für Ordnung und Sauberkeit.

Damit ein Hafen und ein ganzes Land wie Schweden so sauber bleibt, sind zwei Voraussetzungen nötig. Erstens braucht man eine Bevölkerung, die bereit ist, jeden Zigarettenstummel, jeden Kronenverschluß einer Bierflasche und jedes abgebrannte Streichholz in Sammelbehälter zu werfen, und zwar auch dann, wenn durch irgendeinen, aber seltenen Zufall bereits Dreck auf der Erde liegt. Und dann braucht man eine Organisation, die

die Sammelbehälter hat, die Straßen fegt und die »Toaletter« säubert.

Morgens um 6 Uhr erscheint ein junger, flott gekleideter Mann auf einem Motordreirad. Blitzartig leert er die Papierkörbe. Dann folgt ein kleiner Lastwagen mit einer Frau und einem Mann als Besatzung. Sie wechseln die Papiersäcke in den größeren Behältern. Auch das ist saubere Arbeit, weil die Schweden ihren Müll vor dem Wegwerfen in Papier- oder Plastetüten füllen. Auch die anderen Arbeiten, wie Straßen fegen oder Rasen mähen, werden von sauber angezogenen jungen Leuten gemacht.

Der Hafenmeister ist eine junge hübsche Dame, die einem die 40 Kronen mit einem Lächeln abnimmt.

Um 15 Uhr machen wir in Kalmar fest. Wir haben noch zwei Stunden bis zum Bankschluß Zeit. Schweden ist auch ein Land der Banken. Auch in Kalmar. Nur unsere Bank, auf der Geld für uns liegen soll, finden wir nicht.

Wir fragen einige Leute. Sie sehen sich hilflos um und lachen. Irgendwo in der Nähe müsse die Bank sein, sagen sie, aber wo es genau ist, wüßten sie nicht, darauf hätten sie nie geachtet.

Es wird 16 Uhr. Da wir gerade vor einem Reisebüro und Informationsbüro stehen, gehen wir hinein. Dort wird man uns die Adresse sicher genau sagen können. Wie üblich steht an der Tür der Automat, aus dem man sich seine Kundennummer zieht und dann wartet, bis diese Nummer über einem Schalter erscheint. So lange können wir nicht warten. Ich gehe sofort zu einem der Schalter. Anfangs gibt es empörte Blicke, aber als ich den Mund aufmache und mein Problem erkläre, lächeln alle. Unsere Bank ist gleich um die Ecke.

Groß steht die Öffnungszeit an der Tür 9 – 17 und klein drunter: Juli und August 9 – 15 Uhr. Durch die großen Fenster können wir sehen, wie drinnen noch 20 Angestellte rechnen und Geld zählen. Der Gedanke, daß die Bank an unserem Geld noch für zwei Tage Zinsen verdient, ist erträglich. Schlimmer ist der Gedanke, daß wir nun bis Montag hier festliegen. Traurig wandern wir in Richtung Hafen.

Als wir am Reisebüro vorbeikommen, kommt uns eine Idee. Wir betreten nochmals das Büro. Der Mann am Schalter läßt seinen Kunden stehen und fragt uns: »Na, haben Sie Ihr Geld?«

Wir verneinen.

»Kein Problem«, sagt der Mann hinterm Schalter. »In Schweden ist noch niemand verhungert. Sie haben sicher Euroschecks oder Dinners-club.«

Wir antworten, wir hätten weder noch. Unser Problem sei nicht das Geld an sich, sondern die Wartezeit. Inzwischen nimmt das ganze Reisebüro nebst Kunden Anteil an unseren Sorgen. Nun tragen wir unsere Bitte vor, das Reisebüro möge doch bei der Bank anrufen, ob man nicht für uns die Öffnungszeiten ändern würde.

»Das läßt sich machen«, sagt der Reisebüromann und beginnt sofort ein Telefongespräch.

»Ihr Geld ist da«, flüstert er zwischendurch, und dann: »Sie sollen sich vor die Banktür stellen, man wird sie einlassen.«

Wir eilen wieder zur Bank. Die Uhr zeigt auf 16.45. An der Tür werden wir schon erwartet.

»Wir können Ihnen aber nur Bargeld auszahlen«, sagt der Kassierer bedauernd, womit er andeuten will, daß er die verschiedenen Schecksorten schon im Tresor eingeschlossen hat. Wir sind großzügig und nehmen auch Bargeld.

Um 17 Uhr verlassen wir vergnügt mit einer dicken Brieftasche den Kassenraum.

Kalmar war zur Zeit der Hanse eine bedeutende Handelsstadt. Im Kalmarer Dom gibt es viele deutsche Inschriften und Bilder von deutschen Kaufherren. Im Mittelalter mußten die schwedischen Könige Verordnungen erlassen, die die Zahl der deutschen Ratsherren in Stockholm, Kalmar und anderen Städten begrenzten.

Vor dem Schloß sind ein Sommerrestaurant und ein kleiner Park. Im Park ist eine Freiluftausstellung modernster Plastik. Zum Glück steht jedesmal dabei, was das Gebilde aus Holz oder rostfreiem Stahl darstellen soll. Was fehlt, ist eine Erklärung, warum und wieso der Gegenstand gerade das und nicht das Gegenteil sein soll. Das Restaurant wird von der Kalmarer Sparkasse unterhalten. Daher scheinen die Preise (bei Selbstbedienung) etwas niedriger zu sein als anderswo. Wir und die Kalmarer Bürger genießen den Sommerabend, das Eis und den Kaffee. Alles ist friedlich und geruhsam, und wir freuen uns auf die Fahrt zu den Schären.

Der Wind weht in den nächsten Tagen immer aus südlichen Richtungen. Das ist für uns sehr günstig, denn unser Weg führt uns nach Norden. Ab Kalmar benutzen wir die schwedischen Bootskarten für die Navigation. Das sind Seekarten im Maßstab 1:50 000 (2 Daumenbreite auf der Karte sind 1 Kilometer in der Natur). Die Karten sind zeichnerische und drucktechnische Meisterwerke, auf denen winzige Details eingezeichnet sind.

Zusätzlich zu den üblichen Seekartenangaben sind weitere Informationen für Sportboote eingedruckt, unter anderem die Lage der Telefonzellen auf den Schären. Bei der Größe und Einsamkeit des Gebietes kann es von Wichtigkeit sein, zu wissen, von welcher der 1000 Inselchen man anrufen kann. Die Schweden haben übrigens viel für das Telefonieren übrig. An den Gasthäfen stehen die Telefonzellen immer paarweise. Eine für die normale Benutzung und eine für Touristen. Aus einer schwedischen Zeitung entnehmen wir eine wichtige

Meldung für Touristen, die telefonieren wollen. Die Vorwahlnummer des winzigen Pyrenäenstaates Andorra ist geändert worden. Oder, mit anderen Worten, wer genügend 5-Kronen-Stücke in den Automaten einwirft und die Vorwahlnummer seines Landes kennt, kann die entferntesten Gegenden direkt anwählen.

Vorläufig segeln wir noch 17 Meilen nordwärts durch den breiten Kalmar-Sund. Steuerbord auf Öland taucht der kleine Leuchtturm Soliden auf. Jeder Reiseführer und jeder Prospekt von Öland erwähnt Soliden als Sommerresidenz des Königs. Vorsichtshalber schauen wir im Wörterbuch nach, was man so sagt, wenn der König vielleicht gerade vor der Haustür steht. »Hans Kunglig Höglet« steht da. Hans heißt: seine und hat nichts mit unserem Vornamen zu tun.

Um bei der Wahrheit zu bleiben: wir haben das Haus (Villa, Schloß) des Königs überhaupt nicht am Ufer entdeckt. Dafür ist die Ruine Borgholm nicht zu übersehen. Sie ist eine riesige ehemalige Festung, ähnlich wie in Kalmar, die Öland beherrscht. Unterhalb Borgholms liegt die gleichnamige Stadt. Sie wurde mit der Festung zusammen 1572 gegründet. Wie alle schwedischen Städte dieser Zeit (und viele wurden damals gegründet) ist Borgholm geometrisch aufgebaut in 7 x 7 Häuserblocks. Die Festung brannte 1806 ab. Natürlich sind wir als Deutsche immer froh, wenn irgendwo eine Ruine steht, und wir sind nicht schuld.

Vereinzelt sind Windmühlen am Ufer zu sehen. Öland soll noch 400 Windmühlen haben. Früher mögen es 2000 gewesen sein. Die Anhänger von sogenannten alternativen Energiequellen, die auf die Windkraft bauen, sollten sich vor Augen halten, daß in Schweden (wie in Deutschland) mehrere Mühlen notwendig waren, um das Korn eines kleinen Dorfes zu schroten. Ich finde 2000 Windmühlen auch nicht schöner als den

Block eines Atomkraftwerkes. Jedenfalls nehmen sie hundertmal mehr Platz ein bei 1/100 000 der Leistung.

Nordwärts von Borgholm liegt mitten im Sund der Leuchtturm Slothbredan. Von hier aus müssen wir den Kurs auf die Einfahrt in die Schären absetzen. Vor uns liegt Insel an Insel, so eng, daß es eigentlich keine Durchfahrt geben kann. Aber die Karte sagt, genau vor uns müssen eine grüne und eine rote Tonne sein, und wenn wir den gewählten Kurs 45 Minuten durchhalten, werden wir nicht auf die Klippen segeln, die links und rechts auf uns lauern, und wir werden das Schärenfahrwasser finden. 45 Minuten sind endlos! Neben uns ist die Wasseroberfläche weiß gekräuselt, ein Zeichen, daß dort Steine liegen. Dann sehen wir die beiden Tonnen und dahinter weitere. Wir haben das Fahrwasser gefunden.

Hier muß etwas über die schwedische Fahrwasserbezeichnung gesagt werden, weil sie typisch für die praktische Denkweise dieses Volkes ist. Nach internationalem Abkommen gibt es seit etwa 1980 nur noch zwei Bezeichnungssysteme für Fahrwasser, während vorher jeder Staat sein eigenes System hatte. Überall werden jetzt grüne und rote Tonnen benutzt, um die Seiten der Fahrrinne zu markieren. Der Unterschied zwischen den beiden Bezeichnungssystemen liegt nur darin, daß wir Europäer von See kommend steuerbord die grüne und backbord die rote Tonne und andere Nationen, z. B. die US-Amerikaner, es umgekehrt machen.

Wenn das Fahrwasser nach Rostock bezeichnet werden soll, ist es sehr einfach, »von See kommend« die Tonne zu legen. Aber was sollen die Schweden machen, wo ein Fahrwasser an einer Stelle von See in die Schären führt und an anderer Stelle wieder aus den Schären auf die See? Nun, sie drucken auf ihre Seekarten einfach einen dicken Pfeil mit roten und grünen Punkten, damit der Schiffer weiß, wie die Tonnen liegen.

In der DDR und anderswo legt man richtige Tonnen aus. Die Schweden würden arm werden, wenn sie bei ihren unendlichen Fahrwassern eiserne Tonnen auslegen würden. Sie nehmen dicke Holzstangen, streichen sie grün oder rot an und befestigen sie an Schwimmkörpern aus Plast, damit sie senkrecht stehen. Nun kommt das Seltsame. Diese primitiven Stangen sind vor einem Waldhintergrund besser zu sehen als die dicken Tonnen anderer Länder.

Bei uns tragen alle Tonnen Nummern. Durch den Vergleich mit der Karte weiß man dann genau, wo man ist, wenn man Nummer 27 sieht. Bei den vielen schwedischen Pricken verzichtet man auf Nummern. Daher muß auf den Booten zwischen den Schären immer einer die Karte vor sich haben und die Pricken abhaken. Gleichzeitig muß er den Mann am Steuer einweisen.

»Hinter dieser grünen Tonne, etwas nach backbord, siehst du dort die nächste rote?«

Oft führt der Schärenweg so dicht an Felsen vorbei, daß man sie fast anfassen kann. Man muß sich auf die Bootskarte und die Regel verlassen, nach der Felsen fast senkrecht in die Tiefe gehen. Jedenfalls ist es riesig aufregend, und erst nach einiger Übung kann man die Schönheit der Schären genießen.

Wir winden uns zwischen bewaldeten Felsen hindurch, bis es Abend wird. Das Wasser ist spiegelglatt und scheint pechschwarz zu sein. Dabei ist es, wenn man senkrecht auf die Oberfläche schaut, glasklar, und man kann etwa 6 Meter tief sehen. Wir ankern und genießen den Abendfrieden. Gegen 23.00 Uhr verschwindet langsam die Sonne. Gegen 2 Uhr wird sie wieder im Osten erscheinen. Es lohnt sich kaum zu schlafen.

Auf verschiedenen Schären sehen wir kleine Steinhaufen. Sie dienten früher, bevor das Fahrwasser mit Tonnen bezeichnet wurde, den Seeleuten als Wegweiser durch das Inselgewirr.

Am nächsten Morgen sehen wir einen winzigen Dampfer, der einen riesigen Lastkahn voller Holz schleppt. Das ist in einer Woche das einzige Nutzfahrzeug, dem wir begegnen. Sonst ist der Schärengarten (wie die Schweden sagen) nur für die Sportler da (mit Ausnahme der Militär- und der Naturschutzgebiete).

Zur Nacht laufen wir kleine Fischerdörfer an oder ankern. Die Schweden kennen Stellen, wo sie ihre Boote direkt an den Felsen festmachen können. Aber das wagen wir nur einmal mit Hilfe schwedischer Sportfreunde. Es gibt die unterschiedlichsten Schärenlandschaften. Mitunter sind es flache, mit Bäumen bestandene Steinhaufen. Andere Felsen sind voller Wacholdersträucher. Dann segeln wir durch Fjorde mit 100 m hohen, fast senkrechten Wänden. Meilenweit geht es an kahlen, rundgewaschenen Steinen von rötlichen Farben entlang. Einmal täglich ein kleines Dorf, alle Stunde ein Haus.

Schweden hat achteinhalb Millionen Einwohner auf 450 000 km^2. Theoretisch sind das 19 Einwohner je Quadratkilometer. Praktisch wohnen 4 Millionen Schweden in Städten. Damit sinkt die Besiedlungsdichte auf 9 bis 10 Menschen. In den Schären liegt sie sicher viel niedriger.

Wir haben zwar einen Fotoapparat an Bord (zum ersten Mal seit 30 Jahren), aber wir machen keine Aufnahme. Immer, wenn es besonders schön ist, ist die Lage meistens navigatorisch aufregend. Wir vergessen auch, daß wir fotografieren könnten, und eigentlich haben wir auch keine Lust dazu.

Wir hofften, in Schweden Bilder von den Schären kaufen zu können. Aber Postkarten finden wir keine von dieser Landschaft. Die Schweden bevorzugen »Mädchen unter Birken« oder »Blumenstrauß« als Motive. Auch in Buchläden finden wir keinen Bildband über den Schärengarten (womit natürlich nicht gesagt ist, daß es nicht doch solche Bücher gibt). Und schließlich, wir wissen ja, wie die Schären aussehen, auch ohne Foto.

Natürlich ist auch in Schweden keine Rose ohne Dornen. In zwei besonders schönen Schärenabschnitten stehen das Zellstoffwerk Jättersö und ein Atomkraftwerk. Beide Betriebe sind durch ihre hohen Anlagen viele Kilometer weit in dem flachen Gelände zu sehen. Jättersö ist, falls man in der richtigen Windrichtung liegt, auch entsprechend weit zu riechen. Es erinnert heimatlich an die Luft im Raum Bitterfeld – Wolfen – Halle. Andererseits stören diese Werke so gut wie keinen Anwohner. Wie immer, gibt es eigentlich genau so viele Gründe, sie in die Schären zu setzen, wie es Gegengründe gibt.

Der Südwind verwöhnt uns in den nächsten Tagen. Er schiebt uns mühelos vorwärts. Damit wir aber nicht übermütig werden, hat Rasmus, der Herrscher über Wind und Wetter, eine kleine Mahnung für uns bereit. Wir durchqueren ein sehr enges Fahrwasser, als sich im Westen eine Wolkenbank hochschiebt, die die Abendsonne verdunkelt. Es ist keine pechschwarze Gewitterfront, sondern ein mausgraues Ungetüm, das sich am Himmel hochwälzt. Das Fahrwasser weitet sich, wir haben jetzt eine Seemeile freies Wasser um uns herum. Der Südwind schiebt immer noch mit Windstärke 5 und 6.

Nun sehen wir von Nordwesten eine graue Wasserwand auf uns zustürmen. In Sekunden erreicht sie uns. Der Wind springt auf Nordwesten um und nimmt sofort Sturmstärke an. Ich muß den Kopf wegdrehen, um atmen zu können. Die Sicht beträgt im prasselnden Regen nur 10 Meter. »Henriette« legt sich bis zu den Kajütfenstern auf die Seite. Das ist nicht so schlimm. Schlimmer ist, sie läuft mit großer Geschwindigkeit durch das Wasser. Eine Seemeile sind unter diesen Umständen etwa zehn Minuten, dann kommen die Felsen.

Rasmus holt Atem, und einen winzigen Augenblick kann ich 100 Meter weit sehen. Dort brandet es weiß. Ich lege das Steuer zu einer Wende. Unser braves Schiff geht mit dem Bug durch den heulenden Sturm. Die Segel knallen wild. Die Takelage wird hoch beansprucht. Dann haben wir es geschafft, der Wind fällt uns von der anderen Seite an, und wir haben wieder einige Minuten Gnadenfrist bis zum nächsten Felsen. Noch einige Male schlägt der Wind hart zu. Die Luft wird aber klarer, und wir können zwischen den Schären hin- und herfahren. Dann ist der Spuk schlagartig vorbei. Die Sonne scheint wieder. Von den Schären strömt ein betörender Blumenduft zu uns auf das Wasser.

Wir suchen eine stille Bucht und ankern. Dieses Erlebnis müssen wir erst verarbeiten. Was wäre passiert, wenn uns der Sturm im engen Fahrwasser erwischt hätte? In Zukunft achten wir immer auf Wolken aus der falschen Richtung. Wir erleben zwar noch einige Male diese typischen Witterungseinbrüche am Abend, aber zum Glück nicht wieder so heftig.

Auf einer unserer Seekarten finden wir einen Hinweis, die Tiefenangaben seien um 0,10 m zu reduzieren wegen der Erhebung des Landes. Unser Fahrwasser ist etwa 30 m tief, da machen 10 cm nichts aus. Aber für die größeren flachen Inseln kann die Änderung von Bedeutung sein. Die Schweden vermessen daher ihren Schärengarten neu. Eine unendlich mühevolle Arbeit. Aus einem Buch über die Entstehung der Ostsee entnehmen wir, daß das Land in der Eiszeit von den zwei Kilometer dicken Gletschern heruntergedrückt wurde und nun seit 10 000 Jahren steigt. Am Ausgang des Bottnischen Meerbusens werden noch 450 m (!) erwartet. Gleichzeitig lesen wir, warum die Ostsee artenarm ist im Gegensatz zu den Weltmeeren. Die Ostsee ist mit schwach salzhaltigem Brackwasser gefüllt. In der kurzen Zeit ihres Bestehens hatte die Natur noch zu wenig Gelegenheit gehabt, neue Arten zu bilden. Wir finden es immer gut, wenn man nicht nur sieht, daß etwas so ist. Wir wollen auch möglichst genau wissen, warum es so ist.

Mit dem Brackwasser werden wir uns später noch auseinandersetzen müssen, wenn wir in einigen Wochen durch den Sund zurücksegeln. Die Flüsse bringen so viel Süßwasser in die Ostsee, daß sie schon längst ein Süßwassermeer sein müßte. Durch den Sund gehen starke Strömungen ins Kattegatt. Unser Seehandbuch zeigt uns Stromkarten, und wir denken daran, daß wir diese Ströme aussegeln müssen.

Aber Salzwasser ist schwerer als Süßwasser. Und so »fällt« immer wieder Salzwasser in Grundströmungen aus dem flachen Sund in die tiefere Ostsee und sorgt für einen schwachen Salzgehalt.

Seit Tagen befassen wir uns nur mit Schären. Nur einmal kaufen wir Lebensmittel ein und tanken Wasser. Es gibt keine Zeitung, und der DDR-Rundfunk erreicht uns hier im Norden nicht mehr. Wahrscheinlich stürzen Flugzeuge ab, wird für oder gegen etwas demonstriert, und die Staatsmänner geben Grundsatzerklärungen ab. Alles ohne unser Zutun und Wissen.

»Welchen Wochentag haben wir eigentlich?« fragt Henriette. Ich rechne anhand des Bordbuches nach. Wir einigen uns dann auf einen Sonntag. Aber es könnte auch ein Montag sein, es wäre kein Unterschied. In Zukunft notiere ich zum Datum im Bordbuch auch den Wochentag mit. Uns interessiert nur das Wetter (weiterhin südliche Winde), das Fahrwasser (mitunter fehlt eine Pricke, die nach der Karte da sein müßte), und wie wird es in Mem an der ersten Schleuse.

Durch den Götakanal

Bei Mem, dem Beginn des Götakanals, schneidet eine Bucht der Ostsee tief ins Land. Der Charakter der Ufer ändert sich. Die steinigen Klippen verschwinden. Dafür ist das Hochufer gelb-sandig, wie wir es von Rügen und Hiddensee gewohnt sind. Der Wind dreht, und wir müssen gegenan motoren.

Das Fahrwasser führt an der Festungsruine Stegeborg vorüber. Die Anlage wurde vom König Gustav Wasa am Anfang des 16. Jahrhunderts errichtet, als die Geschütztechnik noch nicht so entwickelt war. Aber Stegeborg war damals in der Lage, den Verkehr nach Mem zu sperren. Nur gab es damals den Götakanal noch nicht. Wir haben keine Zeit, uns den Kopf zu zerbrechen, warum der König diese Festung baute. Wir müssen Fender und Festmacherleine bereitlegen für die erste Schleuse.

Natürlich haben wir alles, was es über den Götakanal an Berichten gibt, gelesen. Die Schilderungen schwanken zwischen Knochenarbeit bis zu »nicht so schlimm«. Alle Autoren sind sich aber einig, daß das Bergaufschleusen Probleme mit sich bringt. Sie geben die verschiedensten Ratschläge. Im Prinzip gehen sie alle in die gleiche Richtung. Man nehme kräftige Fender, damit die Bordwand nicht an den Schleusenwänden zerkratzt wird. Weiter wird vorgeschlagen, die Achterleine am Schiff festzumachen und mit der Vorderleine den Ausgleich zu schaffen, wenn das Boot drei Meter steigt.

Henriette und ich sind uns einig, wir werden vor der ersten Schleuse an Land gehen und uns die Sache in

Ruhe ansehen. Dann werden wir beschließen, was zu tun ist.

Plötzlich ist die Ostsee zu Ende. Das Land vor uns steigt vom Ufer aus an. Im Grün der Bäume ist eine kleine Lücke mit einem mächtigen Tor. Als wir näher kommen, sehen wir, daß es sich um das hintere Tor der Schleuse handelt, daß sie also offen steht. Ein Segler liegt klein und verloren in der Schleusenkammer.

Wir schauen nach einem Landeplatz aus. Nichts zu sehen. Die Schleuse ist direkt in das Ufer eingebaut. Von der Schleusenmauer winkt nun ein Mann, wir sollen uns beeilen und einfahren.

Also fahren wir in das finstere Loch mit nassen felsigen Wänden, einem Steinrand drei Meter über uns und einem Eichentor vor uns. Der Mann entpuppt sich als hilfsbereiter junger Schleusenwärter. Er scheint gewohnt zu sein, daß die Schiffer sich in der ersten Schleuse dumm anstellen. Auf ein Zeichen werfen wir ihm die Leine zu, die er oben an Ringen festmacht. Dann schließt sich hinter uns das untere Schleusentor. Erwartungsvoll starren wir nach vorne. Dort wandern die Zahnstangen, die die Schütze bedienen, nach oben. Ein breiter Wasserschwall ergießt sich in die Schleuse.

Ich halte mit aller Kraft die Vorderleine, weil ich denke, das einströmende Wasser müßte den Schiffsbug zur Seite drängen. Nichts dergleichen. Der Rückstau vom unteren Tor bewirkt, daß »Henriette« ruhig an der Schleusenwand liegt und langsam nach oben wandert.

Erleichtert lasse ich die Vorderleine etwas lose werden. Im nächsten Augenblick steht das Boot halb schräg in der Schleuse. Mit großer Kraft versucht nun das einströmende Wasser, uns quer zu stellen. Ich arbeite ver-verzweifelt, um »Henriette« wieder an die Schleusenwand zu bringen. Schweißtriefend und mit zerschundenen Händen gelingt es mir. In Zukunft halte ich die

Vorderleine eisern stramm und verkürze sie, wenn das Wasser steigt.

Nun ist das Wasser bis kurz unter die oberen Steine der Schleuse gestiegen. Unser Schiffsdeck liegt ein Meter höher als die Umrandung. Das obere Tor öffnet sich und gibt den Weg frei in die nächste Schleusenkammer. Henriette geht an Land, löst die beiden Leinen und macht sie in der zweiten Kammer wieder fest.

Nun wissen wir, was uns erwartet, und die Schleuserei hat ihre Schrecken verloren. Aber sie bleibt weiterhin mit viel Überraschungen und Aufregung sowie mit viel Anstrengung verbunden.

Nach der zweiten Schleuse sind wir in einer neuen Welt. Sechs Meter unter uns ist die Ostsee zu sehen. Vor uns windet sich das gelbe Wasser des Kanals. Der Ausdruck ›windet‹ ist richtig, denn der Kanal geht an keiner Stelle mehr als 50 Meter geradeaus.

Die Erbauer konnten nicht einfach durch Hügel hindurchgraben. Sie mußten Wege suchen, die möglichst wenig Erdbewegungen erforderten. Daher die vielen Kurven.

Wenn ich von ›gelbem‹ Wasser schrieb, so ist nicht damit gesagt, daß das Wasser dreckig gewesen wäre. Ganz im Gegenteil! In den zwei Kanalwochen sahen wir weder Papier noch Plasteflaschen noch tote Tiere im Wasser. (Ich zähle auf, was ich von anderen Kanälen kenne.)

Neben dem Wasser läuft der alte Treidelweg, auf dem vor der Motorisierung die Fahrzeuge durch Pferde oder Ochsen gezogen wurden. Jetzt ist er als Radfahrweg ausgebaut. Alle Radfahrer grüßen und winken. Eingefaßt sind Kanal und Treidelweg durch alte Bäume. Der Graf Platen ließ sie vor 200 Jahren pflanzen, damit der Wind die Schiffe möglichst wenig belästige. Alles ist voller Blumen und Büsche. Was vor drei Wochen bei uns zu Haus verblühte, steht hier in voller Pracht. Nun entdekken wir, daß der Kanal höher liegt als die Umgebung. Links unter uns liegt ein Fluß, auf dem einige Boote segeln. Auch die Straße mit Autos liegt niedriger als wir. Das ändert sich natürlich nach einiger Zeit, denn ein Kanal ändert ja seine Höhe zwischen zwei Schleusen nicht, während ein Fluß zum Binnenland hin an Höhe gewinnt.

Nach einer guten Stunde tauchen die Häuser von Söderköping auf und gleich darauf die nächste Schleuse. Nun sind wir schon perfekt. Vor jeder Schleuse ist schräg zur Kammer ein Steinbollwerk von ein bis zwei Meter Länge. Das muß der Schipper vorsichtig ansteuern. Der zweite Mann, in unserem Fall eine Frau, springt dort mit einer Leine an Land, erklettert die drei Meter hohe Böschung zur Schleusenkammer und zieht »Henriette« in die Kammer.

An der Schleuse Söderköping stehen viele Neugierige und sehen sich die Manöver an. Überhaupt habe ich keine Schleuse erlebt, an der nicht Zuschauer gestanden hätten. Die Statistik behauptet, 1,5 Millionen Menschen sähen sich jährlich in den drei Sommermonaten den Betrieb auf dem Kanal an.

Hinter dieser Schleuse geht die erste Brücke von mehr als 40 für uns auf, und wir können im Gästehafen von Söderköping festmachen.

Als erstes müssen wir im Kanalbüro die notwendigen Formalitäten erledigen, d. h. die Kanalgebühren bezahlen. Die Göta-Kanal-Aktiengesellschaft ist die älteste in Schweden. Der Kanal war Privatbesitz. Als in der neueren Zeit der Verkehr immer weniger wurde, übergaben die Aktionäre den Verlustbetrieb an den schwedischen Staat.

Mit einem Aufwand von etwa 40 Millionen Kronen wurden die Schleusen von Hand- auf Hydraulikbetrieb umgestellt. Es wurden Gästehäfen geschaffen mit Duschen und Waschmaschinen. Und der gesamte Betrieb wurde gestrafft. Dafür zahlt der Schipper je nach Bootsgröße seine Abgaben. Für ein mittleres Segelboot sind es etwa 900 Kronen. Eine freundliche Studentin stellt uns eine Quittung aus, die wir an verschiedenen Schleusen ablochen lassen müssen. Weiter teilt sie uns mit, daß wir für die Trollhätta-Schleuse extra bezahlen müßten, weil diese nicht zur Göta-Kanal-A. G. gehöre. Schließlich verkauft sie uns eine Karte des Kanals mit den Seen, die wir durchqueren müssen. Die Karte wurde 1879 gezeichnet. Sie ist also über 100 Jahre alt. Ein Aufdruck lautet in der Übersetzung etwa so: Die Tiefenangaben in den Seen stammen aus dem Jahre 1812. Sie wurden mit dem Handlot gemessen. Daher Vorsicht beim Navigieren.

Ein Blick auf die Seen zeigt uns, daß sie bis zu 100 m tief sind. Wenn wirklich ein Fehler bei der Messung gemacht wurde, wird er sich nicht tragisch für »Henriette« auswirken.

Die Karte ist ein Beispiel schwedischer Sparsamkeit. Durch Überdruck ist sie aber in wichtigen Punkten auf den neuesten Stand gebracht, z. B. sind die neuen Brükken eingetragen.

Nun lassen wir uns über die Geschichte des Städtchens Söderköping informieren. Im frühen Mittelalter lag die Stadt an der Ostsee und war ein Seehafen, der den Verkehr mit Mittelschweden vermittelte. Durch die Landhebung und durch die Ablagerungen des kleinen Flusses, der durch die Stadt fließt, liegt der Ort heute 11 Kilometer von der See entfernt. Nun wissen wir auch, warum der schwedische König die Festung Stegeborg bauen ließ. Wohlhabende Städte waren meistens aufsässig. Stegeborg war der Daumen auf der Lebensader der Stadt.

Auch sonst hatte der König, Gustav Wasa, Sorgen mit

Söderköping. Der Bischof Brask, sein Zeitgenosse, gründete dort die erste Druckerei in Skandinavien. Und prompt druckte er Sachen, die dem König nicht paßten. Daraus entstand dann allerhand politischer Ärger, den schwedische Kinder jetzt in den Schulen lernen müssen. Bischof Brask war der erste, der sich ernsthaft mit einem Kanal befaßte, der die schwedischen Seen mit der Ostsee verbinden sollte. Es wird sogar eine Stelle gezeigt, wo er mit Grabungen begonnen haben soll. Aber die Historiker sind sich nicht ganz einig, ob es sich wirklich um die ersten Spatenstiche handelte, oder ob das Loch gar nichts mit dem Kanal zu tun hat. Jedenfalls muß der Herr Brask ein vielseitiger und tüchtiger Mann gewesen sein, denn er wird wegen der verschiedensten Sachen zitiert.

In Söderköping stehen einige Holzhäuser und ein Rathaus aus der Zeit um 1750. Die Häuser sind rot oder grün gestrichen und blitzen vor Sauberkeit. Wie überall in Schweden kennen die dortigen Hausfrauen keine Stores. Sonne ist so knapp in Schweden, daß man froh ist, wenn sie ungehindert in die Stube scheint. Dafür stehen auf den Fensterbänken Blumen oder Stücke, wie Petroleumlampen, Gipsfiguren oder gut geputzte Kupfergefäße.

Abends läuft ein kleiner Dampfer in den Hafen ein. Es ist ein richtiger Dampfer mit Holzfeuerung und Dampfmaschine. Ein Schild erzählt, sein Baujahr sei 1896 gewesen, und seit dieser Zeit sei er im Dienst. Auf dem Vorderdeck sitzt ein vergnügt lächelnder Wikinger mit wallendem Bart. Nachdem der Dampfer festgemacht ist, entlockt er einem Instrument schaurige Töne. Es ist (wie ebenfalls ein Schild erläutert) der Nachbau einer Dampforgel von 1856. Die Orgel produziert »Zahnschmerzenmusik«, wie sie entsteht, wenn einer eine Blockflöte unrein spielt, nur zehnmal lauter. Aus den

Orgelpfeifen zwitschert der Dampf, wenn der Spieler die entsprechende Taste drückt.

Aber alle Leute freuen sich über das Konzert um 22.30 Uhr. Besonders natürlich die Kinder, die um diese Zeit noch alle munter am Hafen spielen. Nach jedem Stück gibt es reichlich Beifall, bis schließlich der Dampf alle ist.

Der Musikant macht eine Verbeugung und verschwindet in der Kajüte. Wir hatten gedacht, er würde nun Geld sammeln. Doch nichts dergleichen. Er ist einer der vielen Schweden, die einfach etwas zu ihrem Spaß tun. Sein Hobby ist die Pflege eines Oldtimers und das Spielen einer Dampforgel. Dafür putzt er das viele Messing auf seinem Schiff und schlägt Birkenholz für die Dampferzeugung. (Birkenholz brennt auch im frischen Zustand.) Und die Schweden akzeptieren ihn. Keiner tippt auf die Stirn. Keiner schimpft über das schaurige Nachtkonzert. Alles lächelt verstehend. Denn, »der eine ist so gut wie der andere«.

Eines der Motorschiffe, die zwischen Göteborg und Stockholm verkehren, übernachtet in Söderköping. Die Reise dauert drei oder vier Tage. Im Fahrplan werden berühmte Namen genannt, deren Träger die Fahrt mitmachten und sich begeistert äußerten. Ein berühmter Name fehlt. 1867 reiste ein englischer Kaufmann namens Fred Engels mit Lydia Burns von Göteborg nach Stockholm über den Göta-Kanal.

Unsere »Henriette« segelt also auf den Spuren eines der Klassiker des Marxismus.

Die Schiffe sind inzwischen etwas moderner geworden als zu Engels' Zeiten. Aber die Abmessungen sind geblieben. Ein Schiff auf dem Göta-Kanal darf 32 Meter lang und 7 Meter breit sein und 2,82 Meter tief gehen. Natürlich nutzt die Berufsschiffahrt diese Grenzmaße voll aus. Das sehen wir, als das Motorschiff von Göte-

borg nach Stockholm die Schleuse passiert. Die Fahrgäste stehen und sitzen auf dem unverhältnismäßig hohen Aufbau und betrachten drei Tage lang die Landschaft.

Man glaubt, das Passagierschiff würde nicht in die Schleuse hineinpassen. Doch natürlich paßt es ganz genau. An jeder Bordseite sind noch 20 cm Platz. Nun soll die weiße Schiffswand nicht an der Schleusenmauer entlangscheuern. Die dicken Fender der Sportboote würden nicht mehr in den Zwischenraum passen. Daher ließen sich die Schweden eine sehr originelle Ausweichlösung einfallen.

An den Schiffswänden baumeln auf jeder Seite 6 bis 10 schwere Eisenketten herunter. An jeder ist ein armdicker Holzknüppel befestigt. Er dient als Fender. Das Gewicht der Kette sorgt dafür, daß er nicht hochgeschoben wird. Quietschend und schurrend schiebt sich das Passagierschiff in die Schleuse. Seitlich füllt es sie nun sozusagen von Knüppel zu Knüppel aus. Vorne und achtern sind ein halber Meter Platz bis zum Schleusentor.

Auf dem Vorderdeck steht ein Mann der Besatzung, der den Festmacher bedient. Von unserer Weißen Flotte wissen wir, daß bei uns dafür das Vorderdeck von den Reisenden geräumt werden muß. Dafür gibt es viele Gründe, die zum Teil in den Arbeitsschutzbestimmungen festgelegt sind, zum Teil (leider) einfach aus dem Hang entstehen, anderen Leuten etwas zu befehlen.

Natürlich benötigt auch der schwedische Matrose Platz zum Arbeiten. Er spannt ein Tau aus, das 10 Prozent des Vorschiffes absperrt und ihm den Arbeitsraum (aber nicht mehr) sichert. Auf dem übrigen Deck stehen die Passagiere und lassen sich von dem einschießenden Wasser bespritzen.

Erst zu Platens Zeiten kam die Idee auf, daß ein Bauwerk genau so groß sein müßte wie vorgesehen. Bis dahin baute man »ungefähr«. Als Platen Admiral in Karlskrona war, entwickelte der Schiffsbaumeister Chapman die ersten Schiffszeichnungen, nach denen gebaut wurde. Die Schiffe sahen daher nach der Fertigstellung nicht nur so aus, wie geplant, sie wurden auch in kürzeren Zeiten hergestellt als bisher, weil die Arbeiter nach der Zeichnung im voraus Teile herstellen konnten. Platen übertrug dieses Prinzip auf seine Schleusen. Die zulässigen Abmessungen für Schiffe im Kanal richteten sich nach der kleinsten Schleuse. Nach der Zeichnung sollten alle Schleusen gleich sein. Aber bei der ersten Schleuse dachten die Meister und die Arbeiter »so genau braucht man doch nicht zu sein« und bauten etwas kleiner. Es gab einen Riesenkrach. Platen holte sich Schleusenmaurer aus England. Nun bauten auch die schwedischen Steinmetze die Schleusen genau nach Maß. Platen setzte das Prinzip der Normung konsequent durch. Alle

Brücken (etwa 40) wurden nach dem gleichen Muster gebaut. Bei jeder Schleuse und jeder Brücke steht das Familienhaus des Wärters, alle gleich groß. Der Kanalbau muß ein Umdenken in den Gehirnen der damaligen Menschen bewirkt haben. Das gilt auch für die Abmessungen des Projektes. Der eigentlich gegrabene Kanal ist rund 100 Kilometer lang, und sein Bett mit dem Land herum ist 106 Meter breit. Es ist das längste Grundstück Schwedens.

Für Platens Zeitgenossen muß es fast unvorstellbar gewesen sein, daß er vom wirtschaftlich schwachen Schweden Geld für ein Projekt verlangte, an dem 20 bis 25 Jahre gebaut werden sollte. 8 Millionen Tagewerke zu 12 Stunden stecken im Kanal. Von diesen Mühen ist heute natürlich nichts mehr zu bemerken.

Am »längsten Grundstück Schwedens« sahen wir kein einziges Mal das Wort: forbjuden. Es gibt keine Gebots- oder Verbotsschilder. Die Schleusen sind nicht eingezäunt. Die Schleusenkammern sind meistens dicht von Neugierigen umlagert. Man darf über die geschlossenen Schleusentore gehen, sooft man will. Die Schweden rechnen mit dem hohen Intelligenzquotienten der Bevölkerung, daß niemand versucht, über die Schleusentore zu laufen, wenn sie offen stehen oder sich bewegen. Ich kenne nur ein schriftliches Gebot der Kanalverwaltung: Kinder auf Booten, die geschleust werden, müssen eine Schwimmweste tragen. Doch alle schwedischen Kinder tragen am Wasser Schwimmwesten. Man darf sogar im Kanal baden und angeln. Der Mangel an Verboten hängt sicher mit dem »Jedermannsrecht« zusammen. Es gestattet, vorübergehend auf dem Boden anderer Leute zu weilen, vorausgesetzt, man stört nicht und richtet keinen Schaden an.

Die Einstellung führt auch dazu, daß ein Sportboot als gleichberechtigter Verkehrsteilnehmer betrachtet wird.

Wir nähern uns der mächtigen Klappbrücke der Europastraße E 6 bei Söderköping. Ein endloser Autostrom läuft über die Brücke. Alle Kraftfahrzeuge in Schweden müssen auch am Tage mit Licht fahren. Als wir (mit Herzklopfen) auf 100 Meter heran sind, gehen vor der Brücke die Schranken nieder. Die Brücke klappt sehr schnell hoch, und wir müssen uns beeilen, um durchzukommen. Als nächstes passieren wir eine Brücke aus Platens Werkstätten. Er ließ den Kanal durch zwei Querdämme auf 7 Meter in der Breite schrumpfen. Auf einem der Querdämme läuft auf Schienen eine Schiebebrücke. Früher betätigte sie ein Wärter von Hand, heute macht ein Elektromotor diese Arbeit. Manche Brücken werden mit Fernsehkamera überwacht und von weit entfernten Leitständen bedient.

Bei einer Brücke aus der Platenschen Zeit ließ ein Wärter uns durch. Dann stieg er in seinen Volvo, überholte uns auf dem breiten Treidelpfad und bediente die nächste Brücke.

Nach einer Schleusentreppe von 7 Schleusen legten wir eine Pause ein, um das Vreta-Kloster zu besuchen. Mit dem Kloster ist es wie mit den Schlössern in Schweden. Die Prospekte versprechen viel, und es ist wenig da. Vom Vreta-Kloster stehen nur ein paar Steine. Die Kirche ist erhalten, aber stark ausgebessert und geschlossen. Wir wandern über den großen Friedhof neben der Kirche zurück. Auf jedem Grabstein steht säuberlich der Beruf des Verstorbenen, Kopman, Slusenwärter oder Järnkopman (Eisenwarenhändler).

Oft taucht der Name Hans Maka auf. Wir wundern uns über seine Häufigkeit, bis das Wörterbuch uns aufklärt: seine Frau.

Motala sollte nach Platens Willen das Zentrum des Kanals werden. Er entwarf den Stadtplan in Fächerform. Die Hauptstraßen gehen strahlenförmig vom Kanalufer aus. Die Querstraßen sind halbkreisförmig. Natürlich ist das moderne Motala inzwischen weit über diesen Plan hinausgewachsen. Aber der Stadtkern zeigt trotz moderner Bankgebäude und Kaufhäuser noch die alte Struktur.

Auf dem großen Marktplatz steht ER im Standbild auf einem hohen Sockel. Der Ausdruck des energischen Gesichtes wird etwas gemildert durch das fast schulterlange Haar. Bekleidet ist ER mit einem langen Mantel mit einem Ordensstern drauf. Wir besitzen in Deutschland Bilder von Goethe in einem ähnlichen Mantel.

Den Stern des Seraphiner-Ordens kann man übrigens in Stralsund im Heimatmuseum bewundern. Dort befindet sich eine Sammlung schwedischer Orden. In die linke Hand legte der Bildhauer IHM einen Plan des Kanals.

So weit entspricht das Denkmal dem Schema, nach dem »die dankbare Nachwelt« Ende des 19. Jahrhunderts ihre großen Männer dargestellt haben wollte. Das Besondere an Platens Denkmal ist seine rechte Hand. Sie umklammert einen kräftigen Prügel, einen Knotenstock. Den Stock umfaßt er im oberen Drittel, und er hält ihn halbschräg nach links, so als wolle er zuschlagen, wenn er seinen Willen nicht kriegte.

Zeitgenossen schrieben, Platen sei im Zorn fürchterlich gewesen. Auf dem Denkmal steht er kurz vor so einem Wutanfall. Sein Bild entspricht seinem Wahlspruch: »Du kannst, was du willst. Und wenn du sagst, du kannst nicht, dann willst du nicht!«

Der Spruch steht in dem kleinen Kanalmuseum, das im Nullpunkt des Stadtfächers liegt. Es ist im Verwaltungsgebäude der Kanalgesellschaft untergebracht.

Platen scheint auch etwas von der Bürokratie verstanden zu haben. Er baute das Verwaltungsgebäude so groß wie ein gutes Einfamilienhaus, so daß die Zahl der Verwaltungsbeamten schon aus Raumgründen beschränkt war. Im Museum sind die Handwerkszeuge von 1810 ausgestellt. Es ist vielleicht nützlich, sich einmal den Werdegang einer Holzschaufel vorzustellen, mit der der Kanal gegraben wurde. Zuerst zersägte man einen Baumstamm der Länge nach. Dazu wurde der Stamm auf ein hohes Gerüst gelegt. Ein Säger stand über, ein zweiter unter dem Stamm. Und dann ging es hoch – runter – hoch – runter. Ich halte es für eine große handwerkliche Leistung, mit dieser Methode Bretter mit ungefähr gleicher Dicke herzustellen. Das Brett, oder besser der Balken, mußte so breit wie die spätere Schaufel sein und so dick wie der Schaufelstiel.

Nach diesem Arbeitsgang mußten Schaufel und Stiel grob aus dem Balken herausgesägt werden. Dann brauchte man »nur« noch zehn lange Winterabende, um Blatt und Stiel zurechtzuschnitzen. Es war ein technischer Fortschritt, daß die Schaufeln für den Kanal vorne einen Blechbeschlag erhielten.

Mit einem 2 bis 3 cm dicken Schaufelblatt konnten die Kanalbauer aber nur lose Erde bewegen. Der steinige schwedische Boden mußte daher vorher mit einer Hacke zerkleinert werden. Fachleute haben errechnet, daß etwa 8 Millionen Kubikmeter Erde so bewegt und daß 200000 m^3 Fels gesprengt wurden. Alle Felsen wurden mit Hammer und Meißel bearbeitet. Nun nehmen wir im Zeitalter der Rationalisierung an, die Steine wären gerade soviel wie unbedingt nötig behauen worden. Das Gegenteil ist der Fall. Sie besitzen teilweise besonders komplizierte Formen, die durchaus nicht nötig waren.

Schließlich gibt es im Museum noch ein Gemälde vom Bau des Kanals. Platen war Staatsrat, also Minister, als der Bau 1810 begann. Er erreichte vom König, daß im Laufe der 22 Baujahre 58000 Soldaten im Sommer zum Arbeiten abkommandiert wurden. Das Bild im Museum zeigt die Männer in blauen Uniformjacken und weißen

Hosen, wie sie alle Arbeiten verrichten, vom Zersägen von Baumstämmen bis zu Steinmetzarbeiten. Nur für wenige Spezialarbeiten holte Platen sich Zivilisten. Wenn wir bedenken, wie schwierig es sicher war, von den Generälen die Freistellung von Soldaten zu Erdarbeiten zu erlangen, müssen wir Platens Überzeugungskraft noch mehr bewundern.

In Motala gründete Platen auch die erste Maschinenfabrik Schwedens. Sie liegt natürlich am Götakanal. Hier sahen wir zum ersten Mal »den Hinterhof« Schwedens. Das Werk lag tot da. Die 1822 gegründete Maschinenfabrik arbeitet nicht mehr.

Das Kanalbuch schreibt, daß westwärts gehende Schiffe einen langen Ton mit dem Signalhorn abgeben, wenn sie das Grab passieren.

Ich lege also unsere grünspanüberzogene Signaltute zurecht. Am linken Kanalufer taucht ein Gedenkstein auf. Er sieht nicht »pompös« aus, wie der Kanalführer schreibt, aber das ist eine Maßstabsfrage. Meinem Horn entlocke ich einen schönen langen Ton. Die schwedischen Schiffe vor uns geben kein Signal. Schweden nehmen es mit Vorschriften nicht so genau.

Dann kommen uns Zweifel. War es überhaupt das richtige Grab? Jetzt taucht eine »pompöse« Anlage auf, mit Marmoreinfassungen und Treppen zum Ufer, auf der rechten Kanalseite über allem steht ein mächtiger Findling mit der Aufschrift »Platens Grab«.

Die Schweden tuten wieder nicht, und so verzichten wir auch darauf. Später erfuhren wir, daß auch andere Segler diskutierten, ob oder nicht. Es gibt auch hier Traditionalisten und Neuerer. Die Passagierschiffe lassen auf jeden Fall ihre Pfeife ertönen.

Neubauten sahen wir auf unseren Reisen nur wenige. In Motala erhielten im Stadtkern einige Geschäftshäuser eine neue Fassade. Die Gerüste sind außen mit riesigen

Plasteplanen abgedeckt. Kein Kalkspritzer fällt außerhalb der Plane auf den Bürgersteig. Schilder wie: »Vorsicht Bauarbeiten. Andere Straßenseite benutzen. Eltern haften für ihre Kinder« sind unbekannt. Wer baut, ist für die Sicherheit der anderen verantwortlich. Er muß dieses Problem technisch lösen und nicht durch Verbotsschilder die Umwelt belästigen.

Mit leiser Wehmut fiel mir in Motala ein Betrieb bei Halle ein, vor dessen Tor ich einmal 13 Schilder mit Ver- und Geboten zählte. Es handelte sich dabei nicht etwa um ein Werk, das geheimnisumwitterte Produkte herstellt, sondern einfach um eine Apfelverpackungsstation.

Etwa 15 Kilometer von Motala entfernt liegt das Städtchen Vadstena. Dort lebte um 1370 herum die Heilige Birgitta, die früher die Nationalheilige Schwedens war. Ein Bus bringt uns schnell dahin. Entlang der Landstraße, weit von irgendwelchen Wohnhäusern, liegen kleine Fabriken und Geschäfte für Möbel oder Computer. Ihre Telefonnummer steht auf großen Schildern, denn viele Geschäfte werden über den Fernsprecher abgewickelt.

In Vadstena sind Reste des Mittelalters erhalten geblieben, einige Bürgerhäuser und das Rathaus. Aus dem ehemaligen Birgitta-Kloster ist ein Hotel geworden. Es gibt aber auch noch ein katholisches Nonnenkloster und eine große Akademie der evangelischen Kirche. Nach den Prospekten scheint es eine Art Volkshochschule zu sein.

In der alten Kirche ist gerade Gottesdienst. Man feiert den Geburtstag der Birgitta. Die Kirche ist voller Geistlicher. Sie tragen knielange schwarze Jacken (ich kenne den Fachausdruck nicht). Von vorn sieht es sehr würdig aus. Wenn sie sich hinsetzen wollen, greifen sie nach rückwärts und teilen mit beiden Händen den Schlitz in der Jacke. Da dabei der Hosenboden erscheint, ist alle

Würde (für mich) dahin. In einer hinteren Kirchenecke ist ein Spielplatz für Kleinkinder. Die Frauen, die zum Gottesdienst gekommen sind, geben dort ihren Nachwuchs ab.

Am Altar amtieren Geistliche in Ornaten, die an die katholische Kirche erinnern. Wir sind daher über die Religionsrichtung etwas im Zweifel. Als wir wieder draußen stehen und darüber sprechen, kommt einer der schwarzberockten Herren heraus. Er macht eine Zigarettenpause. Wir fragen ihn.

»Wir sind Lutheraner«, klärt er uns auf. »Aber einige Sitten sind bei uns anders als in Deutschland.«

Von schwedischen Bekannten hören wir, daß es in Mittelschweden sehr viele Sekten gibt. Wir denken dabei an Selma Lagerlöfs »Gösta Berling«, wo auch ein Kapitel von den »Erweckten« handelt, und an ihren Roman »Jerusalem«, wo die Sektierer nach Palästina auswandern.

Eines habe sich geändert, erzählt uns später ein Schwede. Heute seien die Sektenanhänger fast alle sehr wohlhabend. Er handelt mit DDR-Maschinen. Seine frommen Kunden zahlten sofort und in bar. Bei den übrigen müsse er lange Zahlungsfristen einräumen.

Die meisten Schweden interessieren sich für Boote. Daher kommen in jedem Hafen, vor allem wenn er so günstig liegt wie in Motala, dauernd Autos angefahren. Die Insassen sehen sich die Schiffe an und fahren weiter. Abends erscheinen die Spaziergänger, die ihren Vorabendbrotspaziergang absolvieren oder die ihren Hund ausführen.

In einer Ecke des Hafens liegt ein kleiner Sandplatz mit einer Tafel, daß hier ein »Toaletter« für Hunde sei. Hund und Herrchen streben diesem Ort zu. Aber die Natur ist stärker. Der Hund knickt mit den Hinterbeinen ein und tut, was er dringend muß. Herrchen oder

Frauchen schauen diskret weg. Erleichtert richtet sich der Hund auf. Sein menschlicher Begleiter langt in die Tasche, holt eine Plastetüte, streift sie über die Hand, bückt sich, mit einer Handbewegung umfaßt er den Hundedreck und stülpt die Tüte nach vorn. Dann trägt er Tüte mit Inhalt mit lässiger Würde zu dem dafür vorgesehenen Behälter am Hundeklo.

Im Park von Vadstena zählten wir alle 25 Meter einen Papierkorb, und alle 100 Meter einen Behälter für Hundeexkremente. Die schwedischen Kinder können unbesorgt auf dem Parkrasen spielen, und die Bürger können im Dunkeln über Straßen und Plätze gehen, ohne irgendwo hineintreten zu müssen.

Im hundereichen Halle sprach ich mit einigen Tierfreunden über dieses Problem. Die Antworten waren: Irgendwo muß der Hund doch (das ist auch in Schweden so), und schließlich bezahle ich ja Hundesteuer an den Staat (aber wer ist der Staat?).

Bei Motala endet der Ostgötateil des Kanals in den Vättern. Der See ist fast 140 Kilometer lang, aber nur 31 Kilometer breit und bis zu 100 Meter tief. Sein Wasser besitzt Trinkwasserqualität. Ab 300 Meter vom Land darf man ohne Angelschein fischen und Forellen oder Lachse fangen.

Wir durchsegeln den See in der schmalen Richtung. Viele Meilen weit leuchten uns die Festungswälle von Karlsborg entgegen und weisen uns den Weg zur Einfahrt in den West-Götateil des Kanals.

Die Festung Karlsborg ist das größte Bauwerk Schwedens neben dem Götakanal. 88 Jahre (von 1819 bis 1907) errichteten Sträflinge Wälle und bauten Kasematten. Schließlich war das ganze von der modernen Kriegstechnik überholt.

Um zu verstehen, warum die Schweden mitten im Land im 19. Jahrhundert eine richtige Festung bauten, müßte ich auf die schwedische Geschichte und (natürlich!) auf Platen zurückgreifen. Von 1700 bis 1809 verloren die Schweden alle Kriege. Rußland nahm Schweden die Provinzen in der Gegend des heutigen Leningrad ab und eroberte das damals schwedische Estland mit der Hauptstadt Reval (Tallinn). 1806 zogen die napoleonischen Franzosen zeitweilig im schwedischen Pommern ein. 1809 ging wieder ein Krieg mit Rußland verloren. Schweden mußte Finnland abtreten, das bis 1917 russisch blieb.

Es kam nun zu einer Generalsrevolte, wie wir heute sagen würden. Der König Gustav IV. Adolf, der absolut regierte, wurde abgesetzt. Sein Nachfolger Karl XIII. mußte wieder mit dem Reichstag zusammenarbeiten.

Es war nun die Idee Platens und anderer Männer, auf Kriege außerhalb des eigentlichen Schwedens zu verzichten und die Verteidigung in das Land zu verlegen. Der Kern eines Festungssystems sollte Karlsborg werden. Hier sollten die Vorräte gelagert werden, mit denen die Festungen im Umkreis versorgt werden konnten.

Aber das Geld reichte nur für den langsamen Ausbau von Karlsborg. Die anderen geplanten Festungen kamen über die Planung nicht hinaus.

Wir machen uns auf den Weg vom Seglerhafen am See entlang zur Festung. Zwei Soldaten in grün-schwarzen Tarnanzügen überholen uns. Sie schleppen schwer an ihrer Ausrüstung und ihren automatischen Gewehren. Der eine bekommt anscheinend einen Krampf im Fuß. Er setzt sich auf die Erde, und der andere massiert und biegt ihm Fuß und Knie. Dann eilen sie weiter. Offensichtlich müssen sie zu einem bestimmten Zeitpunkt in der Kaserne eintreffen.

In Schweden herrscht die allgemeine Wehrpflicht. Man sagt uns, je nach der Waffengattung müssen die jungen Leute zwischen 9 und 18 Monaten dienen.

Durch riesige Wälle und Tore betreten wir die Festung. Ihr Umfang beträgt einige Kilometer. Innerhalb der Wallanlage finden wir endlose Straßen und Lagerhäuser, Reithallen, Soldatenheime, zwei Museen und eine Kaserne für Fallschirmjäger. Wir sehen auch ein endlos langes Gebäude, Slutvärnet, 618 Meter lang. Alles ist in Backstein gemauert. Auch unsere beiden Marschierer treffen wir wieder. Sie gehen, frisch geduscht, in Zivil ins Soldatenheim.

Im Festungsmuseum besehen wir die Kirche, die ja damals zu einer anständigen militärischen Einrichtung gehörte, und das Museum des ehemaligen Leibhusaren-Regimentes. An einer Wand hängen Zeichnungen und Fotos prominenter Gäste, die die Husaren und jetzigen Fallschirmspringer besuchten. Freundlich lächelt uns aus dieser Sammlung Nikita Chruschtschow aus einer Fotoschau von ausländischen Ministern und Fürsten an.

In Karlskrona kaufe ich eine Zahnbürste. Das ist nichts Besonderes. Aber in der Plastikhülle der Bürste liegt ein Zettel, der mich aufklärt, was ich eigentlich kaufte und was ich noch kaufen muß. Die Bürste ist mit einem wissenschaftlich begründeten Winkel am Stiel befestigt. Das beruhigt mich. Wissenschaft ist immer gut. Sie braucht sich nicht nur auf Mikroelektronik und Atomaufbau zu beschränken.

Doch zu meinem Schrecken werde ich informiert, daß ich noch weitere Bürsten benötige. Erst einmal noch eine mit besonderer Borstenstellung, um die Lücken zwischen den Zähnen von oben nach unten zu säubern. Aber das genügt natürlich einem zahnbewußten Schweden nicht. Er benötigt noch eine winzige Bürste, ähnlich einer Flaschenbürste, um zwischen den Zähnen die allerletzten Speisereste zu entfernen. Schließlich gehört zur Zahnpflege noch ein wissenschaftlicher Zahnstocher. Hat man nun alles gekauft und benutzt, so möchte man doch wissen, wie der Erfolg war. Daher bietet die Zahnbürstenfabrik auch noch einen Spiegel mit Lampe an, um die Zähne betrachten zu können. Aber mein Mangel an schwedischen Kronen hindert mich daran, meine seit über 60 Jahren betriebene Zahnpflege grundlegend zu ändern. Vor allem die »Flaschenbürste« hat es mir angetan.

Nachdem wir wieder einige Tage in der DDR waren, sah ich im Schaufenster einer Drogerie einen Kasten (man sagt wohl ein Set) mit allen Bürsten einschließlich der Miniflaschenbürste und des Spiegels. Vielleicht gab es diese Zusammenstellung schon lange, und ich habe sie nur übersehen. Auf jeden Fall bestimmen wir hier das berühmte Weltniveau mit. Aber – es gibt einen ganz kleinen Unterschied zu Schweden. Der schwedische Käufer kann wählen, ob er nur die Zahnbürste oder nur den Spiegel oder sonst ein Teil oder alles kaufen will. Das hängt von seinen Bedürfnissen und seinem Geldbeutel ab.

Der Kunde in der DDR steht vor der Wahl: Alles oder nichts!

Mir scheint, hier liegt in der Philosophie des Angebotes eine unterschiedliche Auffassung vor, wobei die der Schweden mehr die Kundenwünsche berücksichtigt. Mit Recht, denn die Verbraucher sind in der Überzahl.

Hinter Karlsborg verläuft der Göta-Kanal durch den Viken-See. Anfangs, hinter der Stadt, liegen viele Sommerhäuser und einige Landsitze am Ufer. Ein Sommerhaus legt ein Schwede so an: Er sucht im Wald eine erhöhte Stelle. Dort baut er. Dann schlägt er einige Bäume um, und verschafft sich so einen Ausblick auf das Wasser.

Für Herrensitze sucht sich der reiche Grundeigentümer einen Hügel am Wasser aus. Den Abhang zum See läßt er abholzen und zu einem Wiesenhang umgestalten. Oben steht das »Herrenhaus« einstöckig, mit einem Portal von vier Säulen gebildet, weiß getüncht. Der alte Buchen- und Eichenwald um Haus und Wiese geben dem Ganzen einen Hauch von solider Vornehmheit.

Auf dem Viken befinden wir uns 92 Meter über der Ostsee. Noch wirkungsvoller ist die Angabe, daß unsere Mastspitze sogar 103 Meter den Meeresspiegel überragt. In den Schleusen und den Häfen erzeugt diese Feststellung allgemein ein besonderes Gefühl. Alle sprechen darüber und sind ein bißchen stolz darauf, so hoch geschleust zu sein.

Der Viken hat die Form eines langgestreckten V. Um den Schiffen den Weg zu verkürzen, wurde noch 1933 ein Abkürzungskanal durch den Felsen gesprengt, der die beiden oberen Enden des V miteinander verbindet. Der Kanal führt durch eine wilde Landschaft. Felsen und Sümpfe folgen unmittelbar hintereinander.

Es ist gespenstisch, wenn Wasser, Fels, Farnkräuter, Tannen, Sumpf den schmalen Wasserweg fast erdrükken.

Dann kommt die erste Bergabschleuse. Das Wasser steht bis an die Einfassung. Wir fahren in die Kammer und machen die »Henriette« so fest, daß der Festmacher ohne Schwierigkeiten verlängert werden kann. Wie mit einem Fahrstuhl sinken wir 2,5 Meter bergab.

Der schnelle Abstieg entspricht der politischen Lage, wird auf einem der Boote gespottet.

Nach der Schleuse wird der Kanal so eng, daß größere Schiffe nicht aneinander vorbei könnten. Daher sind in einigen Abständen Ausweichstellen gesprengt. Zu unserer Freude kommt uns keiner entgegen. Wir sehnen uns nicht nach Schwierigkeiten.

Dann verläuft der Kanal zeitweise zwei Meter über den Feldern. Das Wasser steht bis an die Oberkante des

Dammes. Die Redensart: Ich habe den Kanal voll, wird uns hier deutlich demonstriert.

Die Landschaft verliert nun den dramatischen Charakter und wird parkähnlich. Ab und zu steht auf einem Hügel, immer völlig frei von Bäumen, ein großes rotgestrichenes Bauernhaus. Rundherum liegen Weiden mit rotfleckigen Kühen sowie Gerste- und Haferfelder. Das Korn steht niedrig im Halm und ist in der Reife um zwei bis drei Wochen gegenüber unserer Landwirtschaft zurück. Wir sind doch ein ganzes Stück nördlicher als Arkona.

Die friedliche Landschaft wirkt nach der Aufregung im felsigen Kanalteil beruhigend. Der Schipper döst am Steuer. Da gibt es einen lauten Krach. »Henriette« wird schlagartig gestoppt, dann nimmt sie langsam wieder Fahrt auf. Ein Blätter- und Zweigregen prasselt auf uns herab. Im Mast hängt ein armdicker, über drei Meter langer Ast. Ich bin zu nahe an einen der Bäume herangefahren, die Platen am Kanal pflanzen ließ.

Abends bleiben wir in einem Gästehafen vor einer Brücke liegen. Nach und nach sammeln sich immer mehr Jachten, die nicht weiter können, denn ab 20 Uhr bleiben Schleusen und Brücken geschlossen.

Neben uns bläst ein Schwede auf einer Klarinette Volksweisen. Im Ton liegen sie alle bei: »Sah ein Knab' ein Röslein stehn«. Mitunter geht ein Ton daneben, aber das stört nicht. »Ich bin so gut wie jeder andere.«

Schön ist es, daß auf keinem Schiff ein Radio draußen läuft. Wenn überhaupt ein Gerät angestellt ist, steht es in der Kajüte. Einige Jugendliche benutzen die neuesten kleinen Tonbandgeräte mit Kopfhörern. Aber sie sind selten.

Durch die letzten Schleusen laufen wir mit zwei dänischen Booten. Die Männer sehen aus, wie wahrscheinlich die alten Wikinger aussahen: Vollbart, untersetzt, Bierbauch und rachitisch-krumme Beine. Zum Frühstück tranken sie Campari. Und dann nach jedem Campari einen Campari. Ihre Schleusenmanöver wurden dabei immer kühner.

Nun ist das Abwärtsschleusen, wie ich es schon beschrieb, problemlos, solange die Festmacherleinen ordentlich ablaufen. Doch nach dem sechsten oder achten Campari kann es schon passieren, daß man einen »Chinesischen Wuhling Steek« in der Leine hat, zu deutsch: einen Knoten.

Plötzlich hing die Achterleine fest. Das Wasser lief in der Schleuse weiter ab. Der Schiffsbug der einen dänischen Jacht neigte sich entsprechend der Wasserhöhe. Ihr Heck aber hing fest an einer Leine und schwebte über dem Wasser. Natürlich gab es sofort ein großes Geschrei. Die Camparis verhinderten die einfachste Lösung: ein kräftiger Schnitt mit dem Bordmesser. Auf dem anderen dänischen Boot wollte man sich totlachen und versuchte zu fotografieren. Schließlich griff der Schleusenwärter ein. Er schloß die Schütze auf der Ablaufseite und öffnete die Zulaufschütze. So kam das Boot langsam wieder in die waagerechte Lage. Unsere Wikinger waren nach diesem Zwischenfall sichtlich nüchtern geworden.

Der Ort Töreboda, kurz vor dem Ende des Kanals, ist aus zwei Gründen bekannt.

In früheren Zeiten war er der Übergangspunkt zwischen Kanal und Eisenbahn. Das ist heute natürlich vorbei. Weiter ist der Ort bekannt wegen der schnellsten Fährverbindung der Welt. Im Jahre 1905 beobachtete ein geschäftstüchtiger Mann, daß viele Arbeiter von ihren Häusern einen langen Umweg bis zur nächsten Brücke machen mußten, um an ihre Arbeitsstelle zu gelangen, die nur wenige Meter von ihrer Wohnung entfernt lag, aber auf der anderen Kanalseite. Dieser Mann spannte ein Seil über den Wasserweg und zog daran einen Kahn über den Kanal. Das Fährgeld betrug 5 Oere. Heute ist die Fähre immer noch im Betrieb und befördert immer noch für 5 Oere (also 1 1/2 Pfennig) Leute 24 Meter weit über das Wasser.

Bei Sjötorp endet der Westgöta-Teil des Kanals in den Vänern. Nach der letzten Schleuse denken wir nochmals an die wunderbare Landschaft zurück, durch die der Kanal führt.

Mir scheint, die schwedische Regierung handelte klug, als sie den Kanal übernahm und ihn für den Sportbootverkehr ausbaute, obwohl das ein Zuschußgeschäft ist. Schwedische Boote erhalten einen Fragebogen. In einer Einleitung steht, daß der Göta-Kanal unrentabel ist. Dann kommen die Fragen: Ob der Service eingeschränkt werden soll? Ob die Preise erhöht werden sollen? usw.

Wir halten es für selbstverständlich, daß der Staat Geld für die Erhaltung von Konzertsälen, Opern und Museen zur Verfügung stellt. Daß auch Sportstätten aus öffentlichen Mitteln unterhalten werden, ist erst eine Errungenschaft der Neuzeit, als der Sport begann, international Beachtung zu finden.

Ohne Frage waren die Schweden beispielgebend, als sie den Göta-Kanal als Freizeit-Objekt und als Kulturdenkmal durch den Staat übernahmen. In allen Industrieländern stehen der Bevölkerung über 100 Sonntage und Sonnabende sowie 25 bis 35 Tage Urlaub zur Verfügung. Für diese Freizeit Beschäftigungsmöglichkeiten zu finden wird in der Zukunft eine der Hauptsorgen von Regierungen werden.

Nun liegt der Vänern vor uns. Auf dem Atlas, auf dem wir zu Hause unsere Reise planten, ist dieser See nur ein kleiner blauer Fleck. Aus den Seekarten, nach denen wir nun navigieren müssen, sehen wir, wie groß der See ist und wie eine Unzahl von Schären größte Aufmerksamkeit erfordern. Immerhin ist der Vänern 145 Kilometer lang und 75 Kilometer breit.

Morgens um 8 Uhr verlassen wir Sjötorp. Eine große englische Motorjacht liegt vor der Schleuse. Der Bootsmann putzt Messing. Auf seinem Pullover ist der Jachtname eingestickt. Ein Überbleibsel aus der Zeit der Leibeigenschaft. Er »gehört« dem Jachtbesitzer. Wir grüßen. Erfreut winkt er zurück, »Personal« wird nicht oft gegrüßt.

Der Götaälv

Unser Vormittagsziel ist Mariastad. Die Stadt ist wie üblich 400 Jahre alt, von irgendeinem König gegründet und entsprechend rechtwinklig aufgebaut. Wie überall erhalten wir Prospekte über die Kommune (wie es auf schwedisch heißt).

Mariastad hat etwa 25000 Einwohner, wovon 15000 in der Stadt leben. Einige bewohnen noch Häuser aus dem 18. Jahrhundert an Straßen mit Kopfsteinpflaster Die Stadt wirbt in einem Prospekt um die Gründung von Industrien. Wir haben nicht die Mittel, um eine Fabrik zu gründen. Aber wir interessieren uns doch für den sozialen Aufbau von Mariastad.

Es gibt vier Beratungsbüros für Steuerfragen. Jeder arbeitende Schwede muß jährlich eine Steuererklärung abgeben. Natürlich möchte niemand gerne Steuern zahlen. Also läßt man sich beraten, wie man steuerbegünstigend Schulden machen kann.

Fünf Banken stehen bereit, um Geld zu verleihen oder zu verwalten. Die meisten Rechnungen werden mit Scheck bezahlt. In der Einkaufshalle beobachten wir, wie eine Hausfrau Brot, Margarine, Hundefutter und Hundeschokolade (!!) kauft. An der Kasse soll sie 72 Kronen zahlen. Sie füllt einen Scheck aus und erhält Geld ausgezahlt. Schecks unter 100 Kronen kosten eine besondere Gebühr. Daher wird mit 100 Kronen bezahlt, und der Kassierer der Einkaufshalle zahlt die Differenz in bar aus.

In der Stadt gibt es weiter: ein Patentbüro, zwei Apotheken und 20 Tankstellen mit und ohne weiteren Service.

Da Mariastad schnell besichtigt ist und das gute Wetter lockt, segeln wir weiter. Zuerst geht das Fahrwasser durch Schären, dann kommen 20 Seemeilen freies Wasser. Ganz in der Ferne taucht ein heller Fleck auf, der langsam größer wird. Schließlich kann man die Umrisse eines weißen Schlosses erkennen. Es ist Lackö, unser Ziel.

Backbord liegt der Berg Kinnekullen. Er ist ein 300 Meter hoher Klotz, der senkrecht aus der Ebene am Ufer emporsteigt. Natürlich hat es uns auch der schöne Name angetan. Ein Stück weiter finden wir auf der Seekarte den Leuchtturm Snappudden. Übertroffen werden diese Namen noch durch den des Ortes Büxelkrok am Kalmarsund.

Rund um uns herum regnet es. Wir zählen fünf Regenschauer gleichzeitig, während wir im Trockenen segeln. Es ist ein seltsamer Anblick, wenn man Regen von der Seite sieht. Bevor der sechste Schauer uns erreicht, laufen wir den Hafen von Schloß Lackö an. Lackö liegt in einem Schärengebiet, das den Vänern in einen südlichen und einen nördlichen See teilt. Im Mittelalter erkannte ein Bischof, welche Kontrollmöglichkeiten eine Burg mit Hafen inmitten der Schären bietet. Er baute Lackö, eine Burg auf einem Felsen mit Wasser herum. Dazu gehört ein kleiner Naturhafen mit einer sehr engen Einfahrt, die sich leicht sperren ließ.

Nach der Reformation fiel das Schloß an die Krone. Im 17. Jahrhundert schenkte ein König Burg und Landschaft sowie Einnahmen seinem Minister de la Gardie. Dieser ließ anstelle der alten Burg ein prächtiges, aber festes Schloß bauen. Herr de la Gardie besaß übrigens auch ein Gut bei Ueckermünde. Er machte nun den Fehler, durch Äußerlichkeiten zu zeigen, daß er der mächtigste Mann im Staate war. Natürlich verdroß solches Protzen sowohl den König als auch die übrigen Adligen. Als de la Gardie starb, wurde die Familie vom König kurzerhand enteignet. Das Schloß diente dann (wie fast alle Schlösser) als Gefängnis und Speicher oder stand einfach leer. Erst in der Neuzeit wurde Lackö wegen seiner schönen Lage neu entdeckt.

Außen ist der Bau frisch und weiß gestrichen. Im Inneren findet der Besucher größtenteils nackte Mauern. Die meisten Räume werden (wie in anderen Schlössern) für Ausstellungen benutzt. In mehreren Räumen finden wir eine Ausstellung China-Schweden. Ab etwa 1650 gab es eine Ostindische Kompanie, die jährlich Schiffe nach China schickte. Wenn damals ein Schwede viel Geld besaß (wie Herr de la Gardie), konnte er zur Kompanie gehen, dort eine Zeichnung abgeben und chinesisches Porzellan nach dieser Zeichnung bestellen. Zwei oder drei Jahre später erhielt er dann das Bestellte. Auch Schloß Lackö ziert eine große Porzellanschale, die in China gebrannt wurde. Die Umrißzeichnung des Schlosses wurde in rot ausgeführt. Das hatte zur Folge, daß die Flaggen auf den Türmen auch rot sind, also in dänischen Farben. Es ist hier wohl wie bei den Briefmarken: Fehlfarben sind besonders kostbar. Aber wahrscheinlich hat sich Herr de la Gardie doch geärgert, denn er konnte die Schale nicht zeigen, ohne in den Verdacht zu geraten, er wolle Lackö an die Dänen übergeben.

Von den wenigen erhaltenen Räumen ist der Rittersaal beachtenswert. Seine Wände sind mit Schlachtszenen aus dem 30jährigen Krieg bedeckt. Es beginnt mit der Landung von Gustav Adolf bei Wolgast. Der Maler hat die Wolgaster Gegend mit steilen Bergen ausgestattet. Es gibt dort in Wirklichkeit einige Hügel, aber auf dem Bild sind sie zweifach überhöht. Sonst sind alle Bilder nach dem gleichen Schema aufgebaut. Aus der einen

Ecke heraus leitet ein schwedischer Feldherr die Schlacht. Vor ihm sprengt ein Kavallerieregiment zur Bildmitte hin. Dort beschießen sich Truppen. In der nicht vom Feldherrn beanspruchten Ecke sitzen einige Landbewohner und unterhalten sich, ohne von dem Gemetzel um sie herum Notiz zu nehmen.

Wenn früher bei einem Festmahl im Rittersaal jemand einmal austreten mußte, begab er sich in ein winziges Nebengelaß. Fast alle Burgen haben an ihren Mauern diese kleinen Ausbauten, die so romantisch aussehen und die so prosaischen Zwecken dienten.

Hier in Lackö stehen die schwedischen Kinder vor der Tür zu diesem Erker und schauen staunend auf die kräftigen Eichenbohlen mit dem runden Loch darin. Sie sind im Zeitalter der W.C.s und der Hygiene aufgewachsen. Ihre Eltern bemühen sich lachend oder verlegen, ihnen klarzumachen, wozu dieses Loch im Balken dem Herrn de la Gardie diente.

In einem weiteren Zimmer ließ de la Gardie die Bilder aller Generäle aus dem 30jährigen Krieg aufhängen, und zwar sowohl die schwedischen als auch die der Gegner. Spätestens beim Porträt von Wallenstein hätte ihm auffallen müssen, wie gefährlich es ist, Macht zu zeigen, statt sie zu haben.

Eng gedrängt geht es in einer Ausstellung über Puppenkleidung zu. Es werden Stücke gezeigt, die über 100 Jahre alt sind. Auf der Vitrine liegen Vergrößerungsgläser. Mit ihnen kann man sehen, daß der 30 Zentimeter große Kavalier von 1870 ein Taschentuch in der Brusttasche trägt, in dem sein Monogramm eingestickt ist. Die Dame an seiner Seite trägt gestrickte oder gehäkelte Handschuhe. Sie müssen mit Mininadeln unter der Lupe gefertigt worden sein.

Im Hafen tummeln sich Kinder in kleinen Booten. Zehnjährige manövrieren mit 2-PS-Außenbordern und

fahren Sechsjährige spazieren. Natürlich tragen alle Schwimmwesten. Doch keiner der Eltern steht am Ufer und ruft mahnende Worte.

Wir sitzen in der Plicht der »Henriette« und schauen dem Treiben zu. Auf einem Felsen vor dem Hafen versuchen einige Schweden zu baden. Das ist das einzige Mal, daß wir auf dieser Reise Erwachsene ins Wasser gehen sehen. Sonst war es zu kalt.

Wir trinken unsere Milch. Auf der Packung steht: »Wenn du Fragen, Beschwerden und Vorschläge hast, rufe uns bitte unter Nummer . . . an. Du kannst uns auch schreiben (folgt Anschrift). Jeder Hinweis von dir ist für uns wichtig.«

Fast alle schwedischen Verpackungen tragen den Hinweis, wohin man anrufen oder schreiben kann.

Längst ist es später Abend geworden. Die kleinen Motorbootfahrer sitzen nun bei ihren Eltern in den Booten und spielen mit ihren Karten oder sonstigen Spielen. Schwedische Kinder bleiben im Sommer bis Mitternacht auf. »Es ist unrecht, Kinder zu einem Schlafrhythmus zu zwingen, den man selbst nicht einhält«, erklärt uns eine Mutter.

Wir haben aber den Eindruck, daß es für einige Kinder gut wäre, wenn sie in das Bett gesteckt würden.

Angenehm ist, daß wir keinen schwedischen Jungen sahen, der mit Spielzeugwaffen herumläuft. Ich habe es nicht gern, wenn jemand eine Maschinenpistole auf mich richtet, selbst wenn der Jemand erst 10 Jahre alt und die Pistole aus Blech ist. Es ist so einfach, den Zeigefinger am Abzug krumm zu machen, wenn man es von Jugend an geübt hat.

Langsam senkt sich die nordische Dämmerung herab. Die Spatzen und Bachstelzen, die am Nachmittag zutraulich auf einen halben Meter an uns herankamen, sind auch müde geworden und haben sich in die Bäume verzogen. Von den schwedischen Booten dringt leises Gemurmel herüber. Das wird noch stundenlang so weitergehen. Wir sind es nicht gewöhnt, so lange aufzubleiben. Dafür wachen wir früh auf.

Der erste Blick am Morgen gilt immer den Fäden am Want. Sie zeigen die Windrichtung an. Seit vier Wochen weht er immer aus südlichen Richtungen. Über den Vänern müssen wir aber nach Süden segeln. 30 Meilen gegenan wäre eine harte Segelei. Aber Rasmus meint es gut. Ausnahmsweise weht es aus dem Norden.

Schnell legen wir ab. Zuerst geht es noch durch ein Schärengebiet. Auf einer Felsplatte liegen einige Seehunde in der Morgensonne. Als wir unser Fernglas auf sie richten, werden sie unruhig und rutschen ins Wasser. Ihre kugelrunden Köpfe mit runden Augen tauchen noch einmal auf. Dann verschwinden sie. Wir wundern uns, daß die Tiere so scheu sind. Ihre Fluchtdistanz liegt bei 200 Metern. Vor Kalmar sahen wir eine Robbenfamilie, die sich überhaupt nicht um uns kümmerte.

Nun liegt der offene Südteil des Vänern vor uns. Der Wind schiebt »Henriette« vor sich her. Es herrscht echtes »Damenwetter«. Ab und zu kommen uns Segler entgegengemotort. Ihre Rümpfe arbeiten schwer gegen Wind und Seegang. Alle Stunde sehen wir einen Tanker, der das Binnenland mit Öl versorgt. Für die Sauberkeit eines Landes ist es ohne Frage sehr gut, wenn Öl der einzige Brennstoff ist. Andererseits macht sich jede Schwankung auf dem Weltmarkt für die Haushalte bemerkbar. Am Nachmittag taucht backbord voran der Hall-Berg auf, ein Felsklotz wie der Kinnekullen. An seinem Südende liegt Vänersborg, wo der Götaälv aus dem Vänern herausfließt.

Vänersborg wird von einem langgestreckten Park in zwei Teile geteilt. Der Bootshafen liegt wieder mitten in der Stadt. Vor etwa einhundert Jahren nannte ein einheimischer Dichter die Stadt ein Klein-Paris, Lilla Paris. Mit dieser Bezeichnung wird überall geworben, obwohl die einhundert Meter Geschäftsstraßen einen durchaus kleinstädtischen Charakter tragen und wirklich nichts auf Paris hinweist. Das ist wie bei uns mit Klein-Paris und Leipzig oder der Sächsischen Schweiz.

Die Stadt wirkt nicht mehr ganz so gelassen und sauber wie die Orte an der Ostküste. Wir werden erleben, wie die geschäftige Eile von Vänersborg über Göteborg bis Malmö immer zunimmt. Leider ist damit auch ein Zurückgehen der Sauberkeit und des Behagens verbunden, die die Ostküsten-Städte so auszeichnen.

Auch die Ehrlichkeit scheint hier nicht so groß zu sein. In den Kaufhäusern tragen alle Kleidungsstücke daumengroße Klips. Sie sind nur an der Kasse mit einer besonderen Einrichtung abzulösen. Wer versuchen würde, mit einem Kleidungsstück, von dem der Klip nicht gelöst wurde, die Ausgangstür zu passieren, der löst dort ein Signal aus. Es ist wohl die gleiche Einrichtung, mit der auf Flugplätzen nach Waffen und Bomben gesucht wird.

Die Kleidungs- und Schuhgeschäfte sind zwar voller Waren. Es handelt sich aber meistens um Ladenhüter, die verbilligt verkauft werden. REA (Ausverkauf) ist das beherrschende Wort.

In den Schuhständen gibt es oft nur drei oder vier Schuhtypen in wenigen Größen. Ware kommt erst zum Herbstverkauf. Nur in Malmö ist die Auswahl etwas größer.

Mit dem Bus fahren wir nach Trollhätta. Wir werden zwar am nächsten Tag auch mit dem Boot dorthin kommen, aber wir wissen nicht, ob wir dann Gelegenheit haben, uns die Schleusen und die Wasserfälle anzusehen.

Im Bereich Vänersborg – Trollhätta liegt für schwedische Verhältnisse viel Industrie, darunter berühmte Firmen wie SAAB. Natürlich sorgen die Leute aus dem Public relation office dafür, daß wir Touristen Werbematerial über ihre Firmen erhalten. Daraus entnehmen wir die Bedeutung der Betriebe für die Gegend und was sie auch uns bieten, z. B. ein Automuseum.

Wichtig ist bei solchen betrieblichen Werbungen auch das Menschliche. Daher lesen wir die folgende Anekdote:

Zwei bedeutende Industrielle (die Namen sagen uns nichts) saßen 1924 beim Krebsessen. Dabei beschlossen sie, die Autoproduktion in Schweden zu beginnen. Sie wollten die Wagen nur zusammensetzen. Die Einzelteile sollten die kleinen Betriebe der Umgebung fertigen. Dies ist bis heute so geblieben (erzählt die Anekdote). Als nun der erste Wagen fertig war, konnte er nur rückwärts fahren. Aber das wurde natürlich schnell abgestellt (sagt die Anekdote). So weit ist alles gut. Aber da die Story in einem Reklameblatt eines Konzerns steht, lohnt es sich nachzudenken.

Alle Schweden essen im Herbst mit Bekannten zusammen Krebse. Gemeint sind dabei die sehr wohlschmekkenden Garnelen aus der Nordsee. Sie werden in riesigen Mengen verzehrt, und dazu wird süßer Schnaps getrunken.

Wenn zwei Industrielle es auch tun, verhalten sie sich wie der berühmte Jedermann. Nun hört es sich gut an, daß sie beim Essen (und dem zehnten Glas) einen so wichtigen Entschluß faßten. Sie werden wohl kaum ein Millionenprojekt so nebenbei beschlossen haben.

Auch die Story, nach der die kleinen Betriebe durch diesen Entschluß zusätzlich Arbeit fanden, hört sich menschenfreundlich an. In Wirklichkeit bedeutet es, daß der Kleinbetrieb erst einmal alle Vorkosten für Werkzeuge und Material zu tragen hatte (und das ist so geblieben, wie die Anekdote sagt). Der nur rückwärtsfahrende Wagen ist das, was man in der Fachsprache ein Understatement nennt. Man untertreibt, um das Gegenteil, die heutige Qualität, noch mehr herauszustellen.

Zur Public relation gehört auch, nach Möglichkeit den Betrieb vielen Besuchern zu zeigen. Vor dem Wasserkraftwerk der Trollhätta-Fälle lädt ein Schild zur Besichtigung ein: »Willkommen! Wir freuen uns über Deinen Besuch!«

Sprachkundige Studenten stehen in der Turbinenhalle bereit, alles zu erklären, wieviel PS, wann gebaut, wer eingeweiht, wieviel Kubikmeter Wasser durchlaufen.

Wenn auch die Einladungen zur Werkbesichtigung ein Teil der Reklame sind, hat der Touristenstrom auch sehr direkte Folgen: die Betriebe glänzen vor Sauberkeit. Natürlich muß man sich, um ein solches System aufzuziehen, von unserer deutschen Einstellung freimachen. Die Frage: Wer trägt die Verantwortung? muß nicht durch Verbote, sondern durch Technik gelöst werden.

Und man muß die Intelligenz der Besucher mit einbeziehen.

Die Trollhätta-Fälle sind durch Wehre abgeschottet. Das Wasser wird für die beiden Kraftwerke gebraucht. Doch zweimal wöchentlich läßt man das Wasser zehn Minuten lang seinen natürlichen Weg laufen.

Wir haben Glück, Punkt 18.00 Uhr quillt es oben aus dem Felsen weiß hervor, und donnernd stürzt eine Wasserwand die enge Schlucht hinunter. Von der Seite rauscht ein zweiter Wasserfall in den ersten hinein. Einige hundert Fotoapparate klicken. Weißer Wasserdampf liegt nun über dem Ganzen. Das Schauspiel dauert nur einige Minuten, gerade so lange, wie nach der Erfahrung ein Mensch braucht, um sich an ein Naturschauspiel zu gewöhnen. Dann versiegt der Wasserstrom und erzeugt wieder Elektrizität.

Die Schleusen sind, wie in Schweden üblich, zu Sehenswürdigkeiten ausgebaut. Fußwege durch den Wald und eine Straße für Autos führen zu ihnen. Erstmalig sehen wir an einer schwedischen Schleuse eine Absperrung und ein Verbotsschild. Da etwa stündlich ein Tankschiff durch die Schleuse geht, ist das Rauchen unmittelbar am Wasser verboten. Und ein Geländer sorgt dafür, daß die Raucher einen Meter vom Ufer entfernt bleiben und nicht ein Streichholz auf den Tanker fallen lassen. Sonst ist auch hier alles frei und betretbar.

Zwischen Göteborg und dem Vänern gab es früher Stromschnellen bei Lilla Edet und den Fällen bei Trollhätta. Die Schiffe mußten damals vor den Untiefen entladen werden. Auf Karren beförderte man die Fracht um die Hindernisse herum. 1069 segelte und ruderte eine Wikingerflotte von 60 Schiffen den Götaälv hinauf. Bei den Fällen wurden die Schiffe an Land über Baumstämme gezogen. Das war bei den Wikingern eine übliche Methode, um kleine Landstrecken zu überwinden.

Zum Beispiel transportierten sie so ihre Boote von den Ostsee-Flüssen zu den Flüssen, die sich ins Schwarze Meer ergießen, und besuchten Kiew und Byzanz.

Am Beginn des Götaälv am Vänern lag damals eine große Handelsstadt, die von den Wikingern ausgeraubt wurde. Wegen der Seeräubergefahr lagen früher viele Handelsplätze ein Stück binnenwärts. In der DDR ist Ralswiek auf Rügen ein typisches Beispiel dafür. Wie weit die Handelsbeziehungen damals reichten, zeigt der Schatz an asiatischen Münzen, die in Ralswiek gefunden und jetzt in Stralsund gezeigt werden.

Wegen der reichen Gebiete am Vänern bestand ein großes Interesse daran, den Götaälv schiffbar zu machen. 1607 baute man die erste Schleuse Schwedens bei Lilla Edet. Die Arbeiten, um die Trollhätta-Fälle mit einem Kanal zu umgehen und Schleusen zu bauen, zogen sich dann noch fast 200 Jahre hin. Erst 1800 war alles fertig. Bald waren die Schleusen dem Verkehr nicht mehr gewachsen. 1844 wurde ein zweiter und größerer Schleusenweg eingeweiht. Beide Schleusensysteme arbeiteten bis 1916. Dann waren die heutigen Großschleusen fertig, die Schiffe bis 3500 t durchlassen können.

Die alten Schleusen blieben aber als Denkmäler der Technik erhalten. Kopfschüttelnd steht man vor dem engen Schlauch der alten Schleusen.

Durch die harten Felsen wurden die Kammern mit Hammer und Meißel geschlagen. Auch 1916 mußte man alle 30 bis 50 Zentimeter ein Bohrloch, oft von 5 bis 6 Meter Länge, anbringen, um die Felsen sprengen zu können. Mit diesem Verfahren schufen die Arbeiter nicht nur die Schleusenkammern, sondern auch einen mehrere Kilometer langen Kanal. An beiden Ufern sind die Reste der Bohrlöcher heute noch zu sehen.

Schleusenbesichtigung macht hungrig und durstig. Wir gehen in ein Gartenrestaurant am Kanal. Natürlich mit Selbstbedienung, damit die Preise bezahlbar sind. Der Kaffee steht in gläsernen Kaffeekannen auf einer Warmhalteplatte. Der Gast füllt sich seine Tasse, geht zur Kasse und bezahlt. Ununterbrochen kommen kaffeedurstige Besucher. Keiner füllt die Tasse übermäßig voll. Jeder paßt auf, daß kein Tropfen auf den Tisch kleckert.

Es lohnt sich nachzurechnen, was der Lokalbesitzer mit diesem System alles einspart: Kaffeekanne zu 2 Portionen, Kaffeeautomaten (warum Automaten, wenn es ohne besser geht!), Milchtöpfchen zu jeder Tasse und vor allem Personal. Schweden ist das Land mit der höchsten Arbeitsproduktivität in der Welt. Sicher wird dieser Stand erreicht durch eine hohe Automation. Aber sicher auch durch eine gut überlegte Organisation.

Wir nehmen an den Schleusen noch zur Kenntnis, daß jährlich 4500 große Schiffe hindurchfahren, die 4 Millionen Tonnen Frachtgut befördern, hauptsächlich Öl und Holz. Weiter passieren 6000 Freizeitboote. Morgen wird die »Henriette« eines davon sein.

Für den Abend haben wir eine Elch-Safari gebucht. Eine Safari mitzumachen war schon immer unser Wunsch. Wir hatten zwar dabei mehr an Urwald und Elefanten gedacht, aber Elche sind schließlich auch große Tiere, die man nicht täglich sieht. Auf dem Plakat, das die Safari anpreist, steht noch, sie wird in Schwedens einzigem Doppelstock-Omnibus unternommen und: »kein Elch – Geld zurück«.

Gegen 20 Uhr schiebt sich eine große Anzahl mit Kameras bestückter Touristen in den Doppelstöcker. Eine hübsche Reiseleiterin sagt auf schwedisch, deutsch und englisch »Guten Abend«. Sie erklärt weiter in diesen drei Sprachen, daß wir nun auf den Hall-Berg fahren würden. Dieser Berg ist ein etwa 150 Meter hohes Plateau. In seinen Wäldern sollen etwa 120 Elche leben. Wir würden ja sehen. Außerdem bittet sie darum, daß alle Reisenden, die bei der Hinfahrt in dem oberen Teil des Busses sitzen, bei der Rückfahrt die Plätze unten einnehmen und umgekehrt.

In der Abenddämmerung fahren wir auf einer sehr schmalen Straße abwechselnd durch Urwald und Schonungen, die nur mannshoch bewachsen sind. Alle Augen spähen nach links und rechts.

Dann ein Geschrei: »Da ist ein Elch!« »Wo?« »Dort.«

Der Bus hält, und aus den Türen quellen die Fotografen. Der Elch, etwa 20 Meter neben der Straße, dreht sich unwillig um. Ohne Eile verschwindet er im dicken Gebüsch. Allgemeine Enttäuschung! Die Fotografen machen sich gegenseitig Vorwürfe. Es wird beschlossen, beim nächsten Elch ganz langsam heranzupirschen. Aber vorläufig ist keiner zu sehen.

Neben der Straße parken viele Autos. Sie stehen vor den großen Schonungen, und die Fahrer suchen mit Fernglas und Teleobjektiv die Waldränder nach Elchen ab.

Wir können nun auch eine halbe Stunde zu Fuß herumstreifen. Ohne große Mühe finden wir drei Elche, die ihre Abendmahlzeit von den Büschen äsen. Ein Elch, so hat uns die Reiseleiterin erklärt, frißt täglich 50 Kilogramm Zweige.

Als wir zufrieden wieder im Bus sitzen und zurückfahren, steht ein Elch in Lebensgröße mitten auf der Straße. Neben ihm stehen Autos, die ihn nicht stören. Unsere Fotografen sind nicht mehr zu halten. Trotz aller Erfahrungen stürzen sie auf das Tier zu. Der Elch wakkelt unwillig mit seinem großen Kopf. Mit drei Schritten ist er von der Straße im Gebüsch, und sofort ist er spurlos verschwunden. Ich glaube nicht, daß eine einzige brauchbare Aufnahme gemacht wurde. Meine Kamera habe ich zum Glück im Boot vergessen.

Auf dem Rückweg erfahren wir noch, daß der König

(Hans Kunglik Höghet) im Herbst zur Diplomatenjagd zum Hall-Berg kommt. In Schweden werden jährlich 40000 Elche geschossen.

Vor dem Einschlafen denke ich noch darüber nach, warum Könige, Präsidenten, Diplomaten und ähnliche Leute unbedingt jagen müssen. Warum (so grüble ich beim Einschlafen) gibt das jeweilige Staatsoberhaupt für die akkreditierten Diplomaten nicht ein Wettangeln statt einer Staatsjagd? Ich könnte jedenfalls nicht auf einen Elch schießen.

Am nächsten Tag fahren wir mit der »Henriette« den Götaälv herunter. Gleich hinter Vänersborg überqueren eine Straßen- und eine Eisenbahnbrücke den Fluß. Die Eisenbahnbrücke ist offen. Sie wird nur geschlossen, wenn ein Zug kommt. Die Straßenbrücke ist in der Mitte 17 Meter über dem Wasserspiegel. Unser Mast ist 13 Meter hoch. Obwohl wir wissen, wir passen unterdurch, äugen wir doch mißtrauisch nach oben. Durch eine optische Täuschung erscheint der Mast höher als die Durchfahrt. Als wir unter der Brücke sind, sehen wir, wie klein wir sind.

Der in den Fels gesprengte Kanal und die Schleuse sehen vom Wasser noch eindrucksvoller aus als vom Ufer. Durch die erste Schleuse kommen wir ohne Schwierigkeiten hindurch. Unser Handbuch hat uns gesagt, auf welcher Seite der Kammer wir anlegen müssen. Nur dort sind Leitern und Haken. Auf der anderen Seite ist nur Fels. Die Schweden sparten schon 1916, wenn es möglich war.

In der Schleusentreppe bei Trollhätta kommt eine freundliche Dame und kassiert Schleusengebühren. Gleichzeitig erscheint ein junger Mann mit dem Schild »Tull« an der Windbluse und will unsere Pässe und Einklarierungspapiere sehen. Der Schleusenwärter schließt die Tore und läßt das Wasser ablaufen. Theoretisch hätten wir nun zwei Mann zum Bootfesthalten und je einen zum Bezahlen und zum Heraussuchen der Pässe und der Zollerklärung benötigt. Vor vier Wochen würde uns eine solche Lage in gelinde Hektik versetzt haben. Inzwischen haben wir uns schwedische Ruhe angeeignet, und siehe da – es geht auch so. Das Boot geht vor, und die beiden warten geduldig.

Der Götaälv ist im Fahrwasser 8 bis 12 Meter tief. Die Frage ist nur, wo ist das Fahrwasser? Tonnen oder Prikken anzulegen ist nur im Sommer möglich. Der Strom schiebt mit zwei Knoten, und wenn Eis auf dem Fluß ist, würde es die Tonnen mitnehmen. Daher sind auf beiden Ufern gelbgestrichene Eisenkonstruktionen angebracht, etwa in der Form einer großen Eisenbahnschranke. Ihr freies Ende schwebt über dem Fluß dort, wo die Grenze des Fahrwassers liegt. Auch ist das Ende beleuchtet, so daß nachts die Flußschiffahrt möglich ist.

Der Wind bläst stark gegenan. Wir machen nur wenig Fahrt durch das Wasser. Wegen der Strömung machen wir aber dennoch gute Fahrt über den Grund. Es ist ein komisches Bild, wie die Wasserblasen am Heck nur langsam zurückbleiben, das Schilf am Ufer aber schnell vorbeifliegt.

Am frühen Nachmittag wird der Wind zu stark. Wir sind froh, in Bohus einen Hafen zu haben, in dem wir Unterschlupf finden.

Nun habe ich schon mehrere Male in diesem Bericht über Festungen geschrieben. Es ist mir fast peinlich, aber Bohus ist eine riesige Festungsruine. Und damit sind wir wieder mitten in der schwedischen Geschichte. Im Mittelalter schlugen sich die Schweden nicht nur mit den Russen, den Deutschen und den Dänen. Sie hatten auch Grenzstreitigkeiten mit den Norwegern. Bohus war eine ursprünglich norwegische, dann schwedische Festung. Sie wurde, so wird berichtet, vierzehnmal belagert. Der Bau hat sich also im Gegensatz zu Karlsborg militärisch gesehen amortisiert.

Wir spazieren im Windschatten eines Waldes um die alte Festung herum und genießen die friedlichen Zeiten. Schweden hat seit 1813 nie wieder einen Krieg geführt. Das ist dem Land prächtig bekommen. Mit uns wandern viele Leute mit Hunden. Unterhalb der Burg ist ein Parkplatz, zu dem die Hundebesitzer mit ihren Tieren im Wagen fahren. Dann darf der Vierbeiner die vielen Bäume weidlich genießen.

Die letzten Meilen bis Göteborg sind häßlich. Die Berge, die bisher den Fluß einrahmten, verschwinden. Dafür stehen Fabrikhallen und Lagerhäuser. Jede Großstadt, selbst in Schweden, wächst krebsartig in die Natur hinein. Alle Fabriken, Werften und Lager wirken tot. Es war nicht zu ermitteln, ob das mit der Wirtschaftskrise zusammenhängt oder mit der Gewohnheit, Betriebe in der Ferienzeit einfach zu schließen. Die Ferienruhe kann ich mir zwar in einem Werk wie Volvo vorstellen. Autos lassen sich auf Vorrat produzieren. Unvorstellbar scheint mir die Ferienpause aber für eine Werft. Jedenfalls machten die letzten Kilometer auf dem Fluß und die Fahrt durch den menschen- und schiffsleeren Hafen einen deprimierenden Eindruck. Vielleicht lag es auch am Wetter. Es war dunkel, kalt und stürmisch.

Wir waren glücklich, als wir im Museumshafen, mitten in der Stadt, festmachten. Die Viermastbark »Wiking« gibt dem Bootshafen Windschutz. Sie liegt als Museums- und Restaurant-Schiff dort. Weiter werden im Hafen ein Feuerschiff und mehrere alte Küstensegler gezeigt. An den Stegen drängen sich die Sportboote. Alle haben hier Schutz vor dem schlechten Wetter gesucht. Seit unserem Einlaufen hat der Wind weiter zugenommen und orgelt und pfeift in den Masten.

»Die armen Leute auf See. Jetzt kein Schiff und in jeder Hand einen Koffer«, lautet eine der Redensarten, die man bei solchem Wetter im Hafen sagt.

Als erstes bezahlen wir unsere Hafengebühren. Der Kassierer gibt uns einen Zettel mit vier Zahlen drauf. Das sind keine Lottozahlen, sondern der Code zum Öffnen der Türen im Clubgebäude.

Vielleicht nimmt ein abergläubischer Schwede diese Zahlen auch für eine Nummer in der Pengar-Lotterie. Wir übersetzten anfangs das Wort Pengar mit Pfennig. An jeder Ecke, in jedem Kaffeehaus befindet sich so ein Lotteriestand. Meistens stehen mehrere Leute davor und kaufen. Dann fiel uns auf, daß auf den Plakaten von einer Million die Rede war. Mit den Pfennigen schien es also nicht zu stimmen. Wir erfuhren dann, daß Pengar einfach Geld bedeutet und daß die meisten Schweden leidenschaftlich in der Lotterie spielen.

Unser Hafen liegt unmittelbar an einer Hauptverkehrsstraße. Dahinter dehnt sich »das größte Einkaufszentrum des Nordens«. Mehrere Straßen sind überdacht. An ihnen liegen Kaufhäuser, Kaufhallen und Geschäfte aller Art. Auch ein internationaler Zeitungsstand. Dort liegt die »Prawda« friedlich neben der »New York Times«. Aber das »ND« gab es nicht. Einige hundert verschiedene Zeitschriften waren erhältlich: von Elektronik bis zu einem Heft für Homosexuelle mit arabischem Text.

In und vor den Geschäften drängen sich nachmittags die Menschen. Viele Teenager, die nicht wissen, was sie sonst machen sollen, Ehepaare mit Kind beim Einkauf, einige Damen mit Schlitz im Rock, die auf Kundschaft warten, Farbige, Straßenmusikanten, Ausgeflippte mit seltsamen Frisuren und eine Gruppe von vier Polizisten. Am Koppel tragen sie neben der Pistole einen keulenförmigen Schlagstock. Natürlich drückt man uns einen Stapel Werbematerial über Göteborg in die Hand.

»Göteborg in Deiner Hand«, lautet der Werbeslogan. Was muß man nun tun, um die Stadt fest in die Hand zu bekommen? Die Antwort lautet überraschend: »Straßenbahnen sind in Schweden selten. In Göteborg sind sie eine Reiseattraktion auf Rädern. Sie durchqueren die Stadt, und es ist ein Spaß, sie zu nutzen.« Nun sehen wir unsere halleschen Straßenbahnen in einem ganz neuen Licht. Natürlich fahren wir mit dem blauen Wagen ein Stück durch die Stadt. Eine Fahrt kostet 7 Kronen (ç 2,50 M). Bei zwei Personen hin und zurück sind das 28 Kronen. Dafür erhält man in Schweden und in der DDR etwa 6 Liter Benzin. Wegen dieses Preises benutzen nur Nichtautobesitzer die Straßenbahn, Kinder, junge Leute, alte Frauen und wenige Touristen.

Auf einem Platz steht das Denkmal von König Gustav Adolf, der 1621 die Stadt gründete. Er holte dazu holländische Fachleute ins Land. Sie füllten die Wasserfläche zwischen den Felsen weitgehend aus, ließen aber einige Kanäle bestehen, auf denen sich der Verkehr nach holländischem Muster abspielte. So ist Göteborg eine Mischung von Wasser und Felsen geworden. Man kann mit dem Ausflugsboot die Kanäle entlang fahren und die alten Lagerhäuser von 1700 ansehen. Man kann auch staunend vor zackigen Felsen stehen, auf denen in der Neuzeit ein Wohnblock errichtet wurde. Die Straßen sind zum Teil durch die Felsen gesprengt. Kolonnen sind dabei, die Felswände auf lose Steine abzuklopfen. Teilweise sind die Felsen durch Drahtnetze gesichert.

Auf den Asphaltstraßen rollt der Autoverkehr. Den Fußgängern, soweit sie sich nicht in den Hauptstraßen befinden, steht meistens nur ein kopfsteingepflasterter Bürgersteig zur Verfügung. Zwischen den Kopfsteinen laufen zwei Plattenreihen. Die wenigen Fußgänger balancieren auf diesen Platten entlang, denn die Kopfsteine sind eine Zumutung für die Gelenke und für Damenschuhe mit hohen Absätzen.

Abends ist großer Bummel der Jugend auf der Kungportsavenyn. Die »individuelle Einheitskleidung« sind Hosen und Jacken in weiß, gelb oder rosa. Die Hosen müssen oben weit und unten eng und knöchellang sein. Sofern diese Bedingungen eingehalten werden, kann jeder tragen, was er will. Mode erinnert mich immer an den Ausspruch von Henry Ford: »Der Kunde kann ein Auto in jeder Farbe haben, solange er schwarz wählt.«

Auf den beiden Gehsteigen (hier mit Platten) produzieren sich Sänger, Artisten und eine Theatergruppe. Wenn die kurze Vorstellung beendet ist, stellt sich der Künstler mit einem Hut in der Hand hin. Gefiel seine Darbietung, drängen sich die jungen Menschen, ihm Geld in den Hut zu legen. Auch ein kleiner Regenguß abends um 22 Uhr stört das vergnügliche Treiben nicht. Der Regenschirm ist bei den Göteborgern fest eingeplant.

Aber uns stört der Regen, denn er ist weiterhin mit viel Wind verbunden. Der Schipper sitzt vor der Seekarte und mißt Entfernungen für die Heimfahrt aus. Nicht etwa, weil wir Schweden überhaben, im Gegenteil. Doch die schwedische Botschaft hat uns ein befristetes Visum für 35 Tage ausgestellt, und wir haben noch einen langen Weg vor uns.

Endlich, am dritten Tag, läßt der Wind mittags etwas nach. Obwohl der Himmel noch finster aussieht, beschließen wir, den Versuch zu wagen. Auf dem breiten Götaälv pfeift es noch kräftig. Die gerefften Segel lassen uns mit großer Geschwindigkeit durch den Hafen fahren. Steuerbord gähnen die leeren Werften, backbord erstreckt sich der Fischmarkt. Dann kommt der Fährterminal. Von hier gehen die Fähren nach Norwegen, Dänemark, England und in die BRD. Einer der riesigen

Kästen legt ab, ein anderer kommt. Wir drücken uns hart an den Rand des Fahrwassers, um uns frei zu halten.

Betrieb ist ebenfalls im Ölhafen und auf einer Werft, die Bohrinseln herstellt. Solange das Öl in den OPEC-Ländern teuer ist, lohnt sich die Förderung in der Nordsee, und so lange werden neue Bohrinseln benötigt. Sinkt der OPEC-Preis unter einen bestimmten Wert, wird das Nordseeöl zu teuer. Die Bohrinseln werden dann von den Norwegern und Engländern abbestellt.

Der Wohlstand Schwedens hängt von vielen Faktoren ab, die durch die Schweden selbst nicht beeinflußt werden können.

Unser Weg führt uns nun aus der Mündung des Götaälvs hinaus in die Schären vor der Küste. Der Himmel sieht immer bedrohlicher aus, und der Wind nimmt an Stärke zu. In Kürze muß ein Sturm ausbrechen. Wir haben nur noch den einen Wunsch: einen dicken Pfahl, um »Henriette« daran festzubinden, ehe Rasmus ernsthaft zulegt. In der Nähe liegt der Hafen des Königlichen Yachtclubs in Langedrag. Wir können gerade noch einlaufen und festmachen, da beginnt es in der Luft zu pfeifen und zu orgeln. Die Masten der 1500 Boote im Hafen neigen sich unter der Wucht der Böen. Wir verkriechen uns in der Kajüte und sind froh, den Hafen rechtzeitig erreicht zu haben.

Die Westküste entlang

Ab Göteborg können wir wieder »Stimme der DDR« hören. Die Wettervoraussage ist für den nächsten Tag sehr pessimistisch. Inzwischen haben wir schon bemerkt, daß hier am Kattegatt das Wetter um eine Nummer härter ist als bei uns an der Ostsee. Der Wind bläst fast immer um 1 bis 2 stärker als vor Warnemünde. Das Wetter schlägt auch viel schneller um. Schlecht ist auch, daß der Wind immer aus südlichen Richtungen kommt, also uns entgegensteht.

In Wagners »Fliegendem Holländer« singt der Steuermann: »Ach, lieber Südwind«, um zu seiner Liebsten zu kommen. Wir brauchen West oder Nordwest. Aber ich kenne kein Lied darauf. »Ach, lieber Nordwest« hört sich nicht gut an.

Abends besuchen wir schwedische Segler in ihrem Haus. Sie leben in einem der neuen Wohnviertel. Die Straßen sind schmal, weil zwischen den Felsen wenig Platz ist. Alle 100 Meter ist ein Betonhuckel quer zur Fahrbahn gelegt, um die Kraftfahrer zu zwingen, die zulässige Höchstgeschwindigkeit von 30 km einzuhalten. Auf der rechten Straßenseite stehen die Häuser zu zweien übereinander. Das untere Grundstück an der Straße hat vor dem Haus einen winzigen Garten. Hinter dem Haus geht der Fels steil hoch. In Dachhöhe ist eine Plattform gesprengt. Darauf steht das Haus unseres Bekannten. Wenn seine Frau nach hinten die Küchentür öffnet, steht sie unmittelbar vor der Felswand. Wenn der Hausherr vor der riesigen Fensterscheibe des Wohnraumes sitzt, kann er dem »Unterhaus« in den Schornstein gucken.

Natürlich kommt das Gespräch auch auf das Leben in Schweden. Zusammengefaßt ist das so, daß Mann und Frau arbeiten müssen, um den Wohlstand zu halten. Man schimpft auf die Regierung, weiß aber, daß die Opposition es auch nicht anders machen kann, weil die wirtschaftlichen und internationalen Zwänge einfach da sind.

Schweden ist, so sagt man uns, von der Wirtschaftskrise verschont geblieben. Es gibt nur 2,5 Prozent Arbeitslose. Uns, die wir aus einem anderen Gesellschaftssystem kommen, erscheinen 2,5 Prozent Arbeitslose um 2,49 Prozent zu viel. Unser Bekannter heizt seine Zentralheizung elektrisch. Das ist am billigsten. Sein Heizungskessel ist aber so gebaut, daß er auch mit Koks oder Holz betrieben werden kann. Irgendwie sind die Schweden auf Veränderungen in der Wirtschaft gefaßt.

In der Straße wird gerade ein Einfamilienhaus gebaut. Wir haben nur wenig Baustellen auf unserer Reise gesehen, daher schauen wir uns die Arbeit an und lassen sie uns erklären.

Zuerst wird ein Balkengerüst aus Betonpfählen aufgestellt, ähnlich dem hölzernen Fachwerk. Dieses Fachwerk wird dann mit Isolierplatten belegt. Ein Baumeister, der ein Haus schlecht isoliert, kann vor Gericht gestellt werden. Schließlich wird das Ganze mit Holzbrettern oder dünnen Klinkersteinen verblendet. Die ganze Bauweise ist ein Mittelding zwischen industriellem Bau und Eigenleistung.

Radio DDR prophezeit für den nächsten Tag Windstärke 7. Der BRD-Funk sagt Stärke 8 voraus. Beide behalten recht. Das Meer außerhalb der Hafenmole ist weiß. Die Schären liegen als düstere Klötze da. Immer wieder verschwinden sie im Regendunst. Die Festmachertaue der »Henriette« ächzen, wenn eine Böe einfällt.

Wir fahren mit der Straßenbahn nach Göteborg zurück, ins Schiffahrt-Museum. In einem großen Bau über dem Hafen ist alles zusammengetragen, was von Göteborgs Vergangenheit als Seestadt erhalten blieb. Ein ganzer Saal ist voller Gallionsfiguren. Ein anderer Saal ist der Ostindien-Fahrt, der nächste ist der Fischerei gewidmet. Wenn ein Schiffer in der alten Zeit Leinwand, Holz und Tauwerk hatte, konnte er jede beliebige Arbeit an seinem Schiff ausführen oder ausführen lassen.

Dadurch entstand natürlich ein ganz anderes Verhältnis zum Holzschiff, als wir es heute auf den Stahlschiffen vorfinden. Die Fotos aus der Zeit von 1870 bis 1900 zeigen, wie hart das Leben gewesen sein muß. Man darf die soziologische Seite der damaligen Seeleute nicht übersehen. Wir stecken heute einen 15- bis 16jährigen Jungen in eine Lehre. Meistens hat er nicht die geringste Ahnung von seinem zukünftigen Beruf. Wir sind mit einigem Recht stolz darauf, jedem Jugendlichen eine Lehrstelle geben zu können. Aber ob die Tätigkeit eines Baufacharbeiters oder Metallfacharbeiters den Wünschen und Sehnsüchten dieses Jungen entspricht, danach fragen wir Älteren nicht. »Er soll doch froh sein, daß er es so gut hat.«

Ich habe vier Verwandte, die vom 14. bis zum 18. bzw. 20. Lebensjahr zur See fuhren und erst dann an Land eine Tätigkeit aufnahmen. Ihre Methode, den Abenteuerdrang in der Segelschiffahrt abzureagieren, scheint nicht schlecht gewesen zu sein.

Natürlich ist das heute im Zeitalter der Spezialtechnologien nicht mehr möglich.

Als wir zur »Henriette« zurückkommen, ist auf dem Boot neben uns ein großes Geschimpfe. Das Schiff führt die holländische Flagge. Der Eigner und die Besatzung stammen aber aus dem Rheinland. Im Gespräch kommen wir hinter den Grund der Aufregung. Der Eigner läßt sein Boot aus steuerlichen Gründen in Holland liegen. Um die hohen Kosten abzudecken, nimmt er im Urlaub »zahlende Gäste« an Bord. Außerhalb seines Urlaubs verchartert er das Schiff. Wir trafen mehrere Boote, die so ihrem Eigner Geld verdienen mußten.

Die zahlenden Gäste waren nun enttäuscht, daß sie seit Tagen in Göteborg wegen des Windes festlagen. Daher machten sie einen Ausflug in die Stadt. Wie es sich (ihrer Meinung nach) für richtige Seeleute gehört, machten sie ein Lokal ausfindig, in dem richtiges Bier ausgeschenkt wurde (wie schon erwähnt, eine Seltenheit). Sie tranken jeder eine Büchse Bier und stellten dann fest, daß der Trunk umgerechnet zehn Westmark kostet. Darüber konnten sie sich nicht beruhigen. Sie hatten keinen guten Eindruck von Schweden: schlechtes Wetter, alles zu teuer.

Nachdem der Schipper aus der BRD seinen Zorn über Schweden und das Wetter kundgetan hat, sieht er unsere Flagge und wird neugierig. Ob wir auch zahlende Gäste mit an Bord hätten, will er wissen.

Wir verneinen. Wir hätten im Sommer zwar oft Gäste an Bord, doch da wir sie eingeladen hätten, brauchten sie natürlich nichts zu zahlen, obwohl manche infolge der Seeluft sehr gefräßig wären.

»Und wie haben Sie Ihr Schiff finanziert? Welche Abschreibemöglichkeiten haben Sie in der DDR?«

Wir werfen einen liebevollen Blick auf unsere »Henriette« und sagen, daß wir jedes Stück an ihr bar bezahlt hätten. Und mit Steuererklärungen hätten wir uns noch nie befassen brauchen, sondern einfach unsere 20 Prozent Lohnsteuer abgeführt.

Unser Gesprächspartner schüttelt den Kopf über solche unkapitalistischen Zustände.

Nun möchte er gerne wissen, welchen Beruf ich habe. Er sei, so sagt er, selbständiger Kaufmann aus dem Rheinland.

»Meine jetzige Tätigkeit ist Rentner«, antworte ich im besten Fragebogendeutsch.

Ein abschätzender Blick wird uns zugeworfen, dann ein Lächeln: »Sie sind doch kein Rentner. Sie sind doch bestimmt Pensionär.«

Als wir auf unser Boot zurückgehen, denken wir darüber nach, wie sich nicht nur die Verhaltensnormen, sondern auch die Sprache in den beiden deutschen Staaten verschieden entwickelt haben.

Wir sind froh, »nur« Rentner zu sein und ein schuldenfreies Boot zu besitzen. Auch unsere Gäste wollen wir weiter kostenlos mitnehmen.

Wir setzen uns morgens um 5 Uhr mit vielen anderen Booten in Marsch nach Süden. Der Wind weht schwach aus Süd-West, nicht gut, aber auch nicht ganz schlecht. Das Schärengebiet von Göteborg ist ein militärisches Sperrgebiet. Ausländer dürfen es nur auf bestimmten Seestraßen so schnell wie möglich passieren.

Die Schären der Westküste sind düsterer als die an der Ostsee. Sie sehen gefährlicher aus. Wegen des Sperrgebietes dürfen wir, wenn das Wetter schlechter wird, nicht hinter einer Insel Schutz suchen.

Wenn wir nahe an einer Schäre herumsegeln müssen, weil das Fahrwasser so verläuft, sehen wir, daß manche der großen Steine Schießscharten haben. Wir schauen dann immer weg, um die schwedische Landesverteidigung nicht zu gefährden. Schließlich hätten die Militärs ja auch das Fahrwasser für uns sperren können.

Endlich liegt die letzte Festungsinsel hinter uns. Der Wind legt etwas zu und kommt genau von vorne. Wir wollen aus dem Schärengürtel heraus auf das offene Meer. Dort können wir besser segeln. Die Seekarte zeigt zwar in diesem Gebiet nur wenige Schären. Doch dafür gibt es viele Unterwasserfelsen, die natürlich sehr gefährlich sind. Vorsichtig navigieren wir auf das Meer hinaus. Einige Male wird das Wasser vor uns weiß, ein Zeichen, daß dort ein Stein liegt. Als wir schließlich rund herum 30 Meter Wassertiefe haben, ist dem Schipper wohler ums Herz.

Die Sonne scheint warm. Wir »entblättern« uns langsam. Wir genießen es, auf See zu sein und einen sonnigen Tag anzutreffen.

Gegen Abend rückt das schwedische Ufer näher. In größeren Abständen stehen Fabriken an der See. Entlang der Küste von Göteborg bis Malmö wird ein großer Teil der schwedischen Produktion erzeugt. Schön sieht es nicht aus, wenn der sanfte blaue Küstenzug durch einen weißen oder gelben Gebäudekomplex unterbrochen wird, aus dessen Schornsteinen Dampf strömt, der nach Chemie riecht. Aber irgendwo müssen die Werke ja stehen. Vielleicht ist es wirklich für die Umwelt günstiger, sie über ein großes Gebiet zu verteilen, als sie an einer Stelle zu konzentrieren.

Das Wasser nimmt in der Abendsonne eine unwirklich grüne Färbung an, mit tiefblauen Streifen dazwischen. Schade, daß die Farbzusammenstellung nicht gemalt werden kann. Niemand würde dem Maler glauben, daß es so etwas gibt. Auch würde dann die Bewegung der Wellen fehlen.

Wir übernachten nahe der Stadt Varberg in einem kleinen Fischerhafen, der jetzt ausschließlich vom Sportbootverkehr lebt.

Die Morgensonne sieht uns um 6 Uhr schon wieder auf der Ostsee. Es wird ein herrlicher Sonnentag, ohne einen Windhauch, also so ziemlich das schlimmste Wetter, das es für einen Segler gibt.

Abends hat uns die Strömung gut 10 Meilen an der

Küste entlang getrieben. Dafür haben wir 12 Stunden geduldig am Steuer gesessen. Wir motoren in den Hafen von Falkenberg. Dabei kommt uns das Motorschiff »Malchin« aus Rostock entgegen. Große Freude auf der Brücke der »Malchin«, als man dort unsere Flagge entdeckt.

Über Falkenberg schrieb ich bereits in meinem Buch »Dienstreisen mit Augenzwinkern«. Vor 25 Jahren liefen wir den Hafen nachts an und machten im Industriehafen fest. Als wir am nächsten Morgen aufwachten, hatten die Arbeiter uns ganz leise auf einen anderen Platz bugsiert, weil ein großes Motorschiff anlegen wollte. Ich schrieb, Falkenberg sei der höflichste Hafen, den ich kennenlernte.

Jetzt brauchen wir nicht mehr im Industriehafen anzulegen. Die Stadt besitzt ein »Gästehamn«. Entlang des Flusses liegen neue Industrieanlagen, und der Fluß selbst sieht unangenehm braun aus, mit weißem Schaum obenauf.

Aber höflich ist man in Falkenberg immer noch. Der Chef vom Gästehafen übergibt uns abends die Schlüssel zum Club. Als wir sagen, wir würden schon um 5 Uhr auslaufen, meint er, dann sollten wir die Schlüssel in den Briefkasten werfen.

Ziemlich am Ende des Hafens wird eine Brücke gebaut. Hinter der Brücke habt noch eine ganze Anzahl von Booten ihren Liegeplatz. Daher wird in der Brücke eine schmale Durchfahrt gelassen, die erst in zwei Jahren geschlossen wird, wenn der übrige Teil fertig ist. Man hätte natürlich auch diesen Teil des Hafens sperren können. Aber man ist hier eben höflich, und die Belange der Bürger stehen an erster Stelle.

In der Stadt gibt es eine Plastfabrik und ein riesiges Zentrallager für Spirituosen. Das Lager ist die einzige Anlage, die wir in Schweden sahen, die mit einem sehr

hohen Zaun umgeben ist. Wer neugierig ist, wie der Schnaps verwaltet wird, darf sich anmelden. Täglich kann das Lager, wie fast alle Fabriken in Schweden, besichtigt werden.

Falkenberg ist auch das Zentrum der Lachsfischerei. Die Ortszeitung bringt auf der Titelseite den Lachs des Jahres mit dem glücklichen Angler (16,45 kg – 118 cm – 60 Jahre alt). In alten Verträgen mit Dienstboten stand um 1800 die Klausel, daß sie nicht öfter als zweimal wöchentlich Lachs zu essen brauchten.

Nachts wache ich auf, weil die Luft so stickig ist. Als ich aus der Kajüte ins Freie komme, sehe ich, wie die Plastfabrik gelbe Qualmwolken aus ihrem Schornstein zum bestirnten Himmel hochschickt.

Ich dachte, nur die Heizer eines Werkes in meiner Nachbarschaft in Halle bliesen nachts ungereinigte Abgase in die Luft. Nun erlebe ich, daß selbst im umweltbewußten Schweden solche Untaten vorkommen. Das Bedenkliche ist, daß es schneller geht, Umweltsünden zu übernehmen, als sie sich wieder abzugewöhnen.

Der Morgen weckt uns mit Ostwinden. Die Fahrt in Richtung Sund verläuft angenehm. Zeitweilig tauchen die graublauen Rücken von Tümmlern um uns auf. Im Meeresmuseum von Stralsund sind Bilder ausgestellt, warum die Matrosen früher Seeschlangen zu sehen glaubten. Die Tümmler tauchen militärisch genau gleichzeitig auf. Es sind dann mehrere Rücken zu sehen, die hintereinander liegen, so als ob eine große Schlange ankommt. Die See um uns herum ist voller gelber Haarquallen, die wir bei uns nicht finden. Sie schweben feierlich durch das grüne Wasser.

20 Meilen vorher ist der Kullen zu sehen, ein 180 Meter hoher Tafelberg am Eingang zum Sund. Er erhebt sich fast senkrecht aus der See. Je näher wir kommen, desto unheimlicher sehen seine rotbraunen Wände aus. Dazu wird der Abendhimmel wieder einmal dunkelgelb und verkündet Wind. Unser Weg führt ganz nahe an der Felswand und der weißen Brandung vorbei auf den Hafen Mölle zu. Mölle liegt unmittelbar am Fuße des Kullen. Mühsam finden wir die Einfahrt. Sie liegt so nahe am Land, daß man sich überwinden muß, darauf zuzufahren. Eine Welle schiebt uns durch die Molenköpfe durch. Dann müssen wir sofort scharf abbiegen, weil vor uns der Hafen zu Ende ist. Mit Mühe finden wir zwischen den vielen Jachten noch ein Loch, in das wir hineinpassen. Als wir fast fertig sind, kommt ein Segler und rät uns, noch einmal den Platz zu wechseln. Er meint, bei dem zu erwartenden Sturm würden wir hier schlecht liegen. Es ist ein schwerer Entschluß, nochmals alle Leinen loszumachen und den Motor anzuwerfen. Zum Glück raffen wir uns auf und liegen in der Nacht, als es zu heulen anfängt, ziemlich ruhig.

Mit zunehmendem Sturm reißt »Henriette« immer mehr an ihren Festmachern. Wir sichern uns durch weitere Leinen. Da kommt ein Schwede, der in Mölle wohnt. Er ist in Sonntagskleidung. Als er unsere Bemühungen sieht, sagt er, wir sollten doch das Geschirr des Fischkutters nehmen, der sonst hier liegt. Trotz heller Hose und weißem Hemd hilft er uns, eine schwere Kette aufzunehmen, die auf dem Grund liegt und an der der Kutter festgemacht wird. Tatsächlich bleiben wir sofort ganz ruhig, als wir an der Kette festgemacht haben. Der schwedische Helfer wischt sich die Hände an einem alten Lappen von uns ab und setzt seinen Sonntagsspaziergang durch den Hafen fort.

Nachmittags wandern wir ein Stück auf dem Kullen. Selma Lagerlöf hat in ihrem »Niels Holgerson« das schwedische Volksmärchen verarbeitet, nach dem die Tiere in einer Frühlingsnacht zum Kullen kommen, um sich den Tanz der Kraniche anzusehen. Aber wir haben inzwischen August, da sind die Kraniche längst im Norden.

In Selma Lagerlöfs Buch spielt ein Fuchs als Widerpart der Wildgänse eine große Rolle. Vor dem Hafen von Mölle hängt ein großes Plakat, das sich indirekt mit Füchsen befaßt. Füchse gelten als Hauptüberträger der Tollwut.

Auf dem Plakat entziffern wir mit unseren mangelhaften Schwedischkenntnissen: Die skandinavischen Länder Schweden und Norwegen sind bisher frei von Tollwut. Sie werden verstehen, daß wir diese Krankheit nicht eingeschleppt haben möchten. Daher . . . und dann kommen die Verbote.

Im Fall der Tierseuchen ist die schwedische Gesetzgebung streng, und die Grenzpolizei greift energisch durch. Uns wird berichtet, wie ein Däne mit einem Hund an Bord einen schwedischen Hafen anlief. Als

Grund gab er Schwierigkeiten an seinem Schiff an. Sein Hund wurde sofort getötet, und der Besitzer kam vor ein Gericht. Er prozessierte durch alle Instanzen gegen die Gefängnis- und Geldstrafe, zu der er verurteilt worden war. Ohne Erfolg. Eine Notsituation an Bord, die nicht lebensgefährlich ist, gilt nicht als Entschuldigungsgrund, um einen Hund ins Land zu bringen. Das Plakat sagt sehr höflich: »Sie werden verstehen.« Aber wer nicht verstehen will, merkt, daß Höflichkeit nicht mit Schwäche verwechselt werden darf.

Unser Boot liegt in Mölle ziemlich genau in der Richtung West – Ost, um dem Sturm möglichst wenig Angriffsfläche zu bieten. Das Kajütenluk steht dabei offen, denn es liegt von der Windrichtung abgewandt. Nachts wache ich auf, weil mir der Wind übers Gesicht bläst. Das kann nur bedeuten, daß er gedreht hat und nun aus östlicher Richtung kommt. Schnell ziehen wir uns an und laufen im ersten Morgengrauen aus. Die Molenköpfe und das Wrack eines Seglers, der im Hafen strandete und von der See zerschlagen wurde, bleiben schnell achternaus. Wir arbeiten uns frei vom Kullen. Nun kann der Wind aus allen Richtungen kommen, wir haben genügend tiefes Wasser rundherum.

Wie oft morgens, probiert Rasmus alle Möglichkeiten erst einmal durch. Eine Regenböe aus Südwest löst den Ostwind ab. Hinter der Böe bläst es aus Westen. Das ist der richtige Wind für uns. »Henriette« macht prächtig Fahrt. Auf der Seekarte können wir Leuchttürme und Tonnen, die wir passieren, abhaken.

Nun kommt auch das dänische Ufer schnell näher. Wir sind kurz vor der engsten Stelle zwischen Helsingborg und Helsingoer. Die grünen, spitzen Türme von Schloß Helsingoer liegen vor uns. Der berühmte Geist aus Shakespeares Hamlet ist nicht zu sehen. Dafür läuft vor uns ein Fährbetrieb zwischen Schweden und Dänemark, der uns Angst und Schrecken einjagt. Alle paar Minuten braust eine Fähre aus dem Hafen. Dafür fährt eine andere mit Volldampf ein. Wir zählen, daß immer fünf bis sechs Fähren unser Fahrwasser kreuzen.

Die Fähren fahren uns natürlich nicht um. Aber sie laufen wenige Meter an uns vorbei. Und wenn man zehnmal weiß, der Kapitän will seine Laufbahn wegen eines Zusammenstoßes mit uns nicht beenden und paßt schon auf, so hilft dies Wissen wenig, wenn ein riesiger Kasten mit einer enormen Bugwelle auf einen zukommt.

Erst als Helsingoer achteraus liegt, können wir uns umdrehen und uns das Schloß ansehen.

Im Sund mußten alle Schiffe bis 1847 Zoll bezahlen. Dann wurde der Zoll von den Ostseestaaten Schweden, Rußland, Preußen und Mecklenburg für 38 Millionen Dänenkronen abgelöst.

Tatsächlich liegt Helsingoer so, daß bei nahezu allen Winden die Segler dort auf günstigen Wind warten können. Am schwedischen Ufer ist das nicht möglich. Die Dänen nutzten diese Lage etwa 600 Jahre lang aus, um Zoll zu erheben.

Nun gleiten wir an der schwedischen Insel Ven vorüber. Dort hatte um 1600 der Astronom Tycho Brahe sein Observatorium. Brahe ging später als Astrologe und Astronom an den kaiserlichen Hof nach Prag. Er überließ seine Aufzeichnungen seinem Kollegen und Nachfolger Johannes Kepler, der daraus die berühmten drei Gesetze ableitete, nach denen die Planeten sich um die Sonne bewegen.

Am Horizont sehen wir ein Gerüst über dem Wasser. Als wir nach Stunden näherkommen, erkennen wir den riesigen Portalkran der Werft in Malmö. Er steht beschäftigungslos über einer leeren Helling. Zwei Gastanker werden am Ausrüstungskai ausgebaut. Sonst ist die Werft still. Sommerferien – Auftragsmangel?

Der Seglerhafen von Malmö soll der größte in Schweden sein. Der Hafenmeister sitzt hinter seinem Computer und verwaltet die Liegeplätze. Als Gäste merken wir, ein großer Hafen bedeutet auch sehr lange Laufwege, um irgendwo hinzukommen.

Malmö ist eine Industriestadt. Mit der Sauberkeit ist es so: In Vänersborg konnte ein Raucher schon Asche auf die Straße streuen. In Göteborg durfte er (mitunter) ein Streichholz fortwerfen. In Malmö kommt es schon vor, daß ein Raucher, bevor er in einen Bus einsteigt, seine Zigarettenkippe einfach fallen läßt, statt sie sorgfältig auszudrücken und in einen Behälter zu werfen.

Damit soll nicht gesagt werden, Malmö sei schmutzig. Malmö ist eine sehr saubere Stadt. Aber das Wort sauber läßt sich steigern: sauber, sauberer, am saubersten.

Das Geschäftszentrum liegt um einen Platz herum, der teilweise als Park gestaltet ist. Ich sitze auf einer Bank und warte auf Henriette, die einkaufen gegangen ist. Schweden aller Altersgruppen gehen vorbei. Mir scheint, sie gehen alle etwas schneller und hastiger als ihre Landsleute an der Ostsee. Einige sehen geradezu geschäftsmäßig aus. Im Park treffen sich Gruppen von Ausländern. Vor mir auf dem Rasen hocken in einem weiten Kreis einige Inder, mit und ohne Turban. Sie unterhalten sich ernst und gemessen. Laut geht es zehn Meter weiter entfernt zu. Dort haben sich Jugoslawen beiderlei Geschlechts versammelt. Die Männer fassen die Mädchen recht kräftig an, und diese kreischen vergnügt. Neger lehnen an der Rückwand einer Eisbude und starren auf den Betrieb vor ihnen. Sie reden überhaupt nicht, sondern gucken nur. Gegenüber ist ein Kaffeehaus. Die Schweden sitzen auf der Terrasse und lesen die Mittagszeitungen. Einem wird es warm. Er zieht den Pulli über den Kopf und läßt seinen nackten Oberkörper von der Sonne bescheinen.

Ich scheine der einzige zu sein, der von den Treffen der Nichtschweden oder von dem Mann im Café Notiz nimmt. Natürlich, wir Deutschen wundern uns immer über die anderen.

Abends gehen wir zum Hafenmeister und bitten ihn, den Zoll zu bestellen. Wir möchten am nächsten Morgen möglichst früh auslaufen und daher jetzt schon die Ausreiseformalitäten erledigen – falls es möglich ist. Es ist! Als wir eine halbe Stunde später zum Boot kommen, sitzen schon ein Zöllner und eine Zöllnerin auf dem Steg und warten geduldig. Ob wir eine Zollbescheinigung von der Einreise hätten. Wir legen sie vor, und schon ist ein Stempel drauf – erledigt. Am besten sei, so meint der Zöllner, wenn wir gleich zu der Grenzpolizei gingen. Er würde uns mit dem Auto hinfahren. Wir sparen so fast einen Kilometer Fußweg.

Der Grenzpolizei müssen wir erst erklären, warum wir einen Stempel haben wollen, oder besser, daß die schwedische Botschaft in Berlin uns geschrieben hat, wir müßten in Malmö ausklarieren. Daraufhin tut sie uns den Gefallen und stempelt unsere Pässe ab.

Unsere beiden Zollbeamten schauen inzwischen zu, wie einem Schweden das Auto auseinandergenommen wird. Die Räder werden abmontiert und die Sitze von unten durchsucht. Offensichtlich ist man nicht immer so großzügig wie bei uns.

Als wir die Pässe zurückerhalten haben, fährt der Zöllner uns zum Boot zurück.

Theoretisch könnten wir jetzt die »Henriette« bis oben hin mit Schmuggelgut beladen. Doch wir wissen nicht, was man aus Schweden herausschmuggeln könnte. Daher legen wir uns schlafen.

Der Abreisemorgen ist dunstig. Der Wind weht zum Glück günstig. Wir wollen den Weg durch die Falsterbo-Schleuse nehmen.

Falsterbo ist eine schmale Halbinsel an der Südwest-Ecke Schwedens. Vor dieser Halbinsel liegt eine Sandbank, die sich weit in die Sundeinfahrt erstreckt. Schiffe, die von Osten kommen, müssen daher einen großen Bogen machen, bis sie in den Sund einbiegen können. Dabei kamen sie außerhalb der Dreimeilenzone. Und dort führte ab 1914 fast ganz Europa Seekrieg mit Torpedos und Minen. Der Falsterbo-Kanal verkürzte den Seeweg und ermöglichte der Küstenschiffahrt, innerhalb der Dreimeilenzone zu bleiben.

Der Kanal besteht nur aus einer einige hundert Meter langen Schleusenkammer. Meistens stehen beide Tore offen. Nur wenn der Wasserspiegel im Sund sehr verschieden von dem der Ostsee ist, werden die Tore geschlossen.

Über den Kanal läuft eine Straßenbrücke mit viel Verkehr, und die ist geschlossen, als wir kommen. Verwöhnt, wie wir von schwedischen Brückenmeistern sind, erwarten wir, daß uns sofort geöffnet wird. Aber nichts geschieht. Wir nehmen an, daß man uns gemeinsam mit einem Boot der »Küstenwacht« durchlassen will. Der Kapitän vom Wachschiff läßt sich und seiner Besatzung viel Zeit beim Manöver. Daher wollen wir erst einmal am Ufer anlegen und dort warten, statt unser Benzin nutzlos vor der Brücke zu verfahren.

Das ist nun wieder dem Brückenmeister nicht recht. Ganz schnell geht die Brücke hoch und hinter uns wieder herunter. Nach einigen Minuten geht sie wieder hoch, und das Wachschiff läuft aus. Wir haben eine typisch schwedische Reaktion erlebt. Ein Bürger soll nicht nutzlos auf ein militärisches Fahrzeug warten.

Am Ende des Kanals liegt endlos und grau die Ostsee im Dunst. Nach 15 Minuten ist die schwedische Küste nicht mehr zu sehen. Natürlich gehen unsere Gedanken zu dem Land zurück, das wir soeben verlassen haben.

Unwillkürlich fängt man an zu grübeln, was gut oder nicht gut war. Da wir ins Ausland fahren, um zu lernen, überwiegt das Positive beträchtlich. Trotzdem möchte ich hier nicht aufzählen, was uns so gut gefiel. Ich denke, es ergibt sich aus dem Text dieses Berichtes.

Lange kann ich, am Steuer sitzend, auch nicht grübeln. Der Dunst wird immer dichter und verwandelt sich in einen Seenebel. Der Himmel ist schwach zu erkennen. Über dem Wasser schwankt die Sicht zwischen 20 und 100 Metern. »Henriette« arbeitet sich mit 6 Knoten südwärts voran.

Dumpfes Motorengeräusch ist zu hören. So dröhnen die Maschinen von Kriegsschiffen. Aus dem Dunst steigt die helle Bugwelle eines Schiffes mit sehr hoher Fahrt hervor. Dann wird der schwarzgrau gefleckte Rumpf sichtbar. Im eleganten Bogen setzt sich ein Küstenwachtschiff hinter unser Heck. Die Okulare der Ferngläser starren von der Brücke auf unsere Flagge und den Bootsnamen. Da jaulen die Motoren auf, und das schwedische Wachtschiff verschwindet. Für uns ist es beruhigend, daß sein Radar uns im Nebel gefunden hat, denn wir müssen jetzt den Großschiffahrtsweg kreuzen. Hoffentlich sind Radar und Ausguck bei den Schiffen ordnungsgemäß besetzt. Dumpf brummt ein Typhon steuerbord von uns. Jetzt wird es ernst. Wieder brummt das Horn. Der Tiefe des Tones nach muß es ein großes Motorschiff sein. Zu sehen ist nichts. Wieder der tiefe Ton, ganz nahe. Meine Hand an der Pinne wird vor Aufregung feucht. Henriette und ich starren in den grauen Nebel. Wenn das Motorschiff unmittelbar bei uns auftaucht, müssen wir versuchen, ein schnelles Manöver zu machen.

Rasmus hat ein Einsehen mit uns. Die Sicht erweitert sich auf 100 Meter. Brummend zieht ein riesiger Frachter vor unserem Bug vorbei. Sobald er nicht mehr auf

Kollisionskurs zu uns liegt, stellt er seine Nebelsignale ein. Nachdem wir uns noch einmal tüchtig aufgeregt – sagen wir ruhig: geängstigt – haben, klart es langsam auf. Der Schiffahrtsweg liegt hinter uns, und wir haben 20 Meilen freies Wasser ohne größeren Verkehr.

Am Horizont taucht der Dornbusch auf, dann backbord voraus Arkona. Langsam steigen diese Landmarken immer höher aus der See. Dann gleiten wir an Hiddensee entlang. Das enge Fahrwasser am Bock öffnet sich. Wir legen am Bollwerk an, um einzuklarieren. Der Offizier der Grenztruppen freut sich über unsere Ankunft und stempelt unsere Pässe schnell ab. Wir sind zu Haus.

Der Große Buddha lächelt

Ich klatsche in die Hände und spreche zu dem Großen Buddha in der Stadt Nara: »Ich weiß, es ist unmöglich. Nächstens werde ich Rentner, und dann ist eine Japanreise nicht mehr drin. Aber trotzdem: ich möchte noch einmal nach Japan.«

Der Große Buddha von Nara thront in seinem rotlackierten Tempel, freut sich seiner frischen Vergoldung und lächelt milde. Er scheint ganz kurz mit dem linken Auge zu zwinkern, als wenn er sagen will: Lieber Freund, du wirst dich wundern!

Herr Watanabe, der mich begleitet, hat auch Sorgen, die er beim Großen Buddha loswerden möchte. Seine einzige Tochter heiratet demnächst. Die Heirat wird etwa drei Millionen Yen kosten (30000.- Mark). Anschließend möchte das junge Paar auf Kosten des Herrn Watanabe seine Flitterwochen auf Hawaii verbringen. Das kann bis zu zwei Millionen Yen kosten. Herr Watanabe ist ein kleiner Unternehmer, der unter anderem ZIS-Schweißgeräte in Lizenz herstellt. Wie seine Firma ganz genau funktioniert, ist sein Geheimnis. Wahrscheinlich gehört sie zu einem großen Teil einer Bank oder einem Konzern. Er weicht solchen Fragen immer aus. Aber über seine Heiratssorgen sprach er gestern in der Bar mit mir.

Der Erfolg dieser Reise nach Japan stand auf des Messers Schneide. Während ich über Sibirien Richtung Osten flog, hielt der Präsident der USA nämlich eine Rede. Er sagte, die bösen Kommunisten wären an allem schuld. Er sagte weiter, sie (die Bösen) hätten schon längst ausgestorben sein können, wenn der Westen (die Guten) sie (die Bösen) nicht mit den neuesten Technologien versorgen würde. Damit müsse nun Schluß sein. Er forderte die Freunde der USA auf, Fachleute aus den Ostblockländern nicht mehr in die Betriebe zu lassen. Auf meinem Gebiet verlief der Technologie-Transfer von West nach Ost. Aber es stand zu befürchten, die Japaner würden irgend etwas beschließen, um Washington zu befriedigen.

Tatsächlich kam eine hochkarätige Delegation mit Fachkollegen aus der SU, die gleichzeitig mit uns in Japan eintraf, nicht aus Tokio heraus. Aber ich erhielt einen Fahrplan für die nächsten Wochen, aus dem zu entnehmen war, wann ich wohin reisen mußte und wer dort für mich zuständig sei.

In Osaka und Umgebung war nun Herr Watanabe für mich verantwortlich und für diesen Sonntag sah der Plan Besichtigung von Nara vor.

Obwohl Nara mit der Bahn schnell von Osaka aus zu erreichen ist, war Herr Watanabe noch nie dort. Wie viele japanische Geschäftsleute hat er kaum ein Verhältnis zu Altjapan. Beide staunen wir die vielen Tempel, Schreine und Museen an. Nara ist ein Stück des alten Japan in Holz und Stein.

Der Schrein des berühmten Großen Buddha liegt an einem Hügelabhang. Damit der Tempelboden horizontal ist, wurde der vordere Tempelteil auf Pfähle gestellt. Um das Gebäude herum ist eine Plattform gebaut. Auf dieser steht man vor dem geöffneten Schrein und sieht sich den Buddha an. Man kann auf dieser Plattform aber auch rund um das Gebäude herumgehen. Und eben das tun einige Leute im gemäßigten Laufschritt. Jedesmal, wenn sie einmal herum sind, nehmen sie aus einer Schachtel ein Stäbchen, ähnlich der Stäbchen beim Mikado, und le-

gen es in eine andere Schachtel. Dann eilen sie weiter um den Tempel herum. Sie wollen durch diesen Umlauf den Großen Buddha bitten, einen Wunsch zu erfüllen. Besonders wirksam soll ein hundertmaliger Umlauf sein. Wir rechnen schnell nach: Das Gelände hat ungefähr 25 m Seitenlänge. Einmal herum sind 100 m. Hundertmal herum sind 10 km. Eine schöne Strecke. Damit durch falsches Zählen nicht statt 100 Umgänge nur 99 stattfinden, kauft man an einem Stand neben dem Tempel eine Schachtel mit 100 Stäbchen.

Bei Prozessionen in Europa marschieren die Gläubigen nur einmal oder höchstens dreimal um die Wallfahrtskirche herum. Unsere Kirchen sind ja auch viel umfangreicher als ein Buddha-Tempel.

Eigentlich sind die Beine die Körperteile, mit denen in allen Religionen am wenigsten gesündigt wird. Trotzdem müssen sie durch Wallfahrten, Tempelumläufe und

Niederknien am meisten herhalten. So ungerecht ist die Welt.

Beim Großen Buddha kann man sich auch über die Zukunft informieren. Das ist in drei Preislagen möglich. Man kann nach dem Geburtsdatum einen Zettel mit Prophezeiungen erwerben. Es ist auch möglich, aus einer Lostrommel das Schicksal herauszugreifen. Und – gegen Aufpreis – kann man sich den Zukunftszettel von einem grauen Papagei herausziehen lassen. Wir opfern 50 Yen für die Papageienmethode. Ich erfahre, daß ich mich vor falschen Freunden hüten solle und daß Freitag mein Glückstag wäre.

Herr Watanabe erfährt mit Erstaunen, daß ihm ein größerer Verlust ins Haus steht. Er ist tief beeindruckt, daß der Große Buddha schon von der Heirat seiner Tochter weiß.

Wir laufen viele Stunden durch Nara. Schließlich sind wir müde und wollen zum Bahnhof zurück. Wir trotten einen Weg entlang, der zur Bahn führen soll, und Herr Watanabe ist wohl zu müde, um ein Schild zu lesen, das – wie wir später bemerken – etwas verbietet.

Ich trete durch eine Öffnung in einer hohen Hecke, und Herr Watanabe folgt mir. Wir stehen am Rande eines kleinen Parkes. Es ist ein typisch japanischer Park, mit kleinen Seen, Steingrotten, Zwergbäumen und in den Seen kleinen Holzpavillons. Ungewöhnlich ist, daß fünf junge Leute auf uns zustürzen. Sie tragen ihre Jakken offen, wie der berühmte Filmagent James Bond. Zwei treten sofort drohend an uns heran, drei stehen im kleinen Abstand um uns herum und schneiden uns den Rückzug ab.

Herr Watanabe muß auf barsche Fragen antworten. Er ist sichtlich beeindruckt von unserer Lage.

Aus einem der Pavillons erscheint ein Herr: Cut, Silberkrawatte, graue Hose mit dezenten hellen Streifen.

Er erkundigt sich, was hier los sei. Dann fragt er mich höflich auf englisch nach Woher und Wohin.

»Das ist eine private Ausstellung der Vereinigung der Juweliere«, erklärt er mir.

»Das wußten wir nicht. Ist es möglich, die Ausstellung trotz des privaten Charakters zu besichtigen?«

Der Herr überlegt. Die Verantwortung ist groß. Wenn wir irgendwo einen Colt verborgen hätten. Aber dann macht er eine einladende Handbewegung, und uns wird der Weg freigegeben.

In dem Pavillon liegen unter Panzerglas die Schätze dieser Welt. Es ist schon sehenswert. Aber was hilft der schönste Schmuck, wenn man sich zwei Leibwächter halten muß, um ihn tragen zu können!

Herr Watanabe ist sichtlich erleichtert, daß er seiner Tochter von den ausgestellten Stücken keines zur Hochzeit zu schenken braucht. Mit fünf Millionen Yen würde er hier gerade das billigste Stück erwerben können.

Mir haben es besonders die Perlen angetan. Aus den großen Perlenläden in Tokio kenne ich die gewaltigen Preisunterschiede zwischen Perlen, die nur für Kenner verschieden aussehen. Hier erblicke ich zum ersten Mal Perlen, die so schön sind, daß sie in den normalen Läden überhaupt nicht verkauft werden. Mattglänzend mit einem winzigen Rosaschimmer sind sie zu Ketten zusammengestellt oder zu Anstecknadeln und Diademen verarbeitet.

Wir bedanken uns vielmals bei dem freundlichen Herrn von der Juwelier-Gesellschaft und verlassen zur großen Erleichterung der Wächter den Garten.

Am Abend zeigt Herr Watanabe mir die Ladenstraße unter der Osaka-Station. Seitdem ich vor Jahren dort war, ist alles noch größer geworden. Auf drei Stockwerken erstrecken sich die Läden und Restaurants. Kilometerlang verlaufen die Gänge. Wasserfälle und Fontänen lockern im Zentrum der Anlage das geschäftliche Treiben auf. Die Menge drängt sich, um einzukaufen oder ein bestimmtes Lokal zu erreichen. In den Schaufenstern der Restaurants werden die angebotenen Gerichte in Wachs vorgestellt. Der Gast kann nachher vergleichen, ob das, was er auf seinem Teller hat, in Form, Farbe und Menge mit dem Angebot übereinstimmt.

Das ist viel praktischer als der Hinweis auf unseren Speisekarten: Die Kalkulation kann beim Küchenmeister eingesehen werden.

Wer will, kann chinesisch, koreanisch, indisch oder indonesisch essen. Natürlich gibt es auch Lokale mit französischer Küche oder mit englischem Frühstück im Angebot. Die deutsche Küche ist in einem Restaurant mit Eisbein vertreten.

Um 21 Uhr wird es plötzlich unheimlich. In wenigen Minuten sind die vielen Besucher verschwunden. Die Lokale und Läden schließen und schalten nur die Notbeleuchtung ein. Unsere Schritte hallen in den langen Gängen. Wir haben es auch eilig, aus den Kellern ins Freie zu kommen.

Aber auch auf den Hauptstraßen geht Osaka um 21 Uhr zur Ruhe. Bis 23 Uhr wird noch im Vergnügungsviertel Betrieb sein. Dann ist endgültig Schluß.

Am nächsten Morgen fahren wir zu einem Betrieb in einem Vorort von Osaka. Das Werk stellt Zubehörteile für Autos her. Der Empfang ist höflich, aber reserviert. Man zeigt uns ein Laboratorium, und dann ist der Rundgang zu Ende. Da eilt ein Ingenieur vorbei, stutzt und kehrt zurück. »Doktor Gilde, wie geht es Ihnen?«

Es ist ein Schüler von meinem Freund, Prof. M. Sofort ändert sich die Lage. Ich werde mit großer Achtung durch das ganze Werk geführt (1 : 0 für mich, Mr. Reagan!).

Die Beschläge – wie Blinker, Rückleuchten usw. –, die hier hergestellt werden, sind für mehrere Autofirmen, die zahlreiche Typen herstellen. Das Programm wechselt daher täglich. Das Werk ließ etwa 100 Roboter laufen, die bei Wechsel der Erzeugnisse umprogrammiert werden mußten.

Für die damalige Zeit (1980) war so etwas eine Sensation und für mich außerordentlich lehrreich (2 : 0 für mich!). Am Schluß des Rundganges werde ich noch in das Repräsentationszimmer geführt. Dort wird mir das Bild von Queen Elisabeth gezeigt, die als letzter Ausländer vor mir den Betrieb besuchte. Abschließend muß ich mich auch fotografieren lassen. Nun steht es 3 : 0 für mich. Der Präsident in Washington muß doch auch endlich merken, daß er die Welt nicht mit Verboten regieren kann.

Unser Institut verkaufte übrigens bald danach eine Lizenz an eine US-Firma.

Man sagt, der größte Vorzug des halleschen Bahnhofs wäre seine Möglichkeit, ihn nach allen Richtungen hin zu verlassen. Diese Eigenschaft besitzen fast alle Bahnhöfe von Großstädten. Nur die japanischen machen eine Ausnahme. Da praktisch nur der schmale Küstenstreifen am Pazifik besiedelt ist, geht der Verkehrsstrom nur zwischen Nord und Süd hin und her. Die Eisenbahn und die Fluggesellschaft ringen um einen möglichst großen Anteil an dieser Bewegung. Und zu diesem Zweck lassen sie sich allerhand einfallen, um den Reisenden zu sich hinüberzuziehen.

Längst gibt es auf den Flugplätzen einen Service, von dem ein Europäer nur träumen kann. Keine Schlangen vor der Abfertigung, kein Warten auf das Gepäck, angenehme Warteräume, laufende Informationen für den Kunden. Nur einen Minuspunkt hat der Luftverkehr gegenüber der Bahn: die Kontrolle auf Waffenbesitz.

Diese Zeremonie läßt niemand gern über sich ergehen. Ursprünglich exerzierten die Japaner die europäische Methode: »Stellen Sie sich an die Wand, Gesicht zur Wand, Hände an die Wand, Beine breit«, und dann krabbeln klobige Polizistenhände überallhin. Aber inzwischen . . .

Zehn Minuten vor dem Abflug treffe ich auf dem Flugplatz ein. Herr Watanabe hat telefonisch ein Ticket gebucht, und es liegt am Schalter fertig ausgeschrieben bereit. Wir brauchen nur noch zu sagen, ob wir besondere Platzwünsche haben. »So daß wir den Fuji gut sehen können.« Ein solcher Platz wird auf der Bordkarte vermerkt.

Nun müssen wir noch durch die Waffenkontrolle. Durch das große Tor, das automatisch auf Metall prüft, komme ich gut hindurch. Dahinter stehen sechs junge Damen in tadellos sitzenden Uniformen aus beigefarbenem Stoff und lächeln mich an.

Oh, denke ich, ein Empfangskomitee der Fluggesellschaft, wie nett.

Eine der »sehr hübschen Damen« tritt vor und verbeugt sich. Ich bleibe stehen und mache meinen Diener in bester japanischer Manier. Ich habe mich noch nicht wieder aufgerichtet, da tastet die junge hübsche Dame meinen Körper ab. Ihre weißbehandschuhten Hände arbeiten so flink, daß ich überhaupt nicht reagieren kann. Nach wenigen Sekunden ist sie fertig, macht wieder eine Verbeugung und stellt sich in die Reihe der übrigen Damen zurück.

Ich muß wohl ein sehr überraschtes Gesicht machen, denn alle sechs fangen an zu kichern. Also lache ich auch. Wenn schon diese Kontrollen, dann so, daß man lachend auseinandergeht.

Die Stewardeß am Flugzeugeinstieg drückt den Knopf eines Zählwerkes, als ich vorbeigehe.

Nun bin ich registriert und kann meinen Platz in dem riesigen Jumbo-Jet einnehmen.

Ich bin einer der 700 Passagiere.

Erfahrungsgemäß haben viele Leute beim Start und bei der Landung ein unangenehmes Gefühl. In einer Masse von 700 Leuten fühlt man sich bedeutend hilfloser, als wenn man in einem »normalen« Flugzeug aus dem Fenster schauen kann. Aber ...

Auf drei großen Bildwänden erscheint in Farbe der Flugplatz so, wie der Flugzeugführer ihn sieht. Wir rollen – gleichsam in der Kanzel sitzend – an den Start, rasen die Startbahn hinunter und sehen plötzlich den blauen Himmel vor uns, wenn die Maschine abhebt.

Bei der Landung verläuft die Sache andersherum.

Alle Reisenden sind mit dem Geschehen auf der Leinwand beschäftigt und haben keine Zeit, irgendwelchen Ängsten nachzuhängen.

Mir fällt ein, daß ich bei der Konstruktion der S-Bahnwagen für Berlin den Vorschlag machte, auf Fenster zu verzichten. Dadurch wäre es möglich, die Wagen leichter und fester zu bauen. An der Stirnwand jedes Wagens wollte ich eine Leinwand anbringen, auf der Informationen und das Fernsehbild des Bahnhofs erscheinen. Der Vorschlag wurde als unzumutbar abgelehnt.

Die Reise durch Japan war wieder bis in das kleinste überlegt. Raffinierte Technik wechselte mit Sehenswürdigkeiten. Die Japaner haben auch keine Hemmungen (zumindest mir gegenüber), Dinge zu zeigen, die schiefgingen. In Nagasaki sah ich das größte Trockendock der Welt. In ihm sollten Tanker von einer Million Tonnen Tragfähigkeit gebaut werden. Als das riesige Loch für das Dock in den Felsen gesprengt war, die zwei gigantischen Kräne standen und die Computer für die Konstruktion solcher Schiffe installiert waren, brach die Ölkrise aus, und niemand brauchte Supertanker. Eine Milliarde Mark an Werten stand ohne Arbeit herum. Das ist natürlich schlimm. Aber – so die Japaner – noch schlimmer wäre es gewesen, wenn der Tankerboom geblieben wäre und Japan hätte kein Dock gehabt und die Aufträge wären nach Südkorea gegangen. Überhaupt erfordert das kaufmännische Risiko, daß man auf dem Weltmarkt mit der Wurst nach dem Schinken wirft. Nicht mit an der Spitze zu sein ist tödlich. Die Gewinne, wenn man der erste auf einem neuen Gebiet ist, sind so hoch, daß sie mehrere Fehlinvestitionen spielend abdecken.

Viele Europäer glauben, in Japan sei alles vom Neuesten. Das ist überhaupt nicht der Fall. Weltbekannte Fabriken haben uralte Maschinen. Sie tun brav ihre Pflicht. Nur dort, wo es darauf ankommt, steht das Modernste.

Ich lernte auch einige der Leute kennen, die bei den Spitzenkonzernen das letzte Wort haben. Es sind Herren zwischen 80 und 85. Ein Stab von Ärzten, Leibwächtern und Referenten schirmt sie sorgfältig ab. Nur ab und zu werden sie für Minuten vorgezeigt, um ihr Dasein zu demonstrieren.

In einem Fall kam vorher einer der Vizepräsidenten, ein junger Mann von 68 Jahren: »Bitte«, sagte er, »reden Sie mit unserem Präsidenten nicht über Goethe. Sonst will er mit Ihnen länger plaudern, und er hat noch ein großes Programm zu erledigen.«

Zu gerne hätte ich ein Gespräch über Goethe angefangen, aber die Begleiter des Präsidenten sorgten dezent dafür, daß er nirgends stehen bleiben konnte.

Der Mitsubishi-Konzern ließ mich also zu dem großen Dock, und die Manager zählten ohne Scham auf, was hier an Werten brach liegt.

Danach fand eine Fahrt durch die Inselwelt um die Südspitze Japans statt, mit Besuchen weiterer Betriebe, aber auch heißer Quellen und des Naturschutzparkes.

Auf einer dieser Inseln stand ein großes Fernrohr.

Wenn man 100 Yen einwarf, konnte man durch das Fernrohr 15 Tanker zu je 350000 t vor Anker sehen, die hier als schwimmende Öltanks vor sich hin rosteten.

Wir rechnen schnell aus: 15 x 350 000 = 5,25 Millionen Tonnen. Zum Vergleich: Die DDR-Handelsflotte besitzt etwa 1,7 Millionen Tonnen. Bei diesen Größenordnungen kommen uns natürlich Bedenken, ob man die japanische Ansicht über Risiko-Investitionen übernehmen darf. Auch hier wurden wir uns wieder einmal bewußt, daß die DDR-Industrie etwa ein Prozent der Weltindustrie ausmacht und dadurch Unterschiede in den Möglichkeiten gegenüber den Industriegiganten bestehen. Andererseits, und das muß man auch immer bedenken, mit einem Prozent sind wir immer noch ein verhältnismäßig großes Industrieland. Wenn wir weiterhin erfolgreich mithalten wollen, müssen wir unsere Grenzen erkennen, aber den Spielraum zwischen den Grenzen voll ausnutzen.

Bei meinen Besuchen in Japan bin ich fast jeden Tag eingeladen gewesen, immer abends, mitunter außerdem auch mittags. Dabei erlebte ich die verschiedensten Möglichkeiten der japanischen Gastfreundschaft. Mit Dankbarkeit denke ich an ehrenvolle Einladungen zu den Familien meiner Fachkollegen. Oft gab es Einladungen zu einem Essen in Spezialitätenrestaurants oder zu einem Drink in einem der vielen Clubs. Die Topmanager bevorzugten entweder altjapanische Gaststätten oder die silberglitzernden Tafeln in dem Privatrestaurant des Konzerns. Nur ganz selten wurde versucht, mit einer Einladung zu protzen.

Herr Togo (so will ich ihn nennen) erinnert etwas an den Vater von Faust. Von dem sagt der Sohn: Mein Vater war ein dunkler Ehrenmann. Herr Togo ist Präsident einer Import- und Exportfirma. Die Firma scheint aus einem Präsidenten, einem Vizepräsidenten und drei Angestellten zu bestehen. Wahrscheinlich arbeitet Herr Togo mit 80 Prozent oder 90 Prozent Bankkredit. Aber wir fühlen uns nicht befugt, über die Solidität von Herrn Togo zu urteilen. Unsere Gastgeber in Japan haben festgelegt: Heute abend Dinner mit Mr. Präsident Togo und mit Vizepräsident in Ginza-Street.

Mein Hotel liegt 100 Meter von der berühmten Straße entfernt. Um 19 Uhr holt Herr Togo mich ab. Vor dem Hotel wartet – nein, hier kann man nicht mehr von Auto sprechen –, es wartet eine Staatskarosse im old-english-style. Auf dem Wagenschlag (Tür wäre ein profaner Ausdruck) prangt eine Krone. Der Chauffeur ist ebenfalls so gekleidet, wie ein Japaner es aus Filmen über Old-England kennt: Manchester-Anzug, Breeches und braune Gamaschen. Natürlich weiß ich, daß es in Tokio Autoverleihe gibt, die solche Oldtimer gegen hohe Miete verleihen. Und natürlich legt Herr Togo Wert darauf, daß ich es weiß, damit ich seinen Aufwand richtig einschätze.

Laut hupend rollen wir im Schrittempo durch das abendliche Gewühl von Autos, Mopeds und Fußgängern, die sich durch die Nebenstraßen der Ginza wälzen. Dann fahren wir 50 Meter auf der Hauptstraße und biegen wieder in eine Gasse, in der unser Wagen immer wieder steckenbleibt. Nach etwa 300 Meter Gesamtfahrstrecke halten wir vor einer schwach beleuchteten Hausfront. Wir wissen schon, schwache Eingangsbeleuchtung ist vornehm. Entsprechend ist die Inneneinrichtung des chinesischen Lokals.

Ein 24-Gänge-Menü rollt auf uns zu mit original chinesischer Bedienung, wie Herr Togo voller Stolz bemerkt.

Mir kommen die Chinesinnen, die den Tisch decken, gar nicht so chinesisch vor. Ich stehe auf, um mir die Hände zu waschen (wie die schamhafte Umschreibung für den Besuch des WC lautet). Wie in Japan üblich, bringt ein Mädchen der Bedienung den Gast bis vor die bewußte Tür, lächelt und wartet, bis man wieder herauskommt. Anfangs war das natürlich ungewohnt, und es kam mir diskriminierend vor. Aber in Asien ist vieles anders. Vielleicht kennt einer meiner Leser den berühmten chinesischen Roman: »Der Traum der Roten Kammer«, der auch bei uns verlegt wurde. Dort wird eingehend beschrieben, wie die Großmutter gerne austreten möchte und ihre Enkel eilen, für Oma ein besonders schönes Plätzchen im Garten für diesen Zweck zu finden.

Als wir allein auf dem Flur sind, frage ich meine Begleiterin (auf englisch): »Sie sind doch bestimmt keine Chinesin (China-girl)?«

»Oh nein, ich bin aus Jokohama«, sagt sie und errötet unter ihrer Puderschicht.

Herr Togo kündet nun einen besonderen Gang an, der den Höhepunkt des Essens darstellt. Die unechten Chinesinnen stellen eine Art Goldfischaquarium auf den Tisch. Da hinein schütten sie zwei Flaschen des schrecklichen 60 %igen Schnapses Mao-Tai. Dann wird ein Korb mit lebenden Langusten gebracht. Sie krabbeln in dem Korb aufgeregt durcheinander. Die Kellnerin nimmt zwei Essenstäbchen, packt geschickt einen der Krebse und wirft ihn in das Glasgefäß voller Alkohol. Das arme Vieh bewegt die Fühler, die Beine und den Schwanz krampfhaft hin und her. Es benötigt mehrere Minuten, um qualvoll im Schnaps umzukommen.

Im Theater sah ich einmal das Drama »Richard III.« Shakespeare läßt darin auch einen Thronanwärter in einem Weinfaß ersäufen. Auf der Bühne ist das noch erträglich, aber bei dem Todeskampf der Langusten steigt mir doch der Mageninhalt langsam unter die Zunge.

Ich habe auf meinen Reisen fast alle Gerichte pro-

biert: geräuchertes Pferdefleisch, alte Eier, rohen Fisch, Schnecken, rohen Tintenfisch. Aber hier war ich überfordert. Ich lehnte energisch ab.

Der Präsident und sein Vizepräsident verzehrten die Langusten mit großem Appetit, und dann waren sie plötzlich ungeheuer lustig. Man kann sich also auch betrinken, ohne ein Schnapsglas anzurühren.

Nach dem 24. Gang ist das Essen beendet. Die japanischen Chinesinnen begleiten uns bis vor die Tür und verbeugen sich eifrig, während wir in unsere Staatskarosse steigen. Übrigens, echte Chinesinnen in sehr guten Restaurants begleiten ihre Gäste auch. Aber sie verneigen sich nicht, sondern winken. So fein sind die Unterschiede.

Wir fahren wieder 500 Meter. Dann ist die Straße restlos verstopft mit parkenden Luxus-Limousinen. Ich schließe daraus, daß wir unser Ziel fast erreicht haben, und schlage vor, zu Fuß zu gehen. Tatsächlich müssen wir noch 25 Meter laufen. Dann betreten wir ein Hochhaus. In der Eingangshalle stehen zwei betont zurückhaltende Gentlemen, die uns eingehend mustern, ehe sie den Weg zum Fahrstuhl freigeben. Wir fahren in den 7. Stock. In einem kleinen Vorraum stehen wieder einige Herren, die aussehen, als ob sie gerade aus einem Institut für Body-building kämen.

Die Leibwächter sind an der Garderobe abzugeben, denke ich.

Dann öffnet sich für uns eine große Tür. Ich stehe auf der Bühne des Metropol-Theaters in Berlin, und es wird gerade »Die lustige Witwe« gespielt.

In dem großen Zimmer ist ein »kleines Maxim« aufgebaut, in dem die Damen bekanntlich »sehr intim« waren. Ganz stilecht ist unter den Damen keine Japanerin, außer Mama-san, der Chefin des Etablissements. Sie läuft im Kimono herum und begrüßt die Mitglieder ihres Clubs, also Herrn Togo und die Gastmitglieder, den Herrn Vizepräsidenten und mich.

Gleich darauf betreut mich eine Dame, die vorgibt, aus Frankreich zu sein. »Ich bin schon so lange fort, daß ich die Sprache vergessen habe«, sagt sie auf englisch. Meine andere Seite nimmt eine Philippina ein. Sie scheint wirklich aus Manila zu stammen. Ich schaue mich neugierig um. Das erinnert mich an meine Enkelkinder, wenn sie »feine Dame« oder »Prinzessin« spielen. Sie verhalten sich dann so, wie sich in ihrer sozialistischen Vorstellung eine vornehme Prinzessin verhalten müßte. In diesem Club fehlt das vergnügliche Geplauder, das ich aus echten japanischen Clubs kenne. Hier wird Conversation (bitte englisch aussprechen) betrieben (nicht gepflegt). Hier zeigt man durch die Mitgliedschaft, daß man Kredit hat. Kurz, kein wirklich vornehmer Japaner würde hier verkehren.

Damit beim Leser kein Irrtum auftritt: Auch hier gelten die Clubspielregeln: das Berühren der Figüren mit die Pfoten ist verboten. Wenigstens während der offiziellen Öffnungszeit bis 23 Uhr.

Nachdem Herr Togo meint, ich sei genügend beeindruckt, und nachdem er einige Whisky auf den Langusten Mao-Tai gesetzt hat, wandern wir weiter. Unser Wagen ist immer noch eingekeilt. Zwei Polizisten versuchen, durch lautes Pfeifen das Knäuel zu entwirren.

Herr Togo führt uns durch einige Gassen und Gäßchen. Mit ihm laufen viele japanische Männer. Alle haben eine ganz charakteristische Haltung, die sie alle im Vergnügungsviertel nach dem dritten Whisky (englisch) oder Whiskey (amerikanisch) annehmen. Die Hände tief in den Hosentaschen des blauen Anzuges. Die Ellbogen abgespreizt. Die Füße schön nach außen gesetzt und eine Miene: Was kostet die Welt?

Unser kleiner Fußmarsch bringt uns in eine Geisha-Schule. Den Beruf einer Geisha beherrschen nur noch wenige Mädchen und Frauen. Die Anforderungen an Sprach-, Musik- und Literaturkenntnisse sind sehr hoch, die Ausbildung daher teuer, und deshalb nimmt ein Geisha-girl für einen Abend 100000 Yen (1000 Mark) und mehr.

Eine Ausweichlösung ist die Geisha-Schule. Dort werden die Mädchen fünf Jahre lang ausgebildet. Abends kommen Besucher und sehen sich an, was die zukünftigen Geishas schon können. Mit den Eintrittsgeldern wird die Schule teilweise finanziert.

Wir betreten einen kleinen Saal, der der Länge nach durch einen japanischen Tisch (also mit 10 cm hohen Beinen) geteilt wird. Auf der einen Seite des Tisches sitzen die Besucher auf Stühlen ohne Beine. Auf der anderen Seite knien die jungen Mädchen und unterhalten sich mit den Besuchern. Die meisten sind Japaner. Außer mir sind nur noch zwei Nichtjapaner anwesend. Ich bin froh, daß ich wieder japanisches Geplauder, wenn auch auf englisch, höre.

Die zukünftigen Geishas sind angehalten, möglichst schnell herauszufinden, wofür sich der Gast interessiert. Wir landen bald bei japanischer Musik und der Symbolik der Hand- und Augenbewegungen beim Geisha-Tanz. Die Gesichter sind so dick mit Reispuder belegt, daß keine Regung zu sehen ist. Nur die Augen leben in den Gesichtern.

Alle halbe Stunde klatscht die Lehrmeisterin in die Hände, und es erfolgt eine kleine Aufführung, ein Lied zu einem der alten Instrumente oder ein Tanz.

In der Pause geht Mama-san von Ausländer zu Ausländer und fragt, woher wir sind.

»Nun, große Überraschung«, radebrecht das Mädchen mir gegenüber.

Die Überraschung kommt.

Drei Mädchen bringen drei kleine Flaggen an Ständern herein und stellen sie vor uns auf. Ich staune, wo eine Geisha-Schule in Tokio abends um 10 Uhr die DDR-Fahne herbekommt. So zahlreich können wir hier doch nicht auftreten. Dann kommt die nächste Überraschung.

Aus dem Lautsprecher dröhnt: »Allons enfants de la patrie«. Der Franzose neben uns verbeugt sich und winkt begeistert in die Runde. Kurze Pause zum Bandwechsel: »Auferstanden aus Ruinen«. Die Geishas fächeln mit ihren Fächern, damit unsere Flagge ausweht. »Und es muß uns doch gelingen.« Die japanischen Musiker setzen hier machtvoll Posaunen ein. Ich verneige mich. Alle klatschen in die Hände.

»Eine sehr schöne Melodie«, sagt meine Geisha, und ich finde, sie hat recht.

Nun ist das US-amerikanische Band aufgelegt. Der Amerikaner steht auf und legt die rechte Hand dorthin, wo wahlweise das Herz, die Brieftasche oder die Pistole sitzt. Aber dann übermannt ihn der Whiskey. Er knickt in den Knien ein und fällt um. Den Rest des Abends habe ich zu tun, um den Text von J. R. Becher ins Englische zu übersetzen. Die zukünftigen Geishas haben wieder ein neues Gesprächsthema dazugelernt.

Ich bin froh, daß der Tag hier noch einen angenehmen Ausklang hat, denn der vergangene Teil des Abends war zwar erlebnisreich (wie es immer so in unserer Presse heißt), aber im übrigen anstrengender und sehr unangenehmer Dienst.

Die nächsten Tage sind um so angenehmer. Ich habe wieder Gelegenheit, die alte Kaiserstadt Kyoto zu besuchen.

Die Zahl der Sehenswürdigkeiten ist dort so groß, daß man bei jedem Aufenthalt nur einen Bruchteil davon besichtigen kann. Die Fremdenführerin, der wir anvertraut sind, erzählt, daß Kyoto auf der Liste der Atombombenstädte stand. Ein General habe aber dagegen protestiert, weil die Stadt ein einmaliges Kulturgut der Menschheit darstellt, und daraufhin sei Kyoto von der Liste gestrichen worden.

Das hört sich sehr gut an. Aber dann kommt der Gedanke: Wieviel Tote in Nagasaki sind einen Tempel in Kyoto wert? Und dann merkt man, daß es unwichtig ist, ob eine Stadt auf der Liste der zu zerstörenden Städte steht oder nicht. Wir müssen gegen den Wahnsinn der Liste selbst sein.

In Kyoto steht ein großer Tempel mit einem Kloster, dessen Mönche Spezialisten im Bogenschießen sind. Das wichtige ist für die Mönche aber nicht der Schuß mit dem Pfeil auf die Scheibe, sondern das geistige Training hierzu. Immer wieder spannen sie den Bogen und richten den Pfeil auf das Ziel, ohne ihn abzuschießen. Nach einem oder mehreren Jahren sind sie dann so weit, daß sie auf einer Plattform hinter dem Tempel zeigen können, ob ihr geistiges Training ausreicht.

Kyoto war auch lange Zeit der Sitz mächtiger Shogune, Fürsten über ein Teilgebiet Japans. Hinter riesigen Steinwällen liegt das hölzerne Schloß. Schloßmauern sind in Asien immer dreimal so hoch und viermal so dick wie in Europa. Die Museumsräume des Schlosses sind teilweise vom Shogun und seinem Haushalt bevölkert, wenn auch nur als Wachsfiguren. Seine Leibwächter schauen genau so entschlossen drein, wie heutzutage Angehörige dieses Berufsstandes überall in der Welt dreinschauen. Der Shogun vertraute zwar seinem Leibwächter – aber Vorsicht war auch damals der bessere Teil der Tapferkeit. Er ließ seine Privatgemächer mit einem Nachtigallengang umgeben, wie es auf japanisch so poetisch heißt. Auf deutsch: im Gang waren knarrende Holzdielen eingebaut, die jeden Schritt laut hörbar machten.

Den Abschluß dieser Reise bildete ein Kolloquium an der University of Nagoya. Mein alter Freund Isao leitete die Veranstaltung. Alle Fachkollegen der Faculty of Engineering waren erschienen (eine große Ehre), Gäste aus Indien, Malaysia, China hörten zu. Und – was mich besonders freute – der Saal war mit Studenten besetzt.

Ich tue mein Bestes, um meine Forschungsergebnisse in meinem Englisch den Zuhörern, die einen anderen englischen Tonfall gewohnt sind, verständlich zu machen. Wie immer, helfen mir viele gute Dias mit englischer Beschriftung.

Die Diskussion zeigt, daß ich verstanden wurde.

Nach zwei Stunden habe ich trotz Klimaanlage keinen

trockenen Faden mehr am Leib, und ich bin froh, daß alles vorbei ist.

Der Dekan lädt zu einem kleinen Essen ein.

Ich ziehe mich im Arbeitszimmer von Isao um, und wir fahren in ein Gasthaus. In einem großen Saal ist für alle Teilnehmer des Kolloquiums gedeckt. Alle Studenten sind wieder da. Sie wollen von mir vieles über East-Germany wissen. Ich muß öfter mit vollem Mund reden, um alles beantworten zu können.

Nach dem Essen sitzen wir noch einige Zeit bei einem Glas Bier. Die Studenten singen mir zu Ehren ein Lied. Dann sagt der Dekan, die Professoren müßten leider gehen. Und nun kommt etwas, was mich noch tiefer beeindruckte als die sonstigen ehrenden Worte, die bei solchen Anlässen üblich sind: Die Studenten gehen zur Kasse, und jeder bezahlt sein Essen selbst (In japanischen Restaurants bezahlt man meistens an einer Kasse).

Durchschnittlich war es jedem Studenten 10 bis 15 Mark wert, mit den Professoren zusammen zu essen, um den Gast fragen zu können.

Sodann ließ der Dekan einige Taxis kommen, und der Fakultätsrat fuhr mit mir in den Club Nan Bam.

In meinem Buch »Dienstreisen mit Augenzwinkern« habe ich über einen Besuch in diesem Club berichtet. Mama-san handelte damals mit unversteuerten Perlen, und die Mädchen zerdrückten mit charmantem Lächeln die Kakerlaken an den Wänden. Inzwischen waren 25 Jahre vergangen. Der Club ist inzwischen in das Stadtzentrum umgezogen. Damals sah Mama-san aus wie eine dreißigjährige Frau, heute, nach 25 Jahren, kann auch die dickste Puderschicht ihre 75 Lenze nicht mehr verbergen. Hoheitsvoll kommt sie für eine Viertelstunde in den Club, als sie hört, ein alter Bekannter wäre da.

Das Clubleben spielt sich in einem großen Zimmer mit vier Tischen, einem Klavier, einer Minibar und einem winzigen Toilettenverschlag ab. Die alten Herren der Fakultät haben ihren Tisch am weitesten von der Tür entfernt. Jüngere Mitglieder trinken ihren Whisky an den Tischen näher zur Tür.

An der Wand hängt »Das Schokoladenmädchen« von Liotard aus der Dresdener Galerie. Isao hielt einmal Vorträge bei uns, und weil er sein Honorar nicht ausführen durfte, legte er es in einem großen Bild an. In Japan hängte er es im Club auf.

Seitdem der Club Nan Bam im Stadtzentrum liegt und durch die Professoren gesellschaftlich im Ansehen gestiegen ist, beschäftigt Mama-san einen Klavierspieler aus Frankreich. Er klimpert dezent vor sich hin, bis einer der jüngeren Gäste singen möchte. Dicke Liederbücher liegen für diesen Zweck bereit. Auch ein Mikrofon ist vorhanden, nicht wegen der Lautstärke, sondern um der Sängerstimme mit Hilfe der Elektronik einen guten Klang zu geben. Aus einer piepsigen Stimme wird ein strahlender Tenor. Man muß aber zugeben, daß viele Japaner sehr schöne Naturstimmen haben. Als weiteres

Zugeständnis an die moderne Zeit bedient der Klavierspieler eine Elektronik, die automatisch den Baß zur Melodie spielt. Es geht also elektronisch los: hm – ta – ta, hm – ta – ta. Dann taktet das Klavier mit dem Vorspiel ein. Und auf ein Zeichen des Musikanten beginnt der Gesang.

Meine Professoren trinken mit Maßen Whisky. Die fünf Damen an unserem Tisch im Alter zwischen 20 bis 50 erhalten auch jedesmal ein Whisky-Glas. Ich probiere einmal – es ist Tee. Aber berechnet wird das Glas mit dem Alkoholpreis. Der Herr Dekan macht mit dem einen Mädchen einen Wettbewerb in Faltarbeiten. Unter ihren Händen entstehen in Minuten die raffiniertesten Tiere aus buntem Papier. Diese Faltarbeiten, Ogami, haben eine alte Tradition in Japan. Es werden dafür etwa handgroße quadratische Papierstücke verwendet, die es in rot oder blau überall paketweise zu kaufen gibt. Das Mädchen, das den Dekan betreut und seine Angewohnheiten kennt, hat ein solches Päckchen im Ärmel ihres Kimonos stecken. Nun wissen wir auch, warum japanische Frauen im Kimono sich so würdevoll bewegen. Sie haben in den Ärmeltaschen dieses Bekleidungsstückes all die Sachen, die eine Europäerin in einer Handtasche herumträgt. Und darüber hinaus noch solche Überraschungen wie Papier für Ogami.

Ob ich irgend etwas aus Papier falten könne, werde ich gefragt. Natürlich kann ich einen Hut und ein Schiff aus Papier herstellen. Sofort wird mir ein rotes Papierblatt 15 x 15 cm zugeschoben, und ich versuche mein Glück. Zu Hause habe ich für einen Papierhut eine Seite des ND benötigt oder mindestens eine Seite aus der Bezirkspresse. Mit dem winzigen Stück Papier in Japan erleiden meine Hände Schiffbruch. Ich erzeuge nur ein zerknautschtes Etwas. Großes Gelächter über den ungeschickten Europäer. Und dann entsteht unter den kleinen japanischen Händen ein Schiff, ein Kranich, ein Elefant.

Der Herr Prodekan berichtet seiner Partnerin von seinen Sorgen mit den Studenten. Die heutige Jugend ist eben auch nicht mehr wie früher. Weil ich am Tisch sitze, erzählt er alles auf englisch. Sie nickt immer wieder verständnisvoll mit dem Kopf. Ich werde interviewt nach Weib und Kind sowie Einkommen.

Dann beschließen die Herren zu singen. Wie zu erwarten, wurden mir »Löslein lot« und »Lolelei« vorgetragen. Dann folgen einige japanische Lieder. Und schließlich das Finale im gemischten Chor von fünf Professoren und drei Damen:

Das gibt's nur einmal
das gibt's nicht wieder
das ist zu schön, um wahr zu sein.

Bei einem letzten Whisky schwärmen die Japaner mit feuchten Augen von ihrer Zeit in Heidelberg und Göttingen und von der blonden Lilian Harvey in dem Film »Bomben auf Monte Carlo«. Das muß so um 1930 bis 35 gewesen sein.

Inzwischen ist es 21 Uhr geworden. Die Professoren müssen nach Haus. Ich fahre ins Hotel.

Wenn die alten Herren dieser Generation in wenigen Jahren gestorben sind, ist die deutsche Sprache in Japan als Sprache der Wissenschaft vergessen. Hier, wie in der ganzen Welt, hat sich ein vereinfachtes Englisch mit amerikanischen Fachausdrücken durchgesetzt. Es hat für uns keinen Sinn, darüber zu jammern oder ideologische Bedenken zu haben. Die Entwicklung ist nicht aufzuhalten. Englisch ist für die meisten Menschen die am einfachsten zu erlernende Sprache. Die Amerikaner sind führend in Wortschöpfungen für die neue Technik. Während bei uns Grundsatzdiskussionen geführt werden, ob ein Zollstock jetzt Gliedermeßstab genannt werden soll, nennen die Amerikaner die neuen Elektronikbausteine einfach Chip (man bedenke: Chips sind Kartoffelscheiben in Öl gebacken).

Zwei Tage später nehme ich Abschied von Japan. Ich genieße noch einmal die Höflichkeit und den Service auf dem Flugplatz. Bei den meisten Völkern spielen die Worte »bitte« und »danke« im öffentlichen Verkehr eine große Rolle. Hingegen verwendet man das Wort »verboten« nur in wirklich dringenden (also seltenen) Fällen.

Da ich noch einige Yen in der Tasche habe, kaufe ich für meine Enkel einen kleinen Pudel, der mittels einer Batterie täuschend bellt, mit dem Schwanzstummel wakkelt und einige Schritte laufen kann.

Der Flug mit Aeroflot über Sibirien ist billiger und viel schneller als die alten Routen über Libanon – Indien – Hongkong. Nur eines ist nicht gut: der oberste Küchenchef von Aeroflot liest nicht die Zeitschrift »Sputnik«, die ich seit vielen Jahren regelmäßig lese. Daher hat er wohl noch nie von den leckeren russischen Gerichten gehört, die im »Sputnik« jeden Monat beschrieben und in Farbe abgebildet werden. Jedenfalls, auch auf diesem Flug gibt es ein Stück Huhn, grüne Erbsen, lauwarmen Reis und eine schwer beschreibbare Soße. Dabei wären die paar Rubel im Jahr für die Rezepte im Sputnik für Aeroflot bestimmt ein tragbarer Unkostenfaktor. Ich beschließe also in Moskau, wo ich fünf Stunden auf Anschluß warten muß, ausgiebig zu speisen. An der Tür zum Flughafenrestaurant treffe ich einen Bekannten, der gerade aus der Mongolei geflogen kommt und das gleiche Problem hat wie ich.

»Die Dewuschkas sitzen drinnen und schwatzen«, sagt er, »aber sie haben mich fortgeschickt. Jetzt gibt es nichts zu essen.«

Hinter einer Säule sitzen sechs Kellnerinnen und besprechen ein ungeheuer wichtiges Thema. Ich staune immer wieder, wie die schwergewichtigen Frauen so hohe Töne produzieren können. Sicher steht ihnen die Ruhepause gewerkschaftlich zu. Leider gibt es keine Gewerkschaft für hungrige Flugreisende, die meine Interessen vertritt. Daher muß ich die Angelegenheit selbst in die Hand nehmen. Aus meiner Reisetasche hole ich den kleinen Hund hervor. Gut gedeckt durch eine Säule pirsche ich mich an die Frauen heran, setze den Hund an die Erde, drücke auf den Einschaltknopf und ziehe Fiffi (so taufe ich ihn) an der mitgelieferten roten Leine hinter mir her. Fiffi bellt, wackelt mit dem Schwanzstummel, zeigt die rote Zunge und macht einige Schritte.

Sechs Stühle fliegen zurück, sechs Damen in braunen Kleidern hocken um uns herum und staunen.

»Bürger, in welchem Magazin haben Sie das gekauft?« Ich verstehe kein Wort Russisch. Dafür lege ich mein Gesicht in mitleiderregende Falten. Fiffi bellt und läßt sich streicheln. Ich radebreche mit Händen und Füßen: »Wir – Japan.«

»Ah, Japan, otschen caraschо.«

»Wir – hungrig –«

»Sie haben Hunger«, auf russisch.

»Da, da«, sage ich, und Fiffi bellt auch zustimmend.

Die mitleidige russische Frauenseele überrollt glatt alle gewerkschaftlichen Bestimmungen. Stühle werden gerückt, eine Speisekarte kommt, ich lade meinen Bekannten ein, und es beginnt ein »Prassnik« mit Kaviar, Sekt, Salat, Kiewer Huhn, Smetana, Moroschnoje. Und weil nun an einem Tisch bedient wird, dürfen sich die Reisenden auch an die anderen Tische setzen.

Bald nach dieser Reise bin ich Rentner. Da ich der Meinung bin, alte Leute sollen den jungen Leuten nicht die interessanten Stellungen wegnehmen, bleibe ich keinen Tag länger im Amt, als gesetzlich vorgeschrieben.

Sofort beginne ich ein Rentnerleben, das heißt, ich

habe niemals Zeit. Hobbys habe ich genug, und der Dienst, mit all seinen Problemen, ist vergessen. Aber mich hat einer nicht vergessen. Der Große Buddha von Nara wartet einen Sommer. Dann schaltet er sich ein. Natürlich verkehrt ein Buddha vorzugsweise auf Ministerebene mit der Menschheit. Ich werde also aus Berlin gefragt, ob es nicht richtig wäre, meinen Amtsnachfolger in Japan einzuführen, und wenn ja, ob ich Zeit und Lust hätte, dieses zu tun. Wie schon gesagt, die Termine drängen sich (denn ich will eine Schiffsreise machen), aber im September sind noch zehn Tage frei.

Die Japaner sind sehr angetan von diesem Akt der Höflichkeit. Sie unterschreiben einen sehr schönen Vertrag. Wir besuchen mehrere Betriebe (Mr. Reagan hat wieder einen Punkt gegen uns verloren). Für mich ist es ehrenvoll, daß in jedem Werk Ingenieure auf mich zukommen, die mich von früheren Besuchen oder aus Vorlesungen kennen.

Beim Abschiedsessen gedenken wir nochmals der 25 Jahre, die seit meinem ersten Besuch verstrichen sind.

»Was hat sich in Japan am meisten geändert?« werde ich gefragt.

»Natürlich könnte ich nun eine halbe Stunde reden. Ich fasse alles, was es da aufzuzählen gibt, zusammen: Erstens sind die Menschen 10 Zentimeter größer als früher und zweitens, die japanischen Mädchen schauen einem Mann heute frei in die Augen.«

Unsere Gastgeber denken nach und meinen dann, ich hätte die Änderungen der Lebensbedingungen durch die Industriegesellschaft und die Änderung der sozialen Verhältnisse gut beschrieben.

Die Versuchung ist groß, nochmals vor einen Buddha zu treten und sich einen allerletzten Besuch in Japan zu wünschen. Aber das wäre wohl zu unverschämt. Auch die Geduld eines Großen Buddha hat ihre Grenzen.

Vom Schwarzen Meer und seinen Flüssen

»Warum wollen Sie denn unbedingt nach Odessa fliegen?« fragen unsere Kollegen auf der Werft in Cherson. »Mit der Raketa geht es viel schneller.«

Wir sind wieder einmal auf das Problem Reisegeschwindigkeit und Nebenzeiten gestoßen. Die meisten Fluggesellschaften halten noch an Abfertigungsmethoden fest, die aus der Zeit der Propellerflugzeuge stammen, wo Fliegen etwas Besonderes war. Natürlich haben die Aeroflot, die Interflug und andere ihre wohlerwogenen Gründe, warum die Abfertigung so und nicht anders abgewickelt wird.

Aber ich erinnere mich, wie in meiner Jugend die Bahn unbedingt darauf bestand, daß vor jedem Bahnsteig ein Schaffner die Fahrkarten kontrollierte (wegen der Verantwortung!) und daß jede Abteiltür (damals hatte ein Wagen für jeweils acht Sitze auf jeder Seite eine Tür) von einem Schaffner geschlossen werden mußte.

Wir nutzen also die sozialistische Konkurrenz zwischen Flugzeug und Tragflügelboot und wählen das für uns günstigere Verkehrsmittel aus.

Die Werft in Cherson ist bekannt wegen ihrer neuen Ideen. Dieses Mal (ich war schon öfter dort) zeigt man uns die neue Brennschneiderei. In der ganzen Welt werden riesige und teure Brennschneidmaschinen in den Werften aufgestellt, die durch Computer gesteuert sind. In Cherson standen auch solche Maschinen. In der neuen Brennschneiderei ist man zu mehreren kleinen, billigen Maschinen übergegangen. Die Bleche kommen vom Lager über ein Transportband. Ein Computer steuert sie zu der Brennschneidstation, die für die erwünschten Schnitte (rund, gerade, lang, kurz) besonders geeignet ist. Dort legt ein Arbeiter einen Lochstreifen in die Steuerung, und das Schneiden beginnt. Es leuchtet uns sofort ein, daß diese Art der Fertigung viele Vorteile bringt. Mammut-Maschinen mit raffinierten Steuerungen sind eben nicht immer die günstigste Lösung. Das Mammut ist ja auch ausgestorben, während kleine Tiere durch ihre größere Anzahl überlebten, als die klimatischen Verhältnisse sich änderten. Das gilt auch für Maschinen bei Änderung der Wirtschaftslage.

Auch an die Zukunft denken die Ingenieure in Cherson. Sie zeigen uns ein Projekt, nach dem ein Luftkissenfahrzeug als Verladerampe und Kahn mit einem großen Schiff gekoppelt wird. Dadurch können auch Küstenstädte beliefert werden, deren Hafen für das große Schiff zu klein oder deren Hafen vereist ist. Die Werft ist ein Beispiel, wie gute Ideen in einem Betrieb anstekkend wirken und immer neue Einfälle produzieren.

Neben dem Flußbahnhof liegt das Segelschulschiff »Towarisch«.

»Gute Arbeit aus Deutschland«, lobt unser Begleiter. Tatsächlich, das Schiff segelt seit 50 Jahren. Bewundernd stehen wir vor den himmelhohen Masten und dem Gewirr der Taue und Drahtseile.

Die Gesetze der Aerodynamik, nach denen die Segel der »Towarisch« arbeiten, gelten für den Unterwasserteil der »Raketa«. Der Satz: »Eine beschleunigte Strömung erzeugt einen Unterdruck«, hört sich so theoretisch an. Aber Erfinder und Ingenieure haben viel damit anfangen können.

Die Segel der »Towarisch« sind so geformt, daß sie an der richtigen Stelle einen Unterdruck erzeugen, die

Tragflügel der »Raketa« heben das Boot hoch, weil an ihrer Oberseite ein Unterdruck entsteht.

Ein hervorragendes Beispiel, wie ein physikalisches Gesetz in der Luft und im Wasser gültig ist und genutzt wird.

Die »Raketa« braust den Dnjepr hinunter. Der Fluß und die Ufer sind braun-gelb. Schiffe kommen entgegen und werden überholt. Die Tragflügelboote mit ihrer Geschwindigkeit von 80 Kilometern in der Stunde erschließen auf den riesigen Strömen der UdSSR völlig neue Verkehrsmöglichkeiten.

Nach etwas über drei Stunden ist Odessa erreicht. Die »Raketa« macht direkt im Stadtzentrum fest. Das kann uns natürlich kein Flugzeug bieten.

Wir besichtigen die Stadt und das Polytechnische Institut und natürlich vor allem die berühmte Treppe am Hafen. Sie ist zweifach berühmt. Einmal aus dem Film »Panzerkreuzer Potemkin« und dann wegen einer optischen Täuschung. Wenn man im richtigen Abstand vor der Treppe steht, verschwinden die Stufen, und man sieht eine schräge Fläche. Odessa besitzt einen großen Seglerhafen, und natürlich wird er uns gezeigt, als sich herausstellt, daß ich segle.

Ob wir einmal auf das Meer segeln wollen? Kein Problem. Unser Betreuer eilt zu dem Kontrollturm, auf dem die Uniformen der Grenztruppen zu sehen sind. Nach einiger Zeit kommt er traurig zurück.

»Der Wachhabende hat gesagt: Du kannst jeden Tag mit Ausländern kommen, nur heute nicht. Ich werde morgen befördert, und da gehe ich heute kein Risiko ein.«

Das ist ein Argument, dem wir uns beugen müssen. Mir gefällt an sowjetischen Wachposten und sonstigem Aufsichtspersonal, daß sie meistens sehr menschlich reagieren. Viele von ihnen können sich in die Lage dessen versetzen, der vor ihm steht, und oft ergibt sich daraus ein guter Kompromiß.

In den Zeiten, als noch jedes Bauwerk »top secret« war, wollte ich im Kaukasus eine Staumauer fotografieren, weil sie sich mit dem Stausee so wunderbar in die Landschaft fügte. Sofort kam ein Posten herbeigelaufen und sagte, das sei verboten. Wir erklärten ihm, wir wollten auf die Mauer verzichten und nur den See fotografieren.

»Njet.«

Aber dann hatte der Posten eine Idee.

»Fotografiert mich doch.«

Er stellte sich in Positur. Damals war noch das lange Gewehr mit aufgepflanztem Bajonett in Gebrauch. Der Posten sah daher sehr kriegerisch aus, und die hinter ihm liegende Mauer und der See wirkten auf dem Foto besonders friedlich.

In Odessa fiel dem Wachhabenden leider keine so gute Lösung ein. Dafür improvisierten die Segler für uns schnell eine Party. Von allen Booten wurden in Zeitungspapier eingewickelte Pakete herbeigebracht, deren Inhalt aus Speck, harter Wurst, Brot und Wodkaflaschen bestand. Die Segler zeigten uns wieder einmal, mit wie wenig Aufwand man dortzulande zu feiern versteht.

Trotz der Party waren wir rechtzeitig am »Meeresbahnhof«; Sascha, der uns schon auf vielen Reisen durch die UdSSR betreut hatte, stürzte sich in die Menschentraube vor den Schaltern, um unsere vorbestellten Tikkets abzuholen. Als er nach einiger Zeit schweißtriefend zurückkam, meinte er, in der Buchungsstelle ginge einiges durcheinander.

Jedenfalls hatten wir unsere Kabinenkarte, und wir gingen an Bord. Dort herrschte das, was der Seemann »Zustand« nennt. 500 Passagiere, die teilweise aus Gegenden kamen, die 2000 Kilometer von Gewässern ent-

fernt liegen, drängten sich durcheinander. Zur Sowjetunion gehören auch Nationalitäten, die ein südländisches Temperament besitzen.

Wir kämpfen uns zu unserer Kammer durch. Sie ist komfortabel, beste Qualitätsarbeit aus Wismar. Befriedigt beginnen wir auszupacken, was man so für eine zweitägige Schiffsreise braucht. Da geht die Tür auf, und herein strömt eine Familie: Vater, Mutter, größere Tochter, kleiner Sohn.

Fast gleichzeitig schauen wir auf unsere Kabinenkarte und halten sie dann dem anderen unter die Nase. Kein Zweifel, die Kabine wurde zweimal verkauft.

Das Oberhaupt der Familie stammt dem Aussehen nach aus dem Kaukasus und ist daher sehr wortgewaltig. Wir reduzieren unser Russisch auf das Schütteln des Kopfes und ein eisernes Njet.

Da geht die Tür auf und – – siehe zwei Absätze vorher. Nun wird es langsam eng in unserer Kabine. Die erste Familie ist vorläufig ausgelastet, sich mit der zweiten Familie auseinanderzusetzen. In den Baß-Bariton der Männerstimmen mischt sich grell der Sopran der Frauen.

Zu unserem Glück erscheint Sascha. Er verzichtet auf jede Diskussion, weil die Angelegenheit rein parlamentarisch sowieso unlösbar ist, und holt einen Steward. Der ist im Besitz einer Kabinenliste, auf der noch Plätze frei sind.

Nach zehn Minuten sind wir wieder allein. Vorsichtshalber schließen wir nun die Tür ab, aber anscheinend wurde unsere Kammer nur dreimal verkauft, denn niemand rüttelt an der Klinke.

Inzwischen hat sich das Leben auf dem Schiff eingespielt. Odessa verschwindet am Horizont. Das gute Abendessen beruhigt die Gemüter. Wir stehen mit Sascha an der Reling und sprechen von früheren Reisen. Sascha weiß, daß ich ein Buch darüber geschrieben habe. Ob er auch darin vorkäme, will er wissen.

Ich erzähle ihm die Geschichte, wie wir auf dem Flugplatz der Diamantenstadt Mirny ankamen. Er, als passionierter Kettenraucher, zündet sich seine erste Papyrossi nach der Landung an und wirft das abgebrannte Streichholz weg. Da klopft ihm ein kleiner Jakute auf die Schulter: »Das kannst du zu Haus machen, aber nicht bei uns«, und Sascha hebt den Streichholzrest wieder auf.

»Das steht über mich in Ihrem Buch?«

Ich bestätige.

»Dann ist Schluß mit dem Rauchen.«

Sascha nimmt die aufgebrochene Zigarettenschachtel aus der Tasche und wirft sie über Bord. Dann folgen die Zündhölzer. Aus der anderen Jackentasche holt er noch zwei volle Zigarettenschachteln, betrachtet sie wehmütig und übergibt sie dem Schwarzen Meer.

Ich bin sehr stolz, durch mein Buch eine »Seele vor dem Nikotin« gerettet zu haben. Sascha wünscht uns eine gute Nacht. Er wolle schlafen. Wir gehen noch einmal durch das Schiff. Im Salon tobt eine Kapelle mit 115 Phon. Die Paare auf der Tanzfläche genießen das leichte Wiegen des Schiffes. Die Männer haben dadurch Gelegenheit, ihre Mädchen besonders fest anzufassen. Es geschieht sozusagen zum Schutze des menschlichen Lebens vor den Gefahren der See.

In den unbeleuchteten Ecken des Salons schlafen Leute. Es sind wohl doch mehr Plätze verkauft worden, als Kammern vorhanden sind. Aber die Sessel und Sofas in dem Raum sind weich, und das bißchen Musik scheint nicht zu stören.

Auf dem Promenadendeck sehen wir Sascha. Er eilt auf den Verkaufsstand zu und deckt sich mit Zigaretten und Zündhölzern ein. Mein Selbstbewußtsein als Schriftsteller wird wieder auf ein vernünftiges Maß reduziert.

Am nächsten Morgen laufen wir dicht unter der Küste der Krim. Vom Meer aus geht es felsig und steil hoch. Es folgt ein breiter, sanft ansteigender Abschnitt mit viel Grün und vielen roten Dächern in dem Grün. Dahinter türmt sich das Krimgebirge 2000 Meter hoch.

Im Meeresbahnhof von Jalta liegen bereits zwei große Passagierschiffe, als wir einlaufen. Ich finde den russischen Ausdruck Meeresbahnhof so treffend. Das deutsche Wort Anlegestelle hört sich so nach Weißer Flotte zwischen Stralsund und Hiddensee an. Hafen, Kai, Bollwerk treffen die Sache auch nicht besonders gut. Hier ist wirklich ein Bahnhof, mit Zu- und Aussteigen, mit Abschied und Begrüßung, und alles mit einem Hauch Exotik vermischt.

In Jalta ist für uns ein umfangreiches Besichtigungsprogramm vorgesehen.

Einer seiner Höhepunkte ist der Besuch des Botanischen Gartens mit seinen mächtigen Mammutbäumen und den Zedern aus dem Libanon (wo es keine mehr gibt) und aus dem Atlas. Ich bewundere immer Leute, die Parks und Gärten anlegen, die sie selbst nie in voller Schönheit sehen werden.

In Livadia besehen wir das Schloß des letzten Zaren und den Saal, in dem 1944 die Konferenz von Jalta zwischen Stalin, Roosevelt und Churchill stattgefunden hat. Hier staune ich wieder über die Geduld russischer und ukrainischer Museumsbesucher.

Die Ausstellung besteht aus einigen Stühlen, die um einen großen Tisch stehen, sowie aus drei Fotos: Churchill trifft ein, Roosevelt trifft ein, und das Gruppenfoto aller drei Staatsmänner. Von Stalin scheinen nur solche Gruppenaufnahmen veröffentlicht zu sein und solche, die ihn monumental aus der Froschperspektive zeigen.

Aber für einen richtigen Fremdenführer genügen leere Stühle und drei Aufnahmen, um 15 Minuten darüber zu reden.

Nun ist die Bedeutung der Jalta-Konferenz unbestritten. Doch über das, was damals beschlossen wurde, wird nur ganz am Rande erzählt. Der Hauptteil sind Anekdoten.

Als besondere Vergünstigung dürfen wir das Pionierlager Artek besuchen. Der Direktor empfängt uns und führt uns als erstes durch den Pionierpalast mit den Räumen über die Raumfahrt.

Das ist natürlich für einen zehnjährigen Jungen ein tolles Erlebnis, wenn er sich auf einen der »Marterstühle« setzen darf und er auf Raumtauglichkeit geprüft wird.

Der Direktor schildert uns dann den Tagesablauf im Lager. Nun ist es selbstverständlich, daß in einem Komplex, in dem 5000 bis 6000 Kinder und etwa 4000 Betreuer zusammenleben, ein geordneter Tagesablauf sein muß.

Trotzdem erwecken die genauen Zeitangaben, wann der Mittagsschlaf absolviert und wann Sport getrieben wird, in mir unangenehme Erinnerungen. Ich war nur einmal »zur Erholung« in einem Heim, und in mir waren damals alle Oppositionskräfte mobilisiert, wenn ich mich auf Kommando mit irgend etwas beschäftigen sollte.

Daher begann ich die Rundfahrt durch das Gelände mit zwiespältigen Gefühlen. Artek ist so groß, daß man schon ein Auto nehmen muß, um die einzelnen Unterkünfte und Sportstätten zu erreichen. Der Direktor fuhr uns zum Hallenbad, zu den Turnhallen, den Wohnräumen und zum Appellplatz. Wir sahen alles – nur keinen Pionier.

Die sind alle im Stadion, dort singt heute ein berühmter Sänger, wurde mir erklärt. Von dem großen Stadion klangen die Töne zu uns herüber, und ich stellte mir vor, wie auf dem Tagesplan stand: 14.15 Uhr bis 16.00 Uhr Konzert.

Doch dann kamen aus einem Waldweg etwa 20 Jungens. Sie trugen Segelflugzeugmodelle.

»Diese Gruppe wollte nicht ins Konzert, sondern lieber die Flugzeuge ausprobieren«, sagte der Direktor, ohne den geringsten Ton eines Vorwurfs in der Stimme.

Ich atmete auf. Der Tagesplan ließ also doch Wünsche zu. Wenn 20 junge Techniker lieber Flugzeugmodelle bauen, als mit 5000 anderen Kindern ins Stadion zu gehen, stand es um den Nachwuchs für leitende Ingenieure nicht schlecht.

Die Besichtigung ging weiter. Nahe dem Meere stand eine Freiluftbühne. Von dort klingt es: eins – zwei, drei, eins – zwei, drei. Neugierig treten wir näher. Ein etwa 14jähriger Pionier hielt dort eine etwa gleichaltrige junge Dame umschlungen, und beide übten unter der Leitung eines Erziehers Wiener Walzer. Die beiden hätten lieber Walzer tanzen lernen wollen, als zum Konzert zu gehen, sagte der Tanzlehrer dem Direktor, und dieser nickte verstehend.

Als wir weiterfuhren, hörten wir wieder: eins – zwei, drei, eins – zwei, drei.

Zum Abschied konnte ich dem Direktor sagen, daß mir Artek sehr gut gefallen hat. Doch das haben ihm wohl schon so viele Besucher erklärt, daß es ihn nicht weiter beeindruckte.

Zuhören, wenn andere viel reden, macht durstig. Das kann man bei jeder Tagung oder Sitzung beobachten, bei der Getränke auf dem Tisch stehen. Ich schlug nach all den Besichtigungen vor, in der Stadt ein Glas Kwaß zu trinken.

Unser Fahrer fuhr an mehreren Kwaß-Ausschanken vorbei. Er wollte mit uns zu seinem »Stammlokal«. Der Weg führte uns durch die enge und verwinkelte Altstadt von Jalta. Wie fast alle Intourist-Fahrer hatte auch unserer eine tiefe Abneigung gegen Verkehrszeichen wie: Keine Durchfahrt, Stop oder Nicht überholen. Aber überall im Lande habe ich beobachtet, wie der übrige Verkehr dieses Verhalten einkalkuliert.

Schließlich erreichten wir einen Kwaß-Wagen, der der richtige war, und stiegen im Halteverbot aus.

Während ich mein Glas trank und darüber nachdachte, warum es dieses Getränk nicht bei uns zu kaufen gibt, sah ich mir die Umgebung an. Wir standen vor dem Eingang zum Stadtpark. Neben dem Kwaß-Stand war ein Kiosk für Eis aufgebaut. Daneben war eine Holzbude, in der es Fahrkarten zu kaufen gab, richtige Fernfahrkarten. Der Bahnhof von Jalta befindet sich übrigens 90 Kilometer entfernt in Simferopol. Man fährt bequem mit dem Trolley-Bus dorthin.

Neben diesem Fahrkartenschalter hatte eine fürsorgliche Handelsorganisation einen etwas größeren Kiosk hingestellt, der Herrensocken und Damenunterwäsche feilbot, und daneben war ein weiterer Kiosk, in dem man Flugkarten lösen konnte. Der Flughafen befindet sich auch in Simferopol.

»Warum stehen ausgerechnet hier, vor dem Park, Kioske für Fahrkarten und Flugkarten?« frage ich unsere Dolmetscherin.

Wer öfter mit Ausländern zu tun hat, weiß, wie oft die eine Seite »dumm« fragt und die andere Seite auf diese Frage keine Antwort weiß, weil die Frage für sie keinen Sinn hat.

Unsere Begleiterin faßt meine Frage so auf, als ob ich glaube, in der 80000-Einwohner-Stadt Jalta gäbe es nur einen Kiosk für Fahrkarten.

»Wir haben noch vier weitere Plätze, auf denen solche Verkaufsstände stehen. Und einmal in der Woche besucht ein Auto alle Hotels, in denen es kein Reisebüro gibt, und verkauft dort Flug- und Fahrkarten.«

Wir sind beeindruckt und denken an die Schlangen vor unseren Fahrkartenschaltern und an die fast feierliche Handlung, wenn man eine Flugkarte erwerben möchte.

Natürlich weiß ich so ungefähr, welche Gegenargumente die Verkehrsexperten bringen, wenn der Vorschlag käme, sich die Verkaufsmethoden von Jalta als Beispiel zu nehmen. Aber es ist beruhigend zu wissen, wie viele Gegenargumente im Laufe der letzten 40 Jahre ausgestorben sind.

Am Abend versinkt das Krimgebirge hinter uns im Meer, und am nächsten Morgen liegt Sotschi vor uns. Es ist dunstig, und wir können nur den Küstenstreifen erkennen. Der Nachteil des Schwarzen Meeres ist meiner Ansicht nach, daß die Schiffe in wenigen Stunden von

Hafen zu Hafen fahren. Von der eigentlichen Seefahrt (auf die es mir besonders ankommt) hat man leider wenig. Ich weiß aber, daß nur wenige Reisende meine Meinung teilen.

Zu unserer Überraschung ist für uns auf dem Meeresbahnhof »großer Bahnhof«. Wir sind auf einmal Gäste der Stadt, und um 14 Uhr möchte eine Vertreterin der Stadt mit uns zusammen essen und weiteres besprechen. Ich kann mich nicht erinnern, jemals etwas für Sotschi getan zu haben. Sascha beruhigt uns mit echt ukrainischem Gleichmut. Keine Aufregung, es wird sich schon alles klären.

Zum Essen erscheint die Vertreterin für das Bäderwesen des Stadtsowjets. Sie unterhält uns zwischen Suppe und Braten mit Zahlen über ihre Stadt und über Sotschi als Kurort. Es sind Zahlen mit schrecklich vielen Nullen dahinter. Die kleinste betrifft die Länge von Sotschi: Über 100 Kilometer soll die Stadt sich am Ufer entlang erstrecken und damit die längste Stadt der Welt sein. Aber dann steigen die Zahlen bei den Einwohnern und Gästen schnell auf sechs und sieben Stellen an. Dazu kommen noch die geplanten Steigerungsraten bis zum Jahr 2000, die die Genossin ohne zu stocken in Prozent und in absoluten Zahlen angibt.

Beeindruckt verzehren wir unseren Nachtisch. Wir wissen immer noch nicht, wieso wir zu diesen und den noch geplanten Ehrungen kommen.

Zum Glück trifft ein Ingenieur aus Moskau ein, der uns sucht. Er ist vom Balneologischen Institut, einer Forschungsstelle, die sich mit der Ausrüstung von Heilbädern befaßt. Nun kommen wir langsam dahinter. In Sotschi gibt es eine Heilquelle, die besonders aggressive Wässer ausströmt. Wegen dieser Wässer gibt es eine Zusammenarbeit zwischen dem Balneologischen Institut in Moskau und dem Paton-Institut in Kiew, wodurch Mit-

arbeiter des ZIS, das mit dem Paton-Institut zusammenarbeitet, auch mit dem Balneologischen Institut in Moskau zusammengekommen sind.

Da das Institut in Moskau eng mit der Kurverwaltung in Sotschi zusammenarbeitet, sind wir hier als städtische Gäste angemeldet. Ich hoffe, ich habe den Zusammenhang in einfachen Worten klargemacht.

Für die nächsten Tage hat die Stadtverwaltung ein großes Programm für uns festgelegt, um uns Sotschi als Kurort vorzustellen. Aber als echte Deutsche wollen wir als erstes zum Strand und baden.

Als Gott die Welt schuf, hat er sich manche Dinge nicht gut überlegt. Der kalten Ostsee gab er schöne lange Sandstrände, aber das warme Schwarze Meer umsäumte er in dem russischen Teil mit abscheulichen kleinen Steinen, die unter den Füßen sehr schmerzhaft drücken. Über diese Steinwüste zu gehen, erfordert für mich einen großen Entschluß, zu dem ich mich meistens nicht aufraffen kann.

Die Stadt hat für uns auch eine Motorbootfahrt entlang der Küste vorgesehen. Vom Wasser aus bietet sich ein herrliches Bild, wie die Landschaft in Wellen immer höher ansteigt. Das Wasser um uns herum ist blau. Ob es türkis, azur, aquamarin, alizarin, marine oder einfach blau ist, wage ich nicht zu entscheiden. Aber es lockt zu einem steinfreien Baden.

»Das verbietet die Grenztruppe«, sagt der Bootsführer und nimmt die Fahrt aus dem Boot. »Aber wenn Sie auf der vom Land abgewandten Seite ins Wasser gehen – bitte.« Also springen wir auf der vom Land abgewandten Seite ins Wasser und überlassen es den Beobachtungsposten an Land, darüber nachzugrübeln, warum unser Boot ohne Fahrt in der See schaukelt. Aber wie aus dem Wasser wieder an Deck kommen, denn eine Leiter ist nicht vorhanden? Doch die Besatzung hat große Übung und sicher schon öfter quer zum Land gelegen.

Immer zwei Mann erfassen unsere Arme, und mit Hau-ruck ziehen sie selbst kurvenreiche Damen ohne Schmerzensschreie an Bord.

Für den nächsten Vormittag ist der Besuch des Heilbades vorgesehen, wo Plastrohre aus unserem Institut liegen. Zuerst besichtigen wir die Quelle, aus der die aggressiven Wässer strömen. Sie zerfressen dicke Stahlröhren. Wir haben Bedenken, daß der menschliche Körper widerstandsfähiger als Stahl sein soll. In dem eigentlichen Sanatorium werden wir beruhigt. Die Kranken tauchen nur wenige Minuten in das Wasser. An den Wänden hängen viele Fotos: vor der Behandlung – nach der Behandlung. Die Chefärztin erzählt, um wieviel Prozent die Zahl der Patienten in den kommenden Jahren erhöht werden soll. Ich habe immer ein ungutes Gefühl, wenn Mediziner so reden, als ob sie die Produktion von Damenstrümpfen erhöhen müßten.

Eigentlich müßte die Zahl der Patienten doch abnehmen, wenn die ärztliche Versorgung besser wird. Man soll sich nie mit Ärzten anlegen, nicht einmal in Gedanken. Die Ärztin bemerkt, daß ich erkältet bin. Wenn ich in warme Gegenden komme, erkälte ich mich immer. Sofort muß ich einen weißen Kittel anziehen und werde in einen Raum geführt, in dem das Heilwasser als Dampf inhaliert wird.

»Sie werden sehen, das Inhalieren hilft sofort«, wird mir erklärt. Tatsächlich geht der Schnupfen schon nach zwei Wochen weg und nicht wie sonst nach vierzehn Tagen.

Am folgenden Morgen wird uns gesagt, es sei eine besondere Ehrung für uns vorgesehen. Der Wagen bringt uns durch Straßen, an denen Parks und Erholungsheime liegen. Schließlich biegt er in eine dieser Parkanlagen ein. Eine junge Frau empfängt uns und führt uns in eine Art Laube. Dort hält sie uns einen kleinen Vortrag über Vererbungslehre, Veredeln von Bäumen und Völkerfreundschaft. Unter Aufbietung aller biologischen Schulkenntnisse begreifen wir, worum es sich handelt: Zitrusbäume gestatten es, alle möglichen Zitrusfrüchte aufgepfropft zu bekommen. An einem Baum wachsen dann verschiedene Apfelsinensorten, Zitronen und Mandarinen. Das ist ein biologisches Gleichnis für das Zusammenleben der Menschen auf der Erde. In diesem Garten, in dem wir uns befinden, haben bedeutende Politiker, Kosmonauten, Sportler und Künstler (man beachte die Reihenfolge) Zweige eines Zitrusbaumes mit verschiedenen Fruchtsorten veredelt. Wir würden zuerst einmal den Baum besichtigen, und dann dürften wir selbst einen Zweig aufpfropfen. An dem Baum hängen tatsächlich verschiedenartige Zitronen – Apfelsinen.

Die fruchttragenden Zweige sind mit kleinen Zetteln versehen, auf denen der Name des »Gärtners« verzeichnet ist. Wir lesen aus der DDR die Namen Horst Sindermann und Kurt Hager. Ihr Zweig trägt eine gelbe, längliche Zitrusfrucht.

Von unserer Delegation will niemand so recht die Verantwortung für eine sachgemäße Veredlung auf sich nehmen. Schließlich bestimmen wir eine mitreisende Ehefrau dazu, die Ärztin ist. Von einem Arzt wird angenommen, daß er mit einem Messer umgehen kann. Nun hängt zumindest ein Zettel mit dem Namen unseres Institutes am Baum, und wir hoffen, daß dazu eines Tages eine schöne große Apfelsine wächst. Natürlich unterdrücken wir die taktlose Bemerkung, daß an diesem Baum tatsächlich die Früchte der Bemühungen von Politikern sichtbar werden.

Vom Zitronen- und Apfelsinen-Garten werden wir in einen großen Pavillon aus Aluminium und Glas gebracht. An der Tür begrüßt uns eine junge Dame mit dem berühmten teleskopartigen Zeigestock in der Hand, der zwischen Bialystok und Wladiwostok für die Führung durch eine Ausstellung unbedingt erforderlich ist.

Genauso, wie der Zitrusbaum ein Symbol sei, so sei auch diese Sammlung von Erde aus der ganzen Welt ein Symbol, erfahren wir. Dann fährt der Zeigestock über Vasen, Vitrinen, Schachteln und Kistchen, in denen sich die Erdproben befinden.

Ob auch Erde aus Halle dabei sei, wollen wir wissen.

Galle? Nein!

Dort wäre der berühmte Komponist Gändel geboren, erklären wir. Komponisten stehen in der Sowjetunion hoch im Kurs, und unsere Museumsführerin ist sofort interessiert.

Seit einiger Zeit steht auch ein Kästchen mit hallescher Erde in Sotschi.

Einige Tage nach dem Wohlleben in Sotschi landet unsere Maschine in Volgodonsk. Der Ort ist plötzlich bekannt geworden, weil dort eine Fabrik zur serienmäßigen Fertigung von Atomkraftwerken erbaut wurde, oder genau: als wir dort waren, wurde sie noch erbaut. Die »heißen Teile« eines Reaktors müssen unter besonderen Bedingungen hergestellt werden. Sie sind auch riesig groß und schwer. Bei der Bedeutung, die Atomreaktoren in immer steigendem Maße gewinnen, und bei dem hohen Bedarf der UdSSR und der befreundeten Länder an Elektroenergie entstand die Idee, das erste Werk dieser Art in der Welt zu gründen. Das erfordert erst einmal riesige Investitionen. Es ist etwas ganz anderes, Reaktoren in Serie zu erzeugen als in Einzelanfertigung. Man braucht einen geeigneten Standort. Platz für einen Riesenbetrieb findet man in der UdSSR ohne Schwierigkeit, aber der Bauplatz muß auch verkehrsgünstig liegen. Volgodonsk liegt am aufgestauten Don, der auf der Landkarte als Ciml'ansker Meer zu finden ist. Von hier aus können Schiffe die vielen hundert Tonnen schweren Bauteile abtransportieren. Über den Don, stromabwärts, kommt man ins Schwarze Meer. Über den Wolga-Don-Kanal erreicht ein Transport die Wolga und hat dann die Möglichkeit, bis in das Eismeer zu fahren.

Das dritte, was man für den Bau und Betrieb eines so großen Werkes haben muß, sind Menschen. Es genügt nicht, einige Zehntausend Arbeitskräfte für Volgodonsk anzuwerben. Es müssen hochgradige Spezialisten darunter sein: Ingenieure für den Entwurf von Kernkraftanlagen, Feinmechaniker für den Bau von Präzisionsteilen, Schweißer für Sonderstähle. Und vor allem, sie müssen sehr zuverlässig sein. Ein kleiner Fehler, eine unachtsame Kontrolle, und die Folgen können katastrophal werden.

Der neue Ort – Volgodonsk – wurde mitten in der

Steppe aufgebaut. Durch die breiten Straßen der Neubauviertel pfeift bei unserer Ankunft der Wind. Kümmerliche Baumanpflanzungen ducken sich unter Staubwolken. Wie bei vielen großen Vorhaben in der UdSSR sind die ersten zehn Jahre für die Menschen hart. Es bildet sich ein Typ mit einer Art Pioniergeist heraus und mit einem unverwüstlichen Optimismus.

Obwohl am Werk noch jahrelang gebaut werden muß, wird bereits produziert. Das ganze Vorhaben ist viel zu groß, um alle Hallen und Einrichtungen erst einmal fertigzustellen und dann mit der Produktion zu beginnen. Was dort in Volgodonsk steht und uns gezeigt wird, ist keine Fabrik, es ist schon größer als ein Kombinat, es ist fast eine neue Industrie mit allen nur denkbaren Fertigungszweigen.

An einem Beispiel wird uns gezeigt, wie hier alles anders ist. In ein Reaktorgefäß soll ein Rohrstutzen eingeschweißt werden. Das Gefäß ist eine Trommel mit mehreren Metern Durchmesser aus einem Spezialstahl von einem Meter Dicke. Der Rohrstutzen muß bis zur Innenfläche der Trommel durch die Wand hindurchgesteckt werden. Vom Inneren der Trommel bis nach außen ist also eine ein Meter starke Schweißnaht zu legen. Der Stutzen ist außen einen Meter stark. An der Trommelinnenwand soll der Schweißspalt einen Millimeter groß sein. Es muß daher die Öffnung für den Stutzen 1,002 m weit ausgebohrt werden. Der Schweißer muß aber von außen in den einen Meter tiefen Schweißspalt hineinlangen können. Daher muß das Loch für den Stutzen an der Außenwand der Trommel etwa 2,50 Meter weit sein. Dieser Kegel (oben 2,50 m, unten 1,002 m) muß in eine gewölbte Wand von einem Meter Dicke mit höchster Präzision eingebracht werden. Vorher aber ist die Maschine hierfür zu entwickeln und zu bauen, der Spezialstahl ist zu erschmelzen, die ein Meter dicken

Platten müssen zu einer Trommel verformt und verschweißt werden.

Ich spinne die Probleme hier nicht weiter aus, weil ich hoffe, einen winzigen Eindruck von den Schwierigkeiten gegeben zu haben. Jetzt muß man sich noch vorstellen, daß diese Reaktortrommeln in einer endlosen Halle eine hinter der anderen stehen. Um die Naht eines solchen Stutzens auszufüllen, arbeiten die Schweißer in drei Schichten etwa vier Wochen lang. Ein winziger Fehler in der Naht führt zum Ausschuß. Ein Reaktor besitzt viele solcher Stutzen.

Tief beeindruckt vom Betrieb und von seinen Menschen fahren wir in die Stadt zurück. Die Staubwolken wirbeln immer noch durch die Straßen und bedecken die Blätter der kleinen Bäume mit Staub. Ein Hotel gibt es in Volgodonsk noch nicht. Wir gehen zum Essen in eine Art Bar. Es gibt nur wenige Tische. Verschiedene Speisen werden in einer kleinen Küche nach Bestellung angerichtet.

Ich bin immer froh, wenn mir das berühmte russische Essen erspart wird, bei dem fünfmal mehr auf den Tisch kommt, als man verzehren kann. In Beschreibungen wird solch ein Mahl unter Gastfreundschaft verbucht. Das ist sicher richtig. Aber ich sehe immer den Teil des Essens, der anschließend weggeschüttet wird. Daher ist mir die »moderne Richtung« in Volgodonsk lieber, wo so viel aufgetragen wird, wie man verzehren kann.

Anschließend fahren wir an den Don. Am Ufer steht die Bronzefigur einer Frau, die gerade Wasser aus dem Fluß geholt hat.

»Wissen Sie, wen die Skulptur darstellt?« werde ich gefragt.

Ich kombiniere: Die Frau ist bekleidet, sie trägt Wasser, sie kommt vom Don. Wahrscheinlich eine Figur aus der Literatur. Scholochow ist der berühmte Schriftsteller am Don. Also rate ich: »Eine Figur aus dem Stillen Don?«

Große Freude bei unseren Begleitern: »Ja, das ist Akssinja.« Ich erinnere mich, sie ist die Geliebte des Hauptlelden Grigorij Pantelejwitsch.

Ob wir in Deutschland auch solche Figuren aus Romanen hätten?

Mir fällt nur Mutter Schulten in Neubrandenburg ein, eine Gestalt aus Fritz Reuters Roman »Dörchleuchting«.

Während wir Akssinja betrachten, hält ein Wolga. Mann, Frau, ein Kind entsteigen dem Wagen und sehen sich die Figur an. Die Frau scheint das Familienoberhaupt zu sein. Sie bemängelt, daß Akssinja vom Steppenstaub bedeckt ist. Ihr Mann wird abkommandiert und muß mit Wasser und Bürste die Figur säubern. Das haben wir zu Haus bestimmt nicht!

Die Russen und Ukrainer besitzen wohl ein viel innigeres Verhältnis zur Literatur als wir Deutschen. Das Waschen ruft mir in die Erinnerung zurück, warum mir die Akssinja im Roman nicht besonders gefiel. Als Grigorij sie am Anfang des Buches traf, sah er »auf ihrem Hemd die braunen Ringe, die der Schweiß unter den Achselhöhlen eingebeizt hatte«.

Und als Akssinja zum ersten Male den Mund aufmachte, sagte sie: »Verflixter Teufel!«

Natürlich beschreibt Scholochow das Leben und die Sprache der Kosaken im Jahre 1913. Nur liebenswert wird die Figur für mich nicht. Aber das ist, wie ich am Don sah, Auffassungssache. Und ich halte es für einen guten Einfall, Romangestalten an dem Ort in Bronze aufzustellen, wo ihr Leben spielte.

Wir fahren weiter zu einem Park. An dessen Ende erhebt sich so etwas wie ein kleiner griechischer Tempel, einige Säulen im Kreis aufgestellt und oben durch einen Bogen verbunden. Vor dem Tempel fällt das Ufer steil zum Stausee ab. Man hat einen weiten Blick auf die riesige Staumauer und das weite Ciml'ansker Meer.

»Das wurde für Stalin zur Einweihung der Mauer errichtet«, sagt unser Begleiter mit ehrfurchtsvoller Stimme.

»War er denn zur Einweihung hier?« wollen wir wissen.

»Nein.«

Ich trete an die Brüstung und genieße den Ausblick. Unwillkürlich fällt mir Schiller ein.

> »Er stand auf seines Daches Zinnen,
> Er schaute mit vergnügten Sinnen usw.«

Durch das zweimalige Er weiß man genau, wie Schiller sich die Gestalt vorstellte, und wie die Zeile

> »Dies alles ist mir untertänig«

betont werden muß.

Ziemlich nachdenklich über die Frage, was menschliche Größe ist, reise ich weiter.

Die Männer mit den Schnauzbärten

Natürlich ist es unmöglich, durch die UdSSR zu reisen, ohne irgendwelche Spuren von Stalin zu bemerken. Das war in den ersten Jahren nach seinem Tode besonders stark, auch, nachdem der XX. Parteitag stattgefunden hatte.

Wir fuhren damals mit einer gewissen Spannung nach Georgien in Stalins Heimat. Aus irgendwelchen Gründen war festgelegt worden, daß wir von Moskau nach Adler (Flugplatz von Sotschi) fliegen sollten. Dann mußten wir mit der Bahn über Batumi nach Tbilissi weiterreisen.

In Batumi kamen wir spätabends an. Es war drückend heiß und schwül. Auf dem Bahnhofsvorplatz blickten wir auf das südländische Treiben. Die verschiedensten Rassen quirlten durcheinander, fast nur Männer waren auf der Straße, und alle waren sie schwarzhaarig mit großen Augen. Damit starrten sie ungeniert auf Xenia Konstantinowa, unsere Dolmetscherin. Xenia war nach der neuesten Pariser Mode des Jahres 1959 gekleidet. Sie war groß, schlank, sehr blond und sah überdurchschnittlich gut aus. Das wußte sie auch, und sie konnte elegant ihre Hüften in dem engen Rock schwingen lassen.

In unserer Nähe ging es laut und aufgeregt zu. Plötzlich prügelten sich einige Männer. Ein Milizionär kam gelaufen. Bei jedem Schritt trillerte er auf seiner Pfeife. Mit wenigen Stößen auf die Brust trennte er die streitenden Parteien.

Wir stiegen in ein Taxi. An uns vorbei eilte eifrig pfeifend der Milizionär, denn auf der anderen Seite des Bahnhofsvorplatzes gellten Kampfrufe, und Fäuste wurden geschwungen. Im Bogen umkreiste unser Taxi den Bahnhofsvorplatz. Und wer lief direkt vor unserem Kühler über die Straße? Der Milizionär! Denn an der nächsten Ecke waren schon wieder zwei aneinandergeraten. Wir schlossen daraus, daß die Bevölkerung hier sehr heißblütig sein müsse. Andererseits fiel auf, wie schnell der Milizionär die Streitenden von den Fäusten wieder zu Worten bekehrte. Aber Polizist in Batumi zu sein erforderte ohne Frage eine gute körperliche Kondition.

Das Hotel war neu und modern. Entsprechend waren die Preise auch angehoben (sonst waren damals die Preise in Hotels sehr niedrig). Wir saßen auf dem Dachgarten und genossen die herrliche Luft und das gute Essen. Am Nebentisch hatte ein einheimischer Gast auch das Essen genossen, aber die neuen Preise nicht beachtet. Als er nun zahlen sollte, begann er zu schimpfen. Je mehr der Kellner ihm zuredete, desto erregter wurde er. In Gedanken sahen wir den Milizionär schon angelaufen kommen. Da erhob sich einer der georgischen Gäste. Es war ein baumlanger Mann, der so aussah, wie man sich einen Kaukasier vorstellt. Er packte den Krakeeler an der Jacke und schüttelte ihn hin und her.

»Du Dreckskerl, du machst hier wegen ein paar Rubel Krawall. Was bist du für ein Mensch? Schämst du dich nicht vor den Ausländern? Los, bezahl!«

Schweigend wurde die Rechnung beglichen.

Die Redensart: Was bist du für ein Mensch? wird oft als Vorwurf benutzt und trifft meistens tief. Auch die weitere Begründung des Zahlungsbefehls gibt zu denken.

Als wir am nächsten Tag in Tbilissi eintrafen, brachte man uns in einem älteren Hotel unter mit noch niedri-

geren Preisen und nur von Georgiern bewohnt. Am Büfett aßen wir ein kleines Abendbrot mit sehr viel bekannten und unbekannten Kräutern. Es schmeckte großartig, aber wir hatten den Eindruck, wir rochen etwas nach den Kräutern, und wir müßten gegen diesen Geruch ein Glas Wein trinken. Das Hotel schien dafür nicht geeignet. So schlenderten wir durch die Hauptstraße, am Denkmal des Dichters Schota Rustaweli vorbei (wie man noch sehen wird, war es sehr wichtig, daß wir das Denkmal beachteten).

Xenia wurde überall beachtet. Wären die Blicke aus schwarzen Frauenaugen Laserstrahlen gewesen, wäre sie durchlöchert worden wie ein Sieb. Und wenn die Blicke der Männer eine Wirkung gezeigt hätten, so würde von Xenias Bekleidung bestenfalls die Sonnenbrille übriggeblieben sein, die sie bei der beginnenden Dämmerung übers Haar geschoben hatte. Sie trug die Beachtung mit sichtlichem Vergnügen.

Wir DDR-Bürger bewunderten mehr die verschiedenen Rassen, die durch die breiten Straßen fluteten. Der Kaukasus und seine Umgebung bringt Menschen hervor, die für uns Mitteleuropäer sehr auffällig wirken. Natürlich überwogen in dem Gewimmel die Georgier, meistens von Mittelgröße, schwarzhaarig, schwarzäugig und mit einem mächtigen Schnauzbart unter der Nase.

Spannend war auch die Beobachtung des Autoverkehrs. Jetzt gegen Abend drängten sich die Wagen von links nach rechts in den Verkehr der Hauptstraße hinein. Die einzige Verkehrsregel schien zu sein: wo eine Lücke auftaucht – Gas und hinein. Trotzdem klirrte es nirgends. In den darauffolgenden 30 Jahren war ich noch öfter in Tbilissi. Der Verkehr hat sich in der Zeit vervielfacht. Aber diese Verkehrsregel scheint – wenigstens für mich – immer noch zu bestehen.

Ein Omnibus hielt neben uns:

»Boshe moi«, flüsterte Xenia und starrte auf die Windschutzscheibe des Busses. Dort klebte ein Bild von Stalin hinter dem Glas. Nun sehen wir uns die anderen Fahrzeuge an. Bei vielen Lastkraftwagen und bei einigen PKW fuhr Stalins Bild mit. Stalin als Marschall, Stalin in der weißen Litewka, Stalin aus Kinoplakaten in Farbe. Und die Fahrer hinterm Lenkrad sahen meistens Stalin sehr ähnlich.

Wir bogen in eine Seitenstraße, in der Hoffnung, dort irgendwas Trinkbares zu finden. Aus der Tür eines Hauses erklang Musik, und es roch nach gebratenem Fleisch. Die georgische Inschrift konnten wir zwar nicht entziffern, aber die Aufmachung sprach dafür, daß es sich um ein Restaurant handeln müsse.

Also traten wir ein.

Die Musik verstummte mit schrillen Mißtönen. Etwa

30 bis 40 dunkle Augenpaare starrten uns an. Das Stimmengewirr erstarb. Es waren nur Männer in dem Lokal.

»Schnell weg«, flüsterte Xenia. Aber bei uns überwog die Neugier. Wir blieben an der Tür stehen und sahen uns um. Ein Kellner tauchte auf und führte uns durch den stillen Raum zu einem Tisch in der äußersten Ecke. In Sekunden standen Gläser und zwei Weinflaschen auf unserem Tisch. Die unbehagliche Spannung und Stille hielten an.

Nun erhob sich von einem der Nachbartische ein Mann, mittelgroß, dunkel, Schnauzbart. Er kam zu uns und sprach uns auf russisch an: »Wir feiern hier mit unseren Freunden, und wir möchten gerne wissen, wer Sie sind.«

Xenia Konstantinowa wollte antworten, aber der Mann machte nur eine Handbewegung, sie sei nicht gefragt, sie solle nur übersetzen. Sie übersetzte also, und wir antworteten, wir wären Deutsche, und wir wären auf Einladung der Akademie hier.

Das Wort Akademie wirkt immer in der Sowjetunion.

Aha, meinte der Mann mit dem Schnauzbart, ob wir Ost oder West wären. Die Bezeichnung DDR auf russisch sagte damals vielen Leuten in der UdSSR nicht viel. Die düsteren Mienen klärten sich etwas auf.

»Gut«, sagte der Mann, »aber wieso kommen Sie ausgerechnet in dieses Restaurant?«

Die wahrheitsgemäße Antwort: Durch Zufall, wäre sicher kaum geglaubt worden.

»Wir in der DDR achten die georgische Kultur sehr, besonders die Werke von Schota Rustaweli. Und als wir die Musik aus diesem Lokal hörten, gefiel sie uns so gut, daß wir eintraten.«

Strahlende Gesichter.

Man freue sich, daß wir eingetreten seien. Der Wein auf unserem Tisch sei nicht besonders gut. Ob er besseren bringen lassen dürfe? Ein Wink, und schon standen neue Flaschen vor uns. Die Musik begann wieder zu spielen. Die Gespräche wurden wieder aufgenommen.

Nun kam von einem anderen Tisch ein Mann zu uns: mittelgroß usw. bis zum Schnauzbart. Ich fürchtete schon, er werde ein Gespräch über Rustaweli beginnen. Doch er wollte nur wissen, aus welcher Stadt wir kämen.

»Halle? Das kenne ich. Darf ich Ihnen einige Flaschen Wein kommen lassen?«

Ein Wink, drei weitere Flaschen standen vor uns.

Nun kam unser erster Bekannter wieder zu uns.

»Würde es Sie stören, wenn wir etwas tanzen?«

Xenia schaute verstört drein, sie war die einzige Frau im Raum. Mit bebender Stimme übersetzte sie unsere Zustimmung.

»Sie müssen mehr trinken«, sagte unser Bekannter und strich sich den Bart. Ein Wink, der Kellner suchte eifrig nach einem freien Platz auf dem Tisch, wo er weitere Flaschen deponieren könne.

Auf der freien Fläche vor der Kapelle drehten sich ein Dutzend Männer mit trippelnden Schritten um ein Taschentuch, das auf dem Boden lag. Die Musikanten spielten und spielten, und die Männer tanzten und tanzten. Die Tänzer waren im Vorteil, denn sie lösten sich von Zeit zu Zeit ab. Die Musiker machten schließlich schlapp und hörten auf. Zorniger Protest von der Tanzfläche.

Unser Bekannter (so darf ich wohl sagen, obwohl ich seinen Namen nicht kenne) schnallte den Hosenriemen los und griff von oben vorne in seine Hose hinein. Xenia schrie leise auf. Sie erwartete etwas Unanständiges. Doch unser Mann zog aus der Hose ein dickes Bündel Rubelscheine hervor. Davon warf er einige Scheine auf das Musikerpodium. Die Erschöpfung der Musiker legte

sich schlagartig. Während das Geldpaket wieder in der Hose verschwand, begann der Tanz aufs neue.

Auf unserem Tisch stand ein Weinvorrat für Monate. Dunkel erinnere ich mich, daß ich mich auch um ein Taschentuch im Kreise drehte. Der Erfolg war ungeheuer, neue Flaschen erschienen, von meinen begeisterten Zuschauern gespendet, auf unserem Tisch. Gegen Morgen war das Fest aus. Mit Mühe fanden wir unser Hotel. Bis heute habe ich das Geheimnis nicht geklärt, wie man ein dickes Geldpaket vorne in der Hose aufbewahrt.

In den nächsten Tagen hatten wir viel in den Akademie-Instituten zu tun. Tbilissi war damals führend auf dem Gebiet der Diffusionsschweißung, einem Verfahren zum Verbinden von Metallen, ohne daß dabei eine Schmelze auftritt.

Aber auch um unsere kulturelle Bildung waren die Genossen der Akademie bemüht. Alle Sehenswürdigkeiten im Umkreis von 200 Kilometern wurden uns gezeigt. Natürlich mußten wir jedesmal den Wein probieren, der bei der Sehenswürdigkeit wuchs. Zum Glück ist Wein sehr verträglich, wenn man ihn dort trinkt, wo er gekeltert wird, und ihn so trinkt wie die Einheimischen. Der Satz »eine gute Flasche Wein trinken« ist spezifisch deutsch. In Weinländern trinkt man Wein zum Essen.

Fast jedesmal holte der jeweilige Gastgeber eine Flasche hervor, sah sie andachtsvoll an und flüsterte geheimnisvoll: »Das war Stalins Lieblingswein.« Danach hat er viele Lieblingsweine gehabt. Da von allen Lieblingsweinen aber einer der allerliebste gewesen sein muß, beschlossen wir: Am liebsten trank Stalin (und wir) den Grusinischen Wein Nr. 4. Ich hoffe, die verschiedenen Besitzer von Lieblingsweinsorten verzeihen mir.

An einem Nachmittag war in Tbilissi die Besichtigung eines Museums vorgesehen, in dem sich eine illegale Druckerei aus der Zarenzeit erhalten hat. Sie lag in einer stillen Straße mit alten kleinen Häusern. Ich bin nicht sehr für solche Besichtigungen. Ein Federhalter oder ein Stuhl, den ein berühmter Mann einmal benutzt hat (oder haben soll), flößt mir keine ehrfurchtsvollen Schauer ein. Aber Programm ist Programm, wenn man dienstlich unterwegs ist.

An der Tür empfing uns eine Frau mit dem berühmten Zeigestock in der Hand. Als sie sah, daß wir mit einem »großen Bahnhof« kamen, erschrak sie und holte den Direktor des Museums. Ich verzichte auf die Beschreibung seines Äußeren. Alles, einschließlich Bart, war vorhanden.

Der Direktor freute sich sichtlich über seine Gäste. Er sprach gut und mit Schwung und zeigte uns die alte Druckpresse, alte Zeitungen von 1905 (ich glaube, es war 1905) und das Versteck, wenn die zaristische Polizei kam.

Auch der junge Stalin war in der Druckerei tätig. Unser Direktor erzählte auch darüber. Dabei kam er immer mehr in Begeisterung über die alte Druckerei im allgemeinen und über Stalin im besonderen. Und schließlich sprach er nur noch über Stalin.

Als er den Rundgang mit uns beendet hatte, führte er uns zu dem dicken Gästebuch. Bevor ich schrieb, ließ ich Xenia übersetzen, wir wären von Stalins Druckerei sehr beeindruckt und dankten dem Direktor, daß er uns die damalige Zeit so nahe gebracht habe. Der Direktor bekam einen Schreck. Seine Begeisterung für die früheren Zeiten hatten ihn wohl zu sehr mitgerissen.

»Ach, lieber Genosse«, sagte er bedrückt, »ich möchte nicht, daß Sie es falsch verstehen. Hier war natürlich nicht Stalins Druckerei, sondern die Druckerei gehörte der Partei.«

»Das stimmt, aber Stalin ist für die damalige Zeit eines der Symbole der Partei, und daher werde ich doch Stalins Druckerei schreiben.«

Im nächsten Augenblick fiel er mir um den Hals und küßte mich links – rechts – links auf die Wangen.

Ich kann nicht verstehen, warum Frauen sich von bärtigen Männern küssen lassen. Für meine Begriffe piekt ein Bart zu sehr.

»Daß Sie mir diese Freude machen«, rief der Direktor und schüttelte meine Hand. Auch unsere georgischen Begleiter schienen zufrieden zu sein.

Heute ist in Tbilissi manches anders geworden. Vor allem gibt es große neue Hotels mit vielen Ausländern. Sogar ihre großzügige Einstellung zu Uhrzeiten haben die Georgier geändert.

Ich erinnere mich, wie wir einmal für nachmittags auf eine Tasse Kaffee in eine Wohnung eingeladen wurden. Professor Mroweli sprach die Einladung aus.

Wir fragten, zu welcher Uhrzeit wir kommen sollten.

Mroweli dachte nach: »Etwas nach sechzehn Uhr wäre am günstigsten.«

»Das trifft sich gut«, sagte Professor Artschil, der mit im Zimmer war. »Ich besuche morgen mit der DDR-Delegation einen Betrieb ganz in der Nähe. Wir fahren höchstens eine Stunde. Da sind wir spielend bis sechzehn Uhr zurück.«

Am nächsten Morgen um 10 Uhr holte Professor Artschil uns ab. Unser Wagen brauste mit halsbrecherischem Tempo durch die grusinischen Täler. Um 11 Uhr schaute ich auf die Uhr.

»Wir sind gleich da«, wurde ich beruhigt.

Kurz nach 12 Uhr hatten wir unser Ziel erreicht.

»Sie kommen gerade rechtzeitig, um mit uns einen kleinen Imbiß einzunehmen«, empfing uns der Direktor. Also nahmen wir einen kleinen Imbiß ein, und weil wir drängten, waren wir um 13.30 Uhr schon damit fertig. Die Fabrik war sehr interessant, und wir hätten sie gerne ausführlicher besichtigt. Nach einem langen Abschiedszeremoniell fuhren wir gegen 15.30 Uhr vom Werk fort.

Längst hatten wir uns in unser Schicksal ergeben und alle Verantwortung für die Zeitplanung den Gastgebern zugeschoben. Ich dachte an die arme Frau Mroweli, deren Kaffee nun kalt würde.

»Ich habe hier ganz in der Nähe einen sehr guten Freund. Wenn der erfährt, daß ich hier war und ihn nicht besuchte, ist er mir böse«, sagte Professor Artschil. »Es ist ein ganz kleiner Umweg, und ich bleibe allerhöchstens fünf Minuten.«

Schon bog unser Auto von der Hauptstraße ab und rumpelte eine halbe Stunde über eine Landstraße minderer Güte. Der Freund von Professor Artschil war Direktor eines Weingutes. Er freute sich riesig, Besucher zu haben, die seine Weinsorten ausprobierten, nur ganz kurz, natürlich.

Also probierten wir verschiedene Weinsorten, was bekanntlich eine anstrengende Tätigkeit ist. So gegen 18

Uhr fiel Artschil ein, daß wir nach Tbilissi zu Professor Mroweli müßten.

Der Freund war entrüstet: »Ihr seid doch erst vor wenigen Minuten gekommen, und außerdem habe ich einen kleinen Imbiß vorbereiten lassen.«

Nun, beleidigen wollten wir den netten Weingutdirektor nicht. Er erzählte, daß sein Vater oder Großvater ein Fürst gewesen sei, dem dieses Gut gehörte. Er selbst war nach 1945 aus der Emigration zurückgekehrt. Aber so ganz bekam ich die Story nicht mit. Familiengeschichten plus Weinprobe überfordern mich geistig. Jeder hat ja irgendwo die Grenzen seiner Leistungsfähigkeit.

Der kleine Imbiß war wieder mit vielen herrlichen Kräutern und bekam uns großartig. Um 20 Uhr fanden wir einen schicklichen Grund, uns trotz aller Proteste des gewesenen Fürsten wieder in den Wagen zu setzen. Und um 22 Uhr standen wir vor der Tür von Professor Mroweli, ohne Blumen für die Hausfrau und mit schlechtem Gewissen.

Der Versuch einer Entschuldigung kam gar nicht erst an.

»Sie kommen gerade rechtzeitig, wir haben einen kleinen Imbiß fertig«, hieß es.

Wir nahmen den dritten Imbiß des Tages zu uns und probierten die Weine, die Professor Mroweli vom Weingut der Akademie bezog. Um Mitternacht klapperten meine Augendeckel, und ich gab vorsichtig zu verstehen, daß wir nun langsam gehen müßten.

»Ohne Abendbrot?« fragte Frau Mroweli entsetzt.

Opfer für die Freundschaft müssen gebracht werden. Wir überstanden auch noch ein Schaschlik-Abendbrot.

Ich bin noch oft bei meinen Kollegen in Georgien gewesen. Aber nie habe ich mich wieder um Termine gekümmert, sondern alles so genossen, wie es die Landessitten mit sich brachten. Wenn wir unterwegs waren, rasten wir im wildesten Tempo, aber wir waren nie in Eile. Ein für einen Deutschen ziemlich ungewöhnlicher Zustand.

Meine georgischen Freunde hatten nach längerer Bekanntschaft den Eindruck, sie könnten uns auch einmal eine Reise über eine größere Strecke zumuten.

Ob wir gemeinsam mit unseren Frauen am Sonntag nach Jerewan reisen wollten?

»Natürlich, sehr gerne. Wann fliegen wir?«

Aus anderen Gegenden der UdSSR waren wir gewohnt, daß alte Mütterchen schnell mal 500 Kilometer fliegen, um Pilze zu suchen.

Aber unsere Georgier wollten mit dem Minibus nach Jerewan, weil wir unterwegs den berühmten Sewan-See besuchen könnten. Diszipliniert unterdrückte ich einige Befürchtungen, wie an einem Tage zweimal 400 Kilometer über den 2114 Meter hohen Sewanski-Paß zu schaffen sind. Ich dachte, die Teilnahme der georgischen Frauen sei eine Art von Garantie für das Gelingen der Fahrt.

Auf guter Straße motoren wir am Sonntag den Kura-Fluß entlang abwärts. Der Busfahrer ist etwas unglücklich, daß die PKW-Fahrer ihn überholen. Doch wir kommen gut voran. Nach etwa 100 Kilometer biegen wir nach rechts in die Berge ab. Nun geht es kurvenreich immer höher. Die Landschaft ist wunderbar, und gegen die georgische Fahrweise sind wir fast abgehärtet. Mitunter fehlt in der Straße ein Stück, das einem Bergrutsch oder einem Gewitterregen zum Opfer gefallen ist. Das sind aber keine ernsthaften Hindernisse für unseren Fahrer.

Auf dem Sewanski-Paß erwartet uns eine Delegation armenischer Schweißfachleute. Sie übernehmen nun die Leitung unserer Reise und bringen uns zum Sewan-See. Mit südländischem Temperament machen sie uns auf die Schönheiten des Sees und der umliegenden 3600

Meter hohen Berge aufmerksam. Es ist schon ein überwältigendes Bild. Als Ingenieure können wir aber nicht übersehen, daß der Wasserspiegel des Sewan-Sees um etwa 6 Meter gesunken ist, weil er mehrere Kraftwerke speist. Die steinigen, neu entstandenen Ufer liegen trostlos da. Kein Problem, versichern die Armenier, in Kürze würde ein Tunnel fertig, der das Wasser eines entfernt liegenden Flusses hierher leitet und den See wieder auffüllen würde.

Dann gibt es einen kleinen Imbiß, bestehend aus Fisch und armenischen Getränken, also Wein und Kognak der Marke Ararat.

Vom Sewan rollt unser Bus bergab. Die Regel: Bergab so schnell wie bergauf, gilt hier nicht. Wahrscheinlich lehren die Fahrschulen: Nutze die Schwerkraft, sie kostet nichts, und vertraue auf die Bremsen deines Autos. Wir vertrauen! Und halten wohlbehalten vor der mächtigen Treppe, die zu dem Museum von Jerewan hinaufführt. Im Museum werden uns verschiedene alte Dokumente gezeigt. Als unsere germanischen Vorfahren noch auf den Bärenhäuten lagen und Met tranken, schrieben die alten Armenier bereits Bücher. Die jungen Armenier sind mit Recht stolz auf ihre alte Kultur. Sie sind auch stolz auf den Aufbau des Landes und die Leistungen der armenischen Wissenschaftler in den letzten Jahren. Als sie merken, daß wir uns für die Geschichte Armeniens interessieren, fahren wir ein Stück aus Jerewan hinaus in Richtung zur türkischen Grenze.

»Dort steht der Ararat!«

Wuchtig erhebt sich der Bergkegel über 5 Kilometer hoch in den blauen Himmel. Der Berg steht in der Türkei. Die Geschichte der Armenier rund um den Ararat ist in den letzten Jahrhunderten die einer traurigen und blutigen Verfolgung durch die Türken.

»Wissen Sie, was auf dem Ararat passiert ist?«

»Ja, dort soll Noah mit seiner Arche nach der Sintflut gelandet sein.«

»Das ist auch bei Ihnen bekannt?«

»Zumindest bei den älteren Leuten«, schränke ich ein. Mein armenischer Freund zählt mich nicht zu den älteren Leuten, und daher erzählt er mir die Geschichte aus der Bibel nochmals in der armenischen Version: Wie Gott unzufrieden mit den Menschen war (»und alles Dichten und Trachten ihres Herzens nur böse war immerdar«, ergänze ich mit Luthers Worten), wie Noah seinen Kasten baute, 300 Ellen lang mit drei Decks und von jedem Getier ein Paar einschiffte, wie es 40 Tage regnete und Noah schließlich auf dem Ararat mit seiner Arche strandete. Dann kam die Episode mit den Tauben, die er ausfliegen ließ, um zu prüfen, ob die Erde wieder trocken war. Und wie schließlich die Erde wieder von Noahs Nachkommen besiedelt wurde.

»Solange die Erde steht, soll nicht aufhören Saat und Ernte«, vollende ich die Story mit Luthers Übersetzung.

»Sie sind auch an der Geschichte mit Noah interessiert? ... Dann haben wir nachher noch eine Überraschung für Sie.«

Unsere Fahrt geht weiter zum Sitz des Katholikos von Armenien, das ist das Oberhaupt der armenischen Christen. Wir besichtigen die Kirche und gehen dann in ein kleines Museum, in dem die Schätze aufbewahrt werden. Ein Geistlicher zeigt uns alte Gewänder, Kruzifixe mit Edelsteinen und anderes kirchliches Gerät. Schließlich holt er aus einem Schrank ein etwa zwei Faust großes Holzstück hervor und hält es uns feierlich hin.

»Das ist ein Stück aus der Arche Noah«, erklärt er. Mein armenischer Kollege sieht mich strahlend an.

»Da staunen Sie?«

Ich nicke.

Jahre später stand ich in Stockholm vor den Resten

der »Wasa«, die um 1630 unterging und nun gehoben worden war. Wie ein echter Snob konnte ich sagen: 250 Jahre sind kein Alter. Ich habe die Reste von Noahs Arche gesehen.

Inzwischen hatten unsere georgischen Mitreisenden das Gefühl, wir müßten uns langsam auf den Heimweg machen. Die Sonne stand schon tief am Horizont, und wir mußten ja noch über den Sewanski-Paß.

Nun waren es die Armenier, die erklärten, ohne ein kleines Abendbrot ließen sie uns nicht fort. An einem Bach, der durch ein felsiges Tal strömte, hatte ein Vorkommando bereits ein Lagerfeuer entzündet und ein Schaf geschlachtet. Es hub ein großes Essen an. Erst spät in der Nacht durften wir aufbrechen. Morgens bei Sonnenaufgang erreichten wir völlig erschöpft Tbilissi.

Über Essen und Trinken

Natürlich gibt es in allen Ländern Gerichte, die mir besonders gut schmecken. Und weil ich gerne esse, denke ich immer dankbar an besonders gelungene Mahlzeiten zurück. Man muß unterscheiden zwischen Essen, die wegen ihrer Exotik in der Erinnerung haften blieben, solchen, bei denen irgend etwas Ungewöhnliches passierte, und solchen, wo die Gerichte so gut waren, daß bei der Erinnerung daran das Wasser im Munde zusammenläuft.

Wir besitzen in unserem Lande leider keine besondere Küche. Der Standard sind meistens viel Kartoffeln, viel Soße darüber, viel Fleisch und dazu Champignons.

Sicher gibt es auch einzelne Restaurants, in denen einige besonders wohlschmeckende Gerichte serviert werden. Aber versuchen Sie einmal in einem guten (teuren) Lokal ein Menü mit sechs Gängen zusammenzustellen. Die Kellnerin wird lächelnd sagen: »Die Gerichte sind bei uns sehr reichlich«, ohne zu merken, wie niederschmetternd eine solche Tatsache für einen Feinschmecker ist.

Die größte Auswahl für verschiedene Geschmacksrichtungen findet man nach meiner Erfahrung dort, wo in einem Lande mehrere verschiedene Kulturen aufeinanderstoßen.

Ein solches Land ist Belgien. Die Wallonen sprechen französisch und beziehen ihre Rezepte aus Paris. Die Flamen tendieren zu der deftigen Kost der Nordseevölker, verfeinert durch alle nur denkbaren Anregungen, die über das Meer kamen. Die Weinkarten in Brüssel sind mehrseitige Hefte. Im flämischen Antwerpen gibt es ein Restaurant, das über einhundert Biersorten zur Auswahl anbietet. Unter zehn Sorten Bier hat kein Lokal.

Ich war zweimal in Belgien. Einmal mit dem Flugzeug über Brüssel und einmal mit der M. S. »Magdeburg« über Antwerpen. Einmal im Frühling und einmal im Winter. Einmal, als unser Land noch wenig bekannt war, und einmal, als wir bereits etwas unter den Völkern vorstellten. Einmal dienstlich und einmal privat.

Die Maschine aus Prag brachte uns nach Brüssel. Der Grenzbeamte warf flüchtige Blicke auf die Pässe der Passagiere, die vor uns an ihm vorbeigingen. Bei unseren blauen Pässen stutzte er. Von dieser Sorte hatte er noch nicht viele oder vielleicht noch gar keine gesehen. Unsere Republik erlebte damals ihren »Anerkennungsboom«.

»Mein Herr«, sagte er in gutem Deutsch, »zu meinem Bedauern muß ich in Ihrem Fall festhalten, wo Sie wohnen werden.«

Ich habe es gerne, wenn Leute in Uniform höflich sind. Daher suchte ich den Brief heraus, den die Firma, der wir eine Lizenz verkaufen wollten, geschrieben hatte.

»Für uns sind Zimmer im Hotel Amigo bestellt.«

Der höfliche Beamte sagte: »Danke, mein Herr« und schmunzelte.

Vor dem Flughafen stiegen wir in ein Taxi und gaben unser Hotel an. Der Fahrer nickte und schmunzelte ebenfalls.

Das kam uns seltsam vor. Sollte das Hotel Amigo irgendeine berüchtigte Absteige sein?

Das Hotel lag im Stadtzentrum, nahe dem Rathaus von Brüssel. Es war ein Haus der höheren Preisklasse, also durchaus standesgemäß für uns.

Im Foyer empfing uns Monsieur Tribeaux, ein Vorstandsmitglied des Konzerns. Herr Tribeaux war ein eleganter Mann. Die Amerikaner hätten ihn mit smart bezeichnet, und in der Geschäftssprache der westeuropäischen Länder fiel er unter die Kategorie: clever.

Natürlich fragten wir bei der ersten passenden Gelegenheit, warum der Name Amigo so lächerlich wirke. Monsieur Tribeaux klärte uns auf; ein Zimmer bei Amigo zu erhalten wäre eine Umschreibung für ›ins Gefängnis gehen‹. Wahrscheinlich hänge der Hotelname damit zusammen, daß hier, nahe dem Rathaus, einmal das echte Amigo gelegen habe. Im übrigen könnten wir ganz beruhigt sein, hier verkehrten nur First-class-Kreise, zum Beispiel habe hier gerade der Bürgermeister von Berlin, Monsieur Brandt, gewohnt. Wir bestätigten: wenn der Regierende Bürgermeister von West-Berlin hier eingekehrt sei, dann könnten wir auch im Amigo wohnen. Immerhin hatte ich zum Beispiel in der UdSSR schon in einem Hotel gelebt, wo vorher der Bundeskanzler der BRD, Herr Adenauer, einquartiert war. Ich halte nicht viel von Titeln, aber mitunter ist es notwendig, alle Amtsbezeichnungen ganz genau zu nennen.

Das große Verdienst von Herrn Tribeaux war, daß er uns in den folgenden Tagen in die Möglichkeiten der belgischen Küche einführte. Ich verzichte auf eine eingehende Beschreibung. Erwähnen will ich nur, daß damals, Ende April, überall frischer Spargel und frische Erdbeeren eine große Rolle bei den Menüs spielten (Lieber Kleingärtner, es war wirklich im April).

Monsieur Tribeaux war bemüht, uns außer belgischer Schweißtechnik auch Kulturgenüsse zu bieten, von denen er annahm, sie seien uns sonst nicht zugänglich.

An einem Nachmittag besuchten wir eine Ausstellung über moderne Kunst. Inzwischen ist die damalige modernste Kunst 25 Jahre älter, und ich wage nicht zu beurteilen, was davon noch »up to date« ist. Die Ausstellungsbesucher standen ehrfurchtsvoll oder kopfschüttelnd vor Skulpturen, die aus altem Schrott zusammengestellt waren, und vor Bildern, die nur Schwarz in allen Schattierungen zeigten. Einer der Höhepunkte war ein Klosettbecken, ohne Deckel, aber mit Rissen.

Wir bekannten gegenüber Monsieur Tribeaux, daß wir eine solche Ausstellung zu Hause nicht hätten. Dann brachte ich das Gespräch vorsichtig auf Meunier und seine Plastiken und Van de Velde und seine Bedeutung für den Jugendstil in Deutschland. Von Rubens sagte ich nichts, denn Tribeaux war Wallone, Rubens hingegen Flame. Bei solchen Unterschieden muß man in Ländern mit mehreren Volksgruppen immer sehr vorsichtig sein.

Nachdem das Moderne bei uns nicht so richtig angekommen war, fragte Monsieur Tribeaux uns, ob wir Kammermusik liebten, Mozart, Haydn und ähnliches. Wir liebten. Abends fuhren wir mit dem Auto etwa 30 Kilometer aus Brüssel hinaus auf ein Schloß. Der Schloßherr, ein Marquis, lud Gäste zu einem Kammerkonzert ein, das heißt die Gäste mußten für das Betreten des Schlosses, Begrüßung durch den Herrn Grafen, ein bißchen Haydn und Mozart sowie ein halbes Glas Sekt und ein winziges belegtes Brötchen in der Pause zahlen.

Wir waren ja von der belgischen Firma eingeladen, die die Unkosten von der Steuer absetzen konnte. Aber da ich ausrechnen konnte, wie hoch der Einladungspreis bei 30 Gästen sein mußte, beschloß ich, unsere Lizenzgebühr um zehn Prozent zu erhöhen.

Es war natürlich ein großartiger Abend. Mozart im kleinen Kreis bei Kerzenschein ist schon eine feine Sache.

Ob wir auch so etwas hätten? fragte Monsieur auf dem Rückweg.

Nein, wir hätten keine Grafen, die zahlende Gäste einladen könnten.

»Was hat man bei Ihnen denn mit den alten Adelssitzen gemacht?«

»Verschiedene Mitarbeiter unseres Institutes besuchen öfter den ehemaligen Sitz des Grafen Schwerin. Dort befindet sich jetzt ein Heim für elternlose Kinder«, gab ich als Beispiel an.

Nach bildender Kunst und Musik versuchte Monsieur Tribeaux es mit Sport. Ob ich Tennis spiele?

»Nein, ich reite.«

Monsieur Tribeaux auch.

Also besuchten wir am nächsten Vormittag einen Reitclub. Die Gebäude liegen sehr schön in einer Parklandschaft. Vor dem großen Clubgebäude parkten zahlreiche Autos der Marken Mercedes, Jaguar, und was sonst noch teuer ist.

Als erstes gingen wir in die Bar. Etwa ein Dutzend in Reitzeug gekleidete Damen und Herren (so muß man wohl sagen) saßen auf den Barhockern am Tresen und plauderten vergnügt.

Nun muß ich einfügen, daß damals gerade die Reithose aus Stretch erfunden worden war. Bis dahin trug man Hosen aus derbem Stoff, der sich nicht dehnte. Daher waren die Hosen im Sitz weit geschnitten. Der neue Stretch-Stoff war sehr elastisch. Die hellgelben Reithosen saßen, besonders bei den Reiterinnen, hauteng. Wenn man nun auf einem Barhocker sitzt und noch einen Ellenbogen auf die Theke stützt, so schiebt sich die »Mittelpositur« (wie mein Reitlehrer zu sagen pflegte) besonders weit nach hinten heraus. Die Damen und Herren plauderten, wie schon gesagt, vergnügt, was nicht zuletzt auf die riesige Flaschenbatterie hinter dem Mixer zurückzuführen war.

»Nun«, sagte Monsieur Tribeaux mit einer Handbewegung über den holzgetäfelten Raum mit Stichen aus dem Reiterleben an den Wänden, »wie gefällt es Ihnen?«

»Großartig«, antwortete ich und ließ meinen Blick entlang der Barhocker in Sitzhöhe schweifen. »Ein sehr schöner Anblick.«

So können zwei Männer aneinander vorbeireden. Wir mußten dann einen Schnaps probieren, der an dieser Bar als Spezialität ausgeschenkt wurde. Ich schielte auf die engsitzenden Reithosen. Auf keiner war ein Pferdehaar zu sehen.

»Wollen wir uns einmal die Pferde ansehen? Sicher werden doch welche geritten«, schlug ich vor, um weiteren Spezialschnäpsen vorzubeugen.

Monsieur Tribeaux fragte den Barmixer auf französisch. Der schüttelte den Kopf, es wären keine Reiter da.

»Dann besichtigen wir die Anlage«, drängte ich, nach einem zweiten Spezialschnaps.

Die Reitanlagen waren sehr großzügig angelegt, aber pferdeleer. Hinter einem Pferdestall schien jemand auf eine Pauke zu schlagen, nein, auf zwei Pauken verschiedener Stimmung.

Neugierig schaute ich um die Ecke.

Auf dem Reitplatz hinter dem Stall marschierte ein riesiger Gaul. Links und rechts vom Sattel hatte er je eine Pauke umgehängt. Oben auf dem Roß saß eine kleine, zierliche Reiterin und schlug aus Leibeskräften auf die Trommelfelle.

Bum – bum, bum – bum – bum bum ging der Rhythmus. Mit einiger Mühe glaubte ich den »Reitermarsch des Großen Kurfürsten« zu erkennen.

Ich dachte bis dahin, ein Paukenpferd gäbe es nur noch in England bei den Horseguards, der berittenen Leibwache der Königin. Dort sitzt auf dem großen Rappen ein großer Reiter mit Messinghelm und Kanonenstiefeln. Das Pferd lenkt er mit den Füßen, denn in den

Händen trägt er ja die Schlegel, mit denen er entweder auf die Pauke schlägt oder sie über den Kopf hält.

Herr Tribeaux erklärte, die kleine Frau auf dem großen Pferd habe sich als Ziel gesetzt, ein Paukenpferd auszubilden. Das ist natürlich nicht so einfach, denn kein Pferd hat es gerne, wenn unmittelbar neben seinen Ohren eine Pauke geschlagen wird. Dazu kommen noch die Schwierigkeiten, daß die Zügel mit den Füßen bedient werden müssen. Wir sahen, daß die Sache im Schritt schon einigermaßen klappte, doch als die Reiterin ihr bum – bum im Trabtakt machte, lief das Pferd, wohin es wollte.

»Ein Hobby«, erklärte Monsieur Tribeaux, als wir zum Parkplatz mit den Luxusautos gingen. »Wie ist eigentlich Ihr Reitclub?«

Ich erzählte, daß wir unsere Pferde in einem alten Bauernhof halten. Eine Bar hätten unsere Reiter nicht.

Es wären auch meistens Jugendliche, die 50 Pfennig Beitrag monatlich zahlen.

»Combien, wieviel?« fragte Monsieur Tribeaux mißtrauisch. Ich wiederholte den Betrag und rechne ihn gleich in belgischen Franken aus.

»Erstaunlich«, sagte Herr Tribeaux.

Nachdem wir den Lizenzvertrag abgeschlossen hatten, besuchte er uns einige Monate später. Er brachte seine Reitausrüstung mit, und wir machten zusammen einen langen Ritt. Als wir nach Stunden zurückkehrten, stieg Monsieur Tribeaux mühsam vom Pferd und ging sehr breitbeinig zum Stall. Dort waren inzwischen ein Dutzend Jugendlicher eingetroffen, die ihre Pferde gerade sattelten.

»Erstaunlich«, sagte Monsieur Tribeaux, obwohl wir keine Bar haben und die Stretch-Reithosen damals noch nicht zu uns gedrungen waren.

Zum zweiten Mal kam ich auf dem Seeweg nach Belgien. M. S. »Magdeburg« lief mit 16 Knoten Fahrt die Schelde hoch. Die Zeiten, in denen Grenzbeamte erstaunt unsere Pässe musterten, waren längst vorbei. Antwerpen wird regelmäßig von DDR-Schiffen angelaufen. Wir sollten Soda für China und Profilstahl aus dem Saargebiet für Hongkong laden.

Der Hafen von Antwerpen ist riesig. Einer seiner Vorteile ist die Wasserverbindung zum Rhein und allen westeuropäischen Kanälen. In endloser Folge transportieren die großen Flußkähne Güter zu den Seeschiffen oder Güter von ihnen fort.

Trotz des eisigen Windes standen wir an der Reling und schauten auf das betriebsame Leben in den einzelnen Hafenbecken.

Natürlich möchten wir gerne nach Antwerpen in die eigentliche Stadt. Wie die meisten modernen Häfen liegt auch der von Antwerpen weit außerhalb der Stadt. Das ist auch in Rostock so, nur dort verkehrten ab und zu die S-Bahn oder ein Omnibus. In Antwerpen gibt es keine Stadtbahn, und Busse fahren hauptsächlich nur zu den Schichtwechseln. Wir machen daher einen Fußmarsch von fast zwei Stunden, um ins Zentrum von Antwerpen zu gelangen. Es lohnt sich aber. Die Altstadt zeigt sich uns von der besten Seite. Zum Teil liegt es wohl daran, daß jetzt im Dezember kaum Touristen anwesend sind.

Wir haben einen »Wegweiser durch Antwerpen für Hafenbesucher«, der uns zu den wichtigsten Sehenswürdigkeiten führen soll. Sein Aufbau ist vielversprechend. Die erste Seite handelt die Landesbeschreibung, die Bevölkerung, Industrie und Handel und das Klima ab. Alles auf einer Seite.

Die zweite Seite trägt die Überschrift: Nahrungen. Der Tourist erfährt, was man am besten trinkt und ißt. Auch alles auf einer Seite. Die Namen der Gerichte sind doppelt angegeben, französisch und flämisch (niederländisch). So erfahren wir, daß »jets de komblons à la creme« zu empfehlen sind und in Antwerpen als »Hopfenspitzen in Sahnesoße« bestellt werden müssen.

Erst nach dem Kapitel »Nahrungen« folgt eine Übersicht der Sehenswürdigkeiten. Wenn der Leser diesen Abschnitt durchgeblättert hat, findet er eine Liste der wichtigsten Eß- und Trinklokale.

Im »Kulminator« wird das stärkste Bier der Welt, Ecu 28 ausgeschenkt. In der Jeruzalemstraat findet der Durstige das Lokal »Groot Ongenoegen«, wo es über 800 verschiedene Biersorten gibt.

Interessanter ist es natürlich, selbst nach Restaurants zu suchen. In der Innenstadt liegen sie in endloser Folge nebeneinander. Es gibt wunderbare Namen. Welcher Übergewichtige möchte nicht im »Zum schlechten Gewissen« (»'t Slecht Geweten«) speisen? Oder im »De Koperen Ketel« oder im »De Blommkool«?

Wir wandern an Renaissance-Häusern der Handelsherren vorbei, besuchen das Rubens-Haus, verschiedene Kirchen, das Diamanten-Museum und das Königliche Museum der Schönen Künste. Im Kunstmuseum und in den Kirchen gibt es Rubens mit seinen Zeitgenossen hundertquadratmeterweise. Von der Dresdener Galerie und von den Museen in Moskau und Leningrad sind wir gewohnt, lange Schlangen vor den Toren zu finden. Hier in Antwerpen ist alles leer. Wahrscheinlich kommen nur die Fremden in der Saison.

Im Diamanten-Museum sehen wir an Bildern und Schaukästen, daß mit dem Schürfen und Schleifen keine Reichtümer zu erwerben sind. Der Diamantenhandel ist fest in der Hand weniger Gesellschaften auf der Antwerpener Diamantenbörse. Uns bleibt nur noch übrig, mit Diamanten zu spekulieren, und wir beschließen, sobald wir zufällig eine Million (in passender Währung) frei haben, diese in Steinen anzulegen.

Kunst und Edelsteine machen hungrig, vor allem, wenn man laufen muß, um zum jeweiligen Museum zu kommen. Am »'t Slecht Geweten« gehen wir, nach einem kurzen Blick auf die aushängende Speisekarte, vorbei. Wir hätten ein schlechtes Gewissen wegen der Preise.

Aber es gibt Hunderte von Lokalen, die sehr gemütlich und deren Preise unserem Geldbeutel angemessen sind. Wir suchen uns eine Gaststätte an einer Häuserecke aus. Sie lockt uns mit dem Plakat: Heute frische Muscheln. Drinnen ist es so, daß man jederzeit Paul Rubens erwarten könnte. Dabei ist die Einrichtung durchaus nicht »altdeutsch«, oder besser gesagt »altflämisch«, sondern zeitlos modern.

Der Raum ist noch wenig besetzt. Die ausgelegten Servietten zeigen aber, daß viele Gäste erwartet werden. Mit der Zeit treffen sie ein. Es sind größtenteils Angestellte aus den nahegelegenen Bankhäusern, die ihre festen Stammplätze haben.

An einem kleinen Tisch neben uns ißt, Verzeihung: speist eine Dame. Wenn man sie nach ihrem Mann fragte, erwartete man die Antwort: »Mein Gatte war Generalkonsul, Napoleon war nur Konsul«, und dabei würde die dreifache Perlenkette auf ihrem Busen auf und ab wogen.

Ich werde von meiner Frau oft getadelt, ich äße zu schnell und hastig. Dabei habe ich festgestellt, daß ich jeden Bissen ebenso oft kaue wie die mir bekannten Langsamesser. Der Unterschied zwischen schnell und langsam liegt wie bei fast jedem technologischen Vorgang in der Ausnutzung der Nebenzeiten. Langsame Esser bewegen während des Kauens ihre Eßbestecke kaum. Schnelle Esser spießen den nächsten Bissen auf die Gabel und kauen trotzdem.

Die Dame am Nebentisch hält Messer und Gabel ganz still, solange ihr Unterkiefer auf und ab geht. Ich denke, sie beobachtet uns auch und verachtet uns als Barbaren, die ihre Vorgerichte eilig verzehren. Auf einmal bewegt sie ihren Mund vorsichtig. Sie hatte wohl ein Knöchelchen im Fleisch gefunden. Langsam kaut sie weiter, wobei sie den Knochen mit der Zunge hin und her schiebt. Es war für mich ein faszinierender Anblick.

Endlich war der Mund, bis auf das Knöchelchen, leer. Die Dame nahm ihr Messer, das sie bisher unbeweglich hielt und schob es sich tief in den Mund. Nicht etwa nur die äußerste Messerspitze, nein, die halbe Klinge verschwand zwischen den Lippen. Dann machte sie eine Zungebewegung und holte den Knochensplitter aus ihrer Backentasche. Alles ging schön langsam und würdig vor sich. Dann öffnete sie den Mund, zog die Messerklinge heraus und betrachtete interessiert das Knöchelchen, das nun auf der Klinge lag.

Warum eigentlich nicht, dachte ich, man kann ein oft auftretendes Problem auch so lösen. Vorsichtig fuhr ich mit dem Daumen über die Schneide meines Messers. Sie war sehr gut geschliffen.

Ein Kellner brachte uns mehrere Tuchservietten zu der, die schon auf unserem Platz lag. Wir schlossen daraus, daß die bestellten Muscheln mit den Händen gegessen werden sollten. Dazu kamen Schüsseln mit einer Rahmsoße.

Zwei weitere Kellner stellten vor jeden von uns einen emaillierten Fünfliter-Kochtopf. Unter den Kochtopfdeckeln dampfte es hervor und duftete nach Zwiebeln und Porree. Wir nahmen die Deckel hoch und betrachteten mißtrauisch die blauen Muschelschalen, die die Töpfe bis zum Rand füllten. Der Chef des Lokals kam eiligen Schrittes zu uns, voller Furcht, etwas sei nicht in Ordnung.

Ich sagte zu ihm, er möge uns doch zeigen, wie man Muscheln ißt.

Er fischte eine aus dem Topf, brach sie mit den Händen auf und meinte, ich solle mit der Gabel das Fleisch herausnehmen und in die Soße tunken.

Es schmeckte pikant.

Wir widmeten uns ganz dem Muschelessen. Alle paar Minuten kam ein Kellner oder der Chef, hob die Töpfe hoch und schüttelte sie, damit der Gemüsesud immer wieder die Muscheln benetzte.

Als er sah, wie gut es uns schmeckte, faßte der Chef sich ein Herz. Er sprach gut Deutsch und sagte: »Mein Herr, darf ich mir die Frage erlauben, ob man dort, wo Sie herkommen, keine Muscheln ißt?«

Ich bestätigte, daß es bei uns zu Hause keine frischen Muscheln gäbe, höchstens konserviert aus Dänemark.

Kopfschüttelnd über diese Deutschen ging der Mann weg. Wir wunderten uns auch, denn diese blauschaligen Muscheln gibt es auch an unserem Ostseestrand, nur sind sie kleiner als die Nordsee-Muscheln. Warum essen wir sie nicht? Warum essen wir eigentlich nicht die Weinbergschnecken, die es um Halle herum reichlich gibt? Eßgewohnheiten sind schwer zu ändern, und noch komplizierter ist es, neue einzuführen.

Als unsere Töpfe zu dreiviertel leer waren, sind wir satt. Aufmerksame Leser beschließen an dieser Stelle vielleicht, mir einen bösen Brief zu schicken und zu schreiben, erst schwärme ich von den zahlreichen Gerichten, die zu einer Mahlzeit gehören, und dann esse ich mich an einem Topf Miesmuscheln satt.

Für richtige Flamen scheint ein Topf gekochter Muscheln das gleiche zu sein wie für uns eine Packung Salzstangen oder Erdnüsse. Man genießt diese Sachen zum Trinken. Und dabei kann man sich ja Zeit lassen.

»Als Nachtisch empfehle ich Pankoken und Kaffee«, empfahl der Kellner. Pankoken ähneln den tschechischen Plinsen oder den russischen Bliny. Und der Kaffee ist reichlich und pechschwarz.

Wir haben nun Zeit, uns wieder im Lokal umzusehen. Die Generalkonsulsgattin (wahrscheinlich tue ich ihr Unrecht) speist immer noch.

Sechs Männer und eine Frau nehmen um einen großen Tisch Platz. Sie scheinen Stammgäste zu sein, denn sie gehen ohne Zögern durch den Raum. Ein Kellner schiebt einen kleinen Tisch in ihre Nähe, auf dem eine elektrische Kochplatte steht, und eine Küchenfrau stellt einen riesigen Suppentopf auf die Platte.

Die sieben Leute reden laut und vergnügt miteinander. Der eine der neuen Gäste nimmt seine Gabel hoch und hält sie gegen das Licht. Dann ergreift er seine Serviette und beginnt die Gabel zu putzen. Als er damit fertig ist und sein Werk befriedigt betrachtet hat, nimmt er sich das Tafelmesser vor. Dabei beteiligt er sich eifrig am Gespräch, und weder seine Tischnachbarn noch die Bedienung nehmen Notiz von seiner Geschirreinigung.

Im Löffel spiegelt er sich, aber sein Bild scheint ihn nicht zu befriedigen. Er reibt ihn immer wieder und guckt ihn dann an. Schließlich ist der Mann zufrieden.

Aber nur mit seinem Besteck.

Er ergreift den Suppenteller und hält ihn erst nach rechts und dann nach links. Dann hält er ihn direkt vor sich. Und nun kommt es! Unser Gast spuckt in den Teller, ergreift die Serviette und poliert ihn. Und er wird nicht hinausgeworfen! Niemand beachtet ihn.

Inzwischen ist die Suppe in dem großen Topf heiß geworden. Der Kellner holt sich die Teller und füllt sie. Wir hoffen, daß er die Teller nicht vertauscht.

Satt und tief beeindruckt treten wir wieder auf die Straße. Natürlich unterhalten wir uns über das »Reinigen« des Tischgeschirrs durch den Gast. Die Sauberkeit des Restaurants war über jeden Zweifel erhaben. Mir ist

inzwischen eingefallen, daß es an der Nordseeküste traditionsreiche Essen gibt, z. B. das Schaffermahl in Bremen, wo die Seefahrer sich einmal im Winter durch sechs Gänge hindurchessen. Das Schaffermahl wird seit etwa 350 Jahren gehalten, wobei streng auf die alten Sitten geachtet wird. Dazu gehört, daß der Teilnehmer nur ein Besteck erhält. Zwischen den einzelnen Gängen wischt er es heute mit der Ecke eines Blattes Löschpapier, auf dem sein Teller steht, sauber. Vielleicht kam der Flame einer alten Tradition nach.

Nachdem ich diesen Abschnitt geschrieben hatte, fiel mir das Buch »Seegang, Satan, Sansibar« von H. G. Stengel von 1969 in die Hand. Stengel war damals in Antwerpen, und auch ihm war das Muschelessen erwähnenswert. Nur erschien sein Buch im Eulenspiegel-Verlag und ist damit in Richtung Humor festgelegt.

Aber die Lebensweise der Antwerpener fällt nicht nur den Deutschen auf. Der Holländer Vincent van Gogh, der nicht allzuweit von Antwerpen geboren wurde, staunte über das Leben in dieser Stadt. Er schrieb 1885, also genau 100 Jahre vor mir: »Flämische Matrosen stehen da mit übertrieben gesunden Gesichtern, mit breiten Schultern, kräftig und voll, durch und durch antwerpnerisch, essen Muscheln und trinken Bier und das geht mit viel Lärm und viel Bewegung vor sich.«

Genauso war es jetzt auch noch.

Müde von unserem Marsch durch Straßen, Museen, Kirchen, Flohmärkte und Ausstellungen, wollen wir uns ein Taxi nehmen, um zur »Magdeburg« zurückzukehren.

Der Taxifahrer schaut auf seine Uhr: »Es ist 16 Uhr, die Fahrt wird teuer.«

Wir haben uns längst abgewöhnt, uns darüber zu wundern, daß es viele Länder gibt, wo Taxifahrer, Polizisten und Kellner sich in mindestens einer Fremdsprache fließend ausdrücken können, aber warum ein Taxi ab 16 Uhr teurer wird, wundert uns doch.

Nein, nicht der Taxipreis pro Kilometer wird erhöht, werden wir aufgeklärt. Aber von 6 bis 8 Uhr und von 16 bis 18 Uhr ist die Magistrale, die als endlose Ringstraße vor der Stadt durch den Hafen führt, Einbahnstraße. Unser Kai 53 liegt der Stadt am nächsten, aber infolge der Verkehrsrichtung ist es nun der weiteste Weg. Er, der Fahrer, hätte uns nur darauf aufmerksam gemacht, damit wir nicht glaubten, er wolle Kilometer schinden.

Wir wägen ab: schmerzende Füße oder erhöhte Ausgaben. Die Füße gewinnen.

Es lohnt sich! Wir bekommen einen großartigen Überblick über den Hafen von der Landseite aus.

Hier ist vielleicht der Ort, etwas über die verschiedenen Sitten und Bestimmungen der Zoll-, Grenz- und Sicherheitsorgane der verschiedenen Länder zu berichten. Das ist natürlich keine Wertung. Sicher hat jede Anordnung, nach der die Grenzorgane handeln, ihre Berechtigung. Vorauszuschicken ist, daß jeder, der von Bord geht oder an Bord kommt, vom wachhabenden Matrosen am Fallreep ins Wachbuch eingeschrieben wird.

Sobald das Schiff in Antwerpen ordnungsgemäß einklariert ist, kann man sich im Hafen und aus dem Hafen zu Fuß oder motorisiert bewegen, wie man will. Es wäre wohl auch unmöglich, den riesigen Hafen durch einen Zaun abzugrenzen oder den Verkehr an irgendwelchen Sperren anzuhalten und zu kontrollieren. Das alles besagt natürlich nicht, daß an den Kais keine wachsamen Augen aufpassen.

In Hongkong ließen uns die Grenzbeamten zu sich in die Messe (Aufenthaltsraum) rufen. Es waren zwei kleine Herren in gutsitzenden Uniformen und strahlend weißen Hemden. Sie befragten uns höflich nach Namen und Herkunft und trugen unsere Angaben in ein Formular ein.

Dann baten sie uns, dieses Formular doch zu unterschreiben. Natürlich lese ich immer erst einmal, worunter ich meinen Namen setze. Im gepflegten Juristenenglisch stand da, ich sei belehrt worden, daß ich das Schiff nicht verlassen dürfe. Ginge ich trotzdem an Land, würde der Kapitän mit 1000 Dollar bestraft.

In chinesischen Häfen muß man damit rechnen, daß DDR-Pässe dort unbekannt sind (Die Seeleute haben ein Seefahrtsbuch, für das es internationale Regeln gibt). Die Schwierigkeit mit unseren Pässen beruht darauf, daß fast alle Länder dieser Erde für ihre Bürger Dokumente ausstellen, bei denen das Wort Pass oder Passport auf der Titelseite steht. Dieses Wort kann ein chinesischer Grenzoffizier lesen. Aber die Bürger der DDR sind Inhaber eines Reisepasses. Und wie übersetzt man »Reise« in das Chinesische? Als wir mit der »Magdeburg« in China festmachten, standen zwei Posten am Kai. Wenn wir das Schiff verließen, blätterte der eine so lange in unseren Reisepässen, bis er die (Reise)paßnummer fand, und las sie laut auf chinesisch vor. Der andere Posten hatte einen Zettel, auf dem diese Nummer stand. Er verfolgte Ziffer auf Ziffer mit dem Finger. Dann nickten beide vergnügt, und ganz China stand uns offen.

Wenn wir zurückkamen, begrüßten uns die Posten schon aus größerer Entfernung. Aber sie bestanden eisern auf dem Zeremoniell mit dem Nummernvergleich. Es machte ihnen nichts aus, zehnmal am Tag sich gegenseitig die Zahlen vorzulesen. Wir gewöhnten uns schnell daran.

Vor dem Einlaufen in den koreanischen Hafen wurden die Fotoapparate eingesammelt. Der Ausgang war auf das Hafengelände beschränkt. Als der Posten vor der »Magdeburg« uns schließlich kannte, winkte er nur lässig mit der Maschinenpistole und ließ uns durch. Es hieß zwar, über einen Besuch des Landes könne man reden, aber es war sehr kalt, und wir lagen nur drei Tage im Hafen. Wir waren froh, wenn wir nicht aus unserer warmen Kammer hinausbrauchten.

Aus dem kalten Korea fuhren wir ins tropische Singapore. Dort, wo ein nicht enden wollender Strom von Seeleuten durch ein Tor ging, saß ein Mann (Dienstgrad weiß ich nicht) und las Zeitung. Hinter ihm hing ein Schild: Hier nur Personen, keine Waren. Vor ihm schleppten Seeleute aller Rassen Radios, Fernseher, Kühlschränke und Lebensmittel vorbei. Der Mann gähnte, faltete die Zeitung zusammen und ging für einige Zeit fort. Solange war der Stadtstaat Singapore nach der Seeseite hin ohne Bewachung und Schutz.

Doch bis nach China, Korea und Singapore war es auf unserer Reise noch lange hin. Vorläufig nahm M. S. »Magdeburg« in Antwerpen Ladung für Hongkong, und wir hatten alle den Wunsch, möglichst bald aus dem europäischen Frühwinter in wärmere Gegenden zu kommen.

Wie Allah will

Als ich um 1960 herum zum ersten Mal nach Japan reiste, kam man im Ministerium wenige Tage vor dem Abflug auf die Idee, mein Begleiter und ich könnten auf dem Rückweg einmal in Kairo die Handelsvertretung der DDR besuchen. Dort wollte man Verbindungen zu einem ägyptischen Institut anknüpfen und brauchte dafür Fachleute.

»Ägypten liegt ja auf dem Weg nach Japan«, wurde uns gesagt. »Ein Visum können wir nicht besorgen, aber irgendwie werden Sie es schon schaffen. Hier ist ein Akkreditiv, damit Sie Geld haben. Gute Reise.«

So harmlos waren wir damals. Reisedirektiven und alles, was damit zusammenhängt, waren noch nicht erfunden. Aber wir reisten – schnell, oft überraschend und fast ohne Bürokratie. Einiges über den vierwöchigen Aufenthalt in Japan habe ich in meinem Buch »Dienstreisen mit Augenzwinkern« beschrieben.

Gleich in den ersten Tagen gingen wir in ein Reisebüro und bestellten Flugkarten nach Kairo.

»Können Sie uns auch die notwendigen Visa besorgen?«

»Natürlich, Sir. Das ist kein Problem für uns, Sir. Wir haben ja fast vier Wochen Zeit, Sir.«

Zwei Tage vor unserem Flug besuchten wir wieder das Reisebüro. Der Manager war völlig zerknirscht. Alles war da – nur die Unterschrift unter das Visum fehlte.

»Der ägyptische Konsul war seit Tagen nicht in seinem Büro, Sir.«

Wir wollten wissen, wo er denn sei. Es erfolgte ein langes Telefongespräch auf japanisch mit einem untergeordneten Geist im Konsulat. Über diese Quelle erfuhren wir, was offiziell top-secret war: Der Mann, den wir suchten, befand sich in seinem Haus am Rande Tokios.

In Tokio gibt es keine Straßennamen, nur »Viertel«. Mit Hilfe eines Taxifahrers fanden wir das richtige Viertel und mit Hilfe der Polizeiwache, die es in jedem Viertel gibt, auch das richtige Haus.

Der Konsul, oder was sein Rang gewesen sein mag, war etwas indigniert, wie es in der Diplomatensprache heißt. Am liebsten hätte er uns hinausgeworfen. Aber dann überlegte er, daß zwei Unterschriften die geringere Arbeit machen würden.

Wir konnten daher planmäßig mit »Swissair« abfliegen. Die erste Zwischenlandung war in Hongkong. Der Anflug war aufregend. Es ging zwischen zwei Bergspitzen hindurch auf eine Landebahn, die links, rechts und am Ende vom Wasser umspült wird. Mit den langsamen Maschinen vor 25 Jahren erlebte man alles viel intensiver mit.

Die Stewardeß kündigte eine Stunde Pause an, und wir gingen in den Transitraum.

Hongkong ist eine Drehscheibe des internationalen Verkehrs. Wir freuten uns über die bunte Menge aus exotischen Ländern, die in dem Raum durcheinanderquirlte.

Auf einmal rief der Lautsprecher unsere Namen: »werden freundlich aufgefordert, zum Schalter von ›Swissair‹ zu kommen.« Dort wartete ein kleiner, lächelnder Chinese auf uns. Südchinesen sind meistens sehr klein. So empfinden wir es. Sie selbst halten uns Nordeuropäer sicher für anomale Geschöpfe mit krankhaftem Riesenwuchs.

»Bitte Ihre Pässe.«

Wir übergeben die Pässe. Der lächelnde Herr blättert sie durch. Er findet nichts daran auszusetzen, außer, daß es den Staat, der die Pässe ausstellte, nicht gibt. Aber das müßte ihm einerlei sein, denn wir wollen ja nicht nach Hongkong.

»Warum wollen Sie unsere Pässe sehen?« frage ich.

»Reine Routine, Sir. Bitte Ihre Impfausweise.«

Wir übergeben unsere Internationalen Impfausweise. Sie entsprechen einem Muster der UNO, und es dürfte eigentlich keine Beanstandung geben. Der lächelnde Herr blättert die Ausweise durch. Dann strahlt er vor Liebenswürdigkeit. »Es tut mir leid, aber von Ihnen ist einer nicht gegen Cholera geimpft. Sie dürfen nicht in Ägypten einreisen.«

Tatsächlich, bei meinem Kollegen fehlt eine Eintragung. Das Impfwesen der DDR für Auslandsreisen befand sich damals noch in den Anfängen. Wir waren an zwei verschiedene Ärzte geraten. Der eine hatte so viel wie möglich und der andere so wenig wie möglich gespritzt.

»Sie werden hier geimpft«, sagt der Chinese.

»Einverstanden.«

»Und bleiben zehn Tage in Quarantäne.«

Das war natürlich ein Schlag. Hier konnte nur eine energische Gegenoffensive Rettung bringen.

»Was geht es die Behörde in einem Transitflughafen überhaupt an, ob wir geimpft sind?«

»Befehl«, antwortet der Mann und stellt das Lächeln ein.

»Gut, behalten Sie uns zehn Tage hier. Aber wir bezahlen keinen Dollar. Alle Kosten müssen Sie tragen.«

»Moment.« Für diesen Fall hat er keine Instruktion. Er verschwindet hinter einer Tür. Wir raffen schnell die Pässe und Papiere an uns.

Nun erscheint mit dem Chinesen ein Europäer, der

überhaupt nicht nach der Luftfahrtgesellschaft »Swissair« aussieht. Wenigstens habe ich nie einen Vertreter der Gesellschaft gesehen, der Khakiuniform trug, ein Koppel umhatte und dessen Schulterstücke Sterne zierten. Zum Überfluß trug er noch den Reitstock der englischen Offiziere unter dem Arm.

»Einer von Ihnen ist nicht geimpft«, beginnt er.

»Das kann Ihnen in Hongkong völlig einerlei sein.«

»Wir werden Sie hierbehalten.«

»Wenn Sie die Kosten tragen wollen – bitte. Wir wollten Hongkong schon immer kennenlernen.«

»Die Ägypter werden Sie nicht hineinlassen.«

»Der ägyptische Konsul hat unsere Impfpässe überprüft. Sie waren o. k.« Das mit der Überprüfung stimmte zwar nicht, aber in der Diplomatie ist vieles erlaubt.

»Gut, auf Ihre Verantwortung!«

»Wir reisen immer auf unsere Verantwortung.«

Kurzes Kopfnicken beider Seiten. Die Vertreter Englands räumten den Kampfplatz.

Von den etwa 120 Passagieren waren nur wir zwei aus der sogenannten DDR für die Beamten interessant gewesen. Auf meinen vielen Reisen habe ich es immer als Vorteil angesehen, daß sich bestimmte Dienststellen diskret für mich interessierten. Ich konnte dadurch nie verlorengehen.

Wer die Gespräche mit dem lächelnden Hongkong-Chinesen und dem englischen Offizier aufmerksam gelesen hat, dem ist sicher aufgefallen, wie verschieden der Tonfall war (soweit er sich schriftlich wiedergeben läßt). Der Grund ist etwas schwierig zu erklären. Es hängt mit dem Problem des Rassismus zusammen.

Unwillkürlich nehmen die meisten Europäer an, daß Rassismus von Weißen gegen Farbige ausgeübt wird. Das ist natürlich erst einmal richtig. Es gibt aber auch Rassismus in jeder Form von Nicht-Europäern untereinander und von Farbigen gegenüber Weißen. Über die Gründe, die geschichtsbedingt sind, will ich mich hier nicht auslassen.

Wir konnten uns nur mit dem Engländer streiten, weil hier die Gewißheit bestand, daß beide Seiten sich als gleichberechtigt betrachteten. Ich erinnere mich, einmal erlebt zu haben, wie ein Europäer einen asiatischen Zollbeamten mit Sir anredete. Der Zöllner empfand die sicher unbedachte Anredeform als Hohn und schikanierte den Reisenden entsprechend.

Gegen Mitternacht landeten wir in Kairo. Der Mann von der Grenzabfertigung stempelte die Pässe im Eilverfahren ab. Der Zöllner winkte ungeduldig, wir sollten unsere Koffer aus seinem Gesichtskreis nehmen. Und vom Medizinischen Dienst war niemand da.

Nun stand uns eine weitere Hürde bevor: Morgens um 1 Uhr ein Taxi zu finden, dem Fahrer auf ägyptisch klarzumachen, daß wir keine ägyptischen Pfunde in der Tasche haben, und ein angemessenes Hotel zu finden.

Von zu Haus waren wir gewohnt, daß das Leben auf den Straßen ab 18 Uhr einschläft. In Japan starben die Straßen um 23 Uhr aus. In Kairo liefen die Kinder nach Mitternacht noch auf allen Plätzen herum, und die Taxis standen Schlange am Flughafen.

Der Fahrer verstand uns sofort. Wir zeigten ihm einen Dollarschein. Er ließ den Motor an. Wir sagten im fließenden Ägyptisch: »Hotel.«

Er antwortete: »Menon – house?«

Wir: »No, to expensive.«

Er: »Businessman? No tourist?«

Wir: »Yes, businessman.«

Er: »O. K., Sir.«

Er lieferte uns in einem kleinen, sehr ordentlichen Hotel ab und berechnete einen angemessenen Fahrpreis.

Zum Frühstück standen Tomaten und Obst auf dem

Tisch. Eine wichtige Regel für tropische Länder lautet: Nur Früchte essen, deren Schale man selbst abziehen kann. Aber es sah alles so verlockend und sauber aus, daß wir nicht widerstehen konnten und sündigten. Doch Allah hatte Erbarmen mit uns. Es passierte nichts Böses mit unseren Mägen und Gedärmen.

Während des Frühstücks lasen wir die neueste Zeitung. Die »Ägyptian Times« war im vornehmsten Oxford-Englisch geschrieben. Manche Ausdrücke waren so gewählt, daß sie uns nicht geläufig waren. Aber der Inhalt war verständlich: Totschlagen, vernichten, ausrotten, Krieg unmittelbar bevorstehend, so ging es seitenlang. Nun kannten wir die Mentalität von Bewohnern heißer Gegenden schon etwas und wußten, man darf nicht alles wörtlich nehmen, was sie schreiben. Aber was passiert, wenn der Gegner solche Reden ernst nimmt?

Wir beschlossen, nicht allzulange im Lande zu bleiben. Vorläufig benötigten wir Geld und eine Verbindung zu unserer Handelsvertretung.

Das Geld zahlte die Nationalbank an uns aus. Ein Unteroffizier und drei Mann bewachten den Schalterraum. Ihre Gewehre schienen ziemlich ehrwürdige Modelle zu sein. Vom Körperbau her sahen die vier aus, als ob ihnen eine Ration Sonderverpflegung guttun würde. Dann erschien ein Offizier, nach englischem Vorbild mit dem Stöckchen unterm Arm. Er hätte gut und gerne auf eine Ration verzichten können. Nun sagen natürlich Gewicht und Brustumfang der Soldaten nichts über ihre Kampfkraft aus. Wir sahen später in der Stadt noch öfter magere Soldaten und wohlbeleibte Offiziere. Dieser Unterschied gab uns zu denken.

Unsere Vertretung vermittelte uns weiter an ein ägyptisches metallurgisches Institut, wo uns Dr. Ibrahim empfing. Dr. Ibrahim hatte seinen Doktorgrad in Stuttgart erworben. Im Institut wimmelte es von Konzernvertretern aus der BRD.

Wir wurden freundlich empfangen. Dr. Ibrahim rief: »Ali«, und herein trat ein riesiger Nubier. Er trug an den Beinen weite, ehemals weiße »Türkenhosen« (jetzt, 1986, sind sie in der jugendlichen Damenwelt modern), am Leib trug er eine rote Weste, die mit Goldfäden eingefaßt war, in der Rechten trug er ein Metalltablett mit drei winzigen Mokkatassen. Seine imposante Erscheinung wurde dadurch etwas abgemindert, daß er sich mit der linken Hand kräftig, eifrig und ununterbrochen am Hosenboden kratzte.

»Das sind die Würmer«, erklärte uns später unser Handelsvertreter. »Vorbeugend hilft nur Whisky dagegen.«

Er beugte eifrig vor. Wir dachten ängstlich an unsere Tomaten zum Frühstück.

Ali betreute uns im Institut mit großem Wohlwollen. Zu jeder Zeit kam er, in der rechten Hand das Tablett mit Mokka und die linke Hand eifrig hinterwärts tätig. Wir sahen übrigens viele Männer, die sich kratzten.

Dr. Ibrahim bat uns, Vorträge zu halten. Die Angehörigen des Institutes kamen sowie einige Firmenvertreter aus der BRD und einige Ägypter, die sich still in eine Ecke setzten. Umgangssprache war Englisch. Nach den Vorträgen und der Diskussion erhob sich einer der ägyptischen Zuhörer in der Ecke. Es war ein Minister. Dr. Ibrahim stellte uns vor.

Der Minister sprach anfangs einige unverbindliche Höflichkeiten. Dann schlug er vor, das ZIS solle einen Instrukteur nach Kairo entsenden. Als wir zustimmten, erklärte er weiter, wir seien ab sofort Gäste der Regierung, und ob wir spezielle Wünsche für Besichtigungen hätten.

Wir zählten schnell auf: Pyramiden, National-Museum, Suk (Basar) und – wenn möglich – eine Fahrt auf dem Suez-Kanal.

Die Entsendung eines Instrukteurs verzögerte sich um Jahre, weil inzwischen die Kriege am Suez-Kanal stattfanden. Aber schließlich ist doch ein Mitarbeiter für sechs Monate gefahren. Von den Pyramiden, der Sphinx, den Schätzen des Museums und dem Betrieb im Suk will ich nichts berichten. Im Zeitalter des Fernsehens hat fast jeder schon Gelegenheit gehabt, diese Dinge auf dem Bildschirm zu sehen.

Es bleibt aber noch der Suez-Kanal.

Ich trat aus dem Hotel, um vor der Autofahrt noch ein paar Schritte zu laufen. Wir wohnten im Viertel der Lederhändler, und es gab immer viel an Taschen und Täschchen zu sehen. Diesmal stand vor dem Hotel eine größere Menschenmenge. Sie lauschte andachtsvoll einem Mann, der wild mit den Armen fuchtelte und dabei laut schrie. Der Tonart nach schien er mit dem Hotel böse zu sein. Unser Portier stand ruhig vor der Tür und hörte ebenfalls interessiert zu. Ich fragte ihn, was hier los sei.

»He curses you, Sir«, antwortete der Portier vergnügt. Als das Verb to curse in der Schule dran war, mußte ich gerade gefehlt haben. Hier half nur ein Wörterbuch weiter. Tatsächlich, es gab dieses Wort. Übersetzt heißt es: verfluchen. Auf das Haupt eines Gastes der Regierung rief der Mann den Fluch Allahs herab.

»Er macht das öfter«, sagte der Portier. »Stören Sie sich nicht daran.«

Nach einiger Zeit verzogen sich der verfluchende Mann und die zuhörenden Leute. Ich ging in eine der Geschäftsstraßen. Ein Schuhputzer bot seine Dienste an. Ich zeigte auf meine Schuhe. Sie waren im Hotel frisch geputzt. Der Mann klebte wie eine Klette an mir und rief: »dirty, dirty.« Dabei zeigte er mit dem Finger auf meine Schuhe. Ich mußte in eine Lehmpfütze getreten haben. Weit und breit lag die Straße staubig da, aber meine Schuhe waren naß und gelb.

Kopfschüttelnd stellte ich den einen Fuß auf den Putzkasten des Mannes und ließ ihn putzen. Nach fünf Minuten strahlte meine Fußbekleidung in makellosem Glanz, und der Putzer hielt mir seine offene Hand hin.

Ich legte ihm eine Kupfermünze hinein, die ich lose in der Tasche trug. Mit einem Sprung brachte der Mann einen Zwischenraum von drei Metern zwischen uns beide. Dann tippte er gegen seine Stirn und zeigte dann auf mich. An den Fingern machte er mir klar, ich hätte ihm dreimal zu viel Geld gegeben (Ich glaube, es waren umgerechnet 20 Pfennig). Lächelnd machte ich eine Handbewegung, die etwa sagte: »macht nichts«.

Daraufhin tippte mein Schuhputzer nochmals gegen die Stirn und schlug seinen Kaftan zurück. Dort sah ich nun einen Gummiball mit Blumenspritze. Er drückte den Ball, und ein feiner Lehmwasserstrahl spritzte in Richtung meiner Füße. Der Mann lachte schallend, tippte nochmals gegen die Stirn und lief davon, so schnell ihn seine Sandalen trugen.

›O Allah‹, dachte ich, ›warum wollen die Ägypter Instrukteure von uns haben?‹

Inzwischen traf Dr. Ibrahim ein, und wir fuhren nach Ismaila am Suez-Kanal. Die Reise ging teilweise noch durch Alt-Ägypten. Riesige Schöpfräder bewässerten das Land aus schlammigen Nilarmen heraus. Kamel und Esel betrieben die Göpel, die die Schöpfräder drehten. Bindfäden schienen wichtige Konstruktionselemente dieser hölzernen Wasserhebemaschinen zu sein. Die Bauern gingen geruhsam ihrer Tätigkeit nach, ganz anders als in der Hektik von Kairo.

In Ismaila erreichten wir den Kanal. Sein gelbes Wasser trennte uns vom gelben Sand der Wüste Sinai am anderen Ufer. Etwa 30 Schiffe fuhren im Abstand von 200 bis 300 Metern hintereinander feierlich an uns vorbei.

Ich sah neidvoll zu den Kommandobrücken hoch und wünschte mir, einmal von dort aus den Kanal zu sehen (Der Mensch ist nie zufrieden!).

Von Ismaila bis Port Said führte die Autostraße am Kanal entlang. Im Verwaltungsgebäude der Kanalgesellschaft wurden wir bereits erwartet. Wir wären also die Deutschen, die gerne einmal auf dem Kanal fahren möchten?

Das ließe sich machen. Ein großer, wohlbeleibter Herr wurde uns vorgestellt. Er sei nun für uns zuständig. Der Herr hatte »Schlafzimmeraugen«, das heißt, seine Augenlider klappten halb über seine Augäpfel. Er bewegte diese Lider einige Male auf und ab und meinte, zuerst müßten wir essen. Ein Lunch stünde in einem Park auf der anderen Kanalseite bereit.

Ein Motorboot brachte uns in wenigen Minuten über den Kanal. Der Lunch war gut und sehr ausgedehnt. Der Kanalbeamte klappte seine Augenlider hoch und meinte, eine kurze Siesta würde uns guttun. Die Liegestühle stünden am Kanalufer im Schatten bereit. Also ruhten wir und schliefen. Danach gab es kühle Getränke und heißen Mokka. Dann klappte der Herr seine Augendeckel hoch und sah auf die Uhr. Es wäre gleich Feierabend, erklärte er, und das Motorboot warte bereits.

So fuhr ich denn zweimal über den Suezkanal. Nachträglich wurde mir klar, daß es jemandem, der an einem Kanal wohnt, wo es links Sand und rechts Sand gibt, schwerfällt, sich vorzustellen, daß ich wirklich den Kanal entlang fahren wollte.

So blieb mein Wunsch etwa 25 Jahre lang bestehen, bis ich im November 1985 mit M. S. »Magdeburg« auf Port Said zu fuhr. Meine Frau und ich waren froh, dem unangenehmen Wetter in Mitteleuropa entronnen zu sein. Das Mittelmeer zeigte sich so, wie man sich ein südliches Meer vorstellt, blau, sonnig und warm. Störend waren nur die zahlreichen Plastikreste, die im Wasser schwebten, und die gelegentlichen Ölflecke. Das Mittelmeer ist eine stark befahrene Wasserstraße. Die großen Schiffe verkehren praktisch entlang der kürzesten Verbindungslinien, die von den Häfen zum Suezkanal führen. Jedes Schiff hat rund 30 bis 40 Mann Besatzung. Man kann sich vorstellen, was da täglich an Verpackungen von Lebensmitteln über Bord geht. Ein leichter Trost liegt darin, daß unter der verdreckten Ölfläche noch einige Kilometer Wasser liegen, von dem man hofft, es sei noch sauber.

M. S. »Magdeburg« ist mit 16 Knoten ein sehr schnelles Handelsschiff. Kurz vor Port Said läßt unser Kapitän die Fahrt vermindern. Er möchte etwa um 16 Uhr auf der Reede eintreffen. Der Grund hängt mit dem Konvoisystem im Kanal zusammen.

Gegen Mitternacht wird ein Konvoi von etwa 30 Schiffen von Port Said Richtung Port Suez zusammengestellt. Vorweg fahren die Schiffe, die an diesem Tage als erste vor Port Said eintrafen. Sie machen unmittelbar vor dem Kanal an Ankertonnen fest, und das kostet Geld. Die Einheitswährung ist hier der 1000-Dollar-Schein. Es gibt eine ganze Anzahl von Gründen, derentwegen die Agenturen der Reedereien dazu gebracht werden, außer den hohen Kanalgebühren noch »sonstige Kosten« zu bezahlen.

Unser Schiff soll aus diesen Kostengründen erst eintreffen, wenn die Bojenplätze besetzt sind. Dann müssen wir auf der Reede ankern, und das ist frei. Aber wir dürfen auch nicht zu spät kommen. Dann müssen wir eine Gebühr entrichten, damit wir uns dem Mitternachtskonvoi anschließen dürfen. Falls der Kapitän diese Ausgabe seiner Reederei ersparen will, muß er einen Tag warten. Dadurch wird sein Schiff wieder eines der ersten im Konvoi und muß zu einer Festmachertonne, wofür – siehe oben.

Als wir Anker auf gehen, steht die Mondsichel am Himmel. In den südlichen Gegenden steht die Sichel des zunehmenden Mondes nicht wie zu Hause als Anfang eines »deutschen Z« über uns. Die Sichel ist verrutscht und sieht aus wie die Schale im Wappen der Stadt Halle.

Die »Magdeburg« fädelt sich in die Reihe der Schiffe ein. Mit langsamer Fahrt nähern wir uns dem Verwaltungsgebäude des Kanals. Unsere Mannschaft macht einen der Schiffskräne klar und schwenkt ihn über die Bordwand. Ein Motorboot rauscht heran und fährt unter den Haken des Kranes, an dem vier Drahtstropps pendeln. Sie werden am Motorboot festgemacht, und das Boot mit vier Mann wird an Deck gehievt.

Man muß sich vorstellen, daß die ganze Szene von einem Bordscheinwerfer grell beleuchtet wird. Mir fallen einzelne DDR-Vorschriften über den gleichzeitigen Transport von Personen mit Lasten ein.

Doch es kommt noch besser.

Im Scheinwerferkegel taucht ein Motorboot auf, das ein kleines Ruderboot mit zwei Männern drin schleppt. Obwohl die »Magdeburg« sehr langsam fährt, hat der Mini-Schleppzug Mühe, neben uns zu bleiben. Von der »Magdeburg« fliegt ein Tau zu dem Ruderboot. Es wird festgemacht und das Tau zum Motorboot losgeworfen. Nun zieht das Schleppseil von der himmelhohen Bordwand der »Magdeburg« den Bug des Ruderbootes schräg nach oben. Sein Heck taucht tief ein. Noch zwei Finger breit tiefer, und das Boot läuft voll Wasser. Kein Grund zur Aufregung. Dieses Manöver wird täglich dreißigmal in Port Said und dreißigmal in Suez durchgeführt. Und nur, wenn Allah es will, passiert ein Unglück.

Unser Kran schwenkt aus und holt das Ruderboot an

Deck. Nach der Kanalvorschrift müssen wir die beiden Boote mit Besatzung auf dem Kanal mitführen, für den Fall, daß unser Schiff unvorhergesehen anlegen muß. Es kann sein, die Maschine des Vordermannes fällt aus, oder unsere bleibt stehen. Die sechs Mann müssen natürlich verpflegt und bezahlt werden, und ihnen steht Unterkunft zu. Jedes Schiff muß am Bug einen besonderen Scheinwerfer führen. Dieser Kanalscheinwerfer kann ausgeliehen werden (gegen Gebühr natürlich). Wir sind von der Werft her damit ausgerüstet. Aber trotzdem müssen wir einen ägyptischen Elektriker an Bord nehmen.

Der Lotse läßt übrigens diesen Scheinwerfer nicht anmachen. Die Kanalufer sind in enger Folge mit Lampen versehen. Wir steuern, solange es dunkel ist, durch eine Art Lampen-Allee.

Unsere fremdländischen Hilfskräfte schlafen tief und fest bis zum Sonnenaufgang. Dann verrichten sie ihre Gebete. Anschließend eröffnen sie einen kleinen Basar mit Postkarten, Andenken (echt aus den Pyramiden), Messern und Ledersachen.

Wir stehen auf dem Peildeck, dem Deck über der Kommandobrücke, und erleben den Suezkanal. Steuerbord, auf der Seite zum Nil, verläuft die Autostraße nach Ismaila. Neben der Straße sind grüne Felder und einzelne Bäume zu sehen. Backbord dehnt sich die Wüste Sinai. Gelb-weiß erstrecken sich die Dünen hinter dem Kanalufer bis zum Horizont. Einige Eisenreste von den beiden Kriegen zwischen Israel und Ägypten stören mitunter das Bild endloser Verlassenheit.

Die Wüste ist wie das Meer. Es gibt nichts zu sehen, und für den, der es liebt, ist es voller aufregender Ereignisse. Ich kann mir schon vorstellen, warum die große Religion in der Wüste entstanden ist.

Auf dem Großen Bittersee ist Halbzeit. Unser Konvoi

ankert. Der Konvoi aus Suez fährt vier Stunden lang an uns vorbei. Wir können in Ruhe die verschiedenen Schiffstypen betrachten.

Abends erreichen wir Port Said. Die Mini-Basare werden geräumt. Unser Kran setzt die beiden Boote ohne Unfall wieder ins Wasser.

Ein Traum ging für mich in Erfüllung.

Vor uns liegt das Rote Meer.

Ostasien von der Seeseite gesehen

Im Jahr 1806 segelte der russische Kapitän von Krusenstern im Auftrag des Zaren um die Welt. Neben anderen Aufgaben sollte er feststellen, wie die Verhältnisse in Kamtschatka wären. Weiter sollte er eine Handelsdelegation nach Japan bringen, und schließlich sollte er die Handelsmöglichkeiten mit China auf dem Seeweg prüfen. Über Kamtschatka und Sachalin gab er einen ausführlichen Bericht an seine Regierung. Man muß bedenken, daß ein Kurier von Moskau nach dem Fernen Osten und zurück auf dem Landweg rund ein Jahr brauchte. So ganz genau wußte der Zar gar nicht, was und wen er dort beherrschte.

Die Handelsmission nach Japan war ein Fehlschlag. Die Japaner ließen in Nagasaki, dem einzigen offenen Hafen, keine Russen an Land. Erst 1854 erzwang der US-Kommodore Perry mit seinen Schiffsgeschützen einen »Handels- und Freundschaftsvertrag«.

Noch zehn Jahre später (1863 und 1864) beschossen europäische Kriegsschiffe japanische Häfen, um für Händler den Zugang zu erzwingen. Bei der Beurteilung der Japaner, besonders in Handelsfragen, ist es gut, sich daran zu erinnern, daß diese Bombardements erst gute 100 Jahre zurückliegen. Die japanische Invasion mit Elektronik und Autos wurde von den Weißen letzten Endes erzwungen, weil sie sich 1850 nicht vorstellen konnten, daß Japan eine Industrie aufbauen würde.

Aber von Krusenstern hatte um 1800 noch keinen Erfolg. Er segelte weiter nach Kanton in Südchina und knüpfte dort Handelsbeziehungen an. Sein Schiff mußte in der Mündung des Perlflusses auf Reede einige Tage ankern, bis die Formalitäten der Einreise erledigt waren und er den Fluß hinauf nach Kanton segeln durfte.

Von Krusenstern hatte (wie alle Forschungsschiffe der damaligen Zeit) einen Zeichner an Bord, der Landschaften, Pflanzen und Tiere zeichnen mußte. Er fertigte ein Bild von der Reede auf dem Perlfluß an. Kennzeichen dieses Ankerplatzes ist ein zuckerhutförmiger Berg. Das Bild ist abgedruckt in einer Neuausgabe von Krusensterns Reisebericht (Brockhausverlag Leipzig). Und eben dort ankerte zwischen Weihnachten und Neujahr 1985/86 die M. S. »Magdeburg«.

Seitdem wir den Suez-Kanal passiert hatten, war in der Offiziersmesse eines der Standardthemen: Wie lange müssen wir vor Kanton auf Reede liegen?

Der Kapitän, von der Dienststellung und dem Temperament her ein Optimist, schätzte etwa eine Woche. Wenn die »Magdeburg« wegen schlechten Wetters ihre Geschwindigkeit einmal reduzieren mußte, sank auch der Optimismus, und er brachte zwei Wochen ins Gespräch.

Der Chief (Leitender Ingenieur) neigte zum Pessimismus. Er gab zu bedenken, daß schon Wartezeiten von 50 Tagen vorgekommen seien. Wenn das Tischgespräch vorher auf Autos gekommen war, ärgerte er sich, daß in seinem neuen Wagen ein neuer Vergaser eingebaut worden war, für den er (der Chief) einen Aufpreis zahlen mußte, obwohl er ihn gar nicht haben wollte. Dann bestand er besonders nachdrücklich auf lange Wartezeiten.

Auch die übrigen Offiziere und Mannschaften waren in ihren Prognosen und Hoffnungen uneins. Einige waren für lange Reedezeiten und spätere Heimkehr. Sie wollten nach dieser Reise Urlaub nehmen. Daher hatten

sie es nicht eilig, vor Juni wieder in Rostock zu sein. Andere wollten im April Jugendweihe feiern und plädierten daher für eine schnelle Abfertigung.

Gemütsmenschen sahen den Fall von der finanziellen Seite. Je länger die Reise, desto mehr konvertierbare Währung stand ihnen zu.

Im Grunde waren sich natürlich alle darüber klar, daß dem chinesischen Hafenkapitän von Whampoa (dem Hafen von Kanton) alle Wünsche unbekannt und auch gleichgültig seien. Er würde davon ausgehen, wann Platz für die »Magdeburg« am Kai vorhanden sei.

Aber wenn mehrere Wochen lang nur Wasser zu sehen ist, sind solche Spekulationen ein angenehmer Zeitvertreib. Nicht etwa, daß sich jemand gelangweilt hätte. Die Besatzung hatte ihren Dienst, und wir zwei Passagiere genossen das tropische Meer. Ein einsamer Wal, eine Herde von Delphinen, Schwärme von Fliegenden Fischen bieten auf einer solchen Reise tagelang Gesprächsstoff. Ein Schiffsreisender, der das Meer liebt, ist voll ausgelastet und fragt jeden Abend, wieso der Tag so schnell vorbeiging.

Neben den ideellen Zeitvertreiben an Bord spielten aber auch handfeste materielle Ablenkungen eine Rolle. Morgens klopfte der wachhabende Matrose an die Tür der Offizierskammer neben uns: »Es ist zehn Minuten nach sieben. Wurstigel«, rief er oder: »sieben Uhr zehn, ENW.«

In den ersten Tagen unserer Reise hielten wir Wurstigel oder ENW für geheime Losungen. Doch dann kamen wir dahinter, daß es um acht Uhr Eier nach Wahl zum Frühstück gab oder gebratene Bockwurst, Wurstigel genannt. Wir konnten uns beim Waschen immer schon auf den warmen Bestandteil des Frühstücks freuen. Einem Seemann steht dreimal täglich warmes Essen zu.

Kaum saßen wir dann im Freien (32°C im Schatten), hupte das Typhon kurz: zehn Uhr – tea time. Eine Tasse starken Tees ist in den Tropen immer gut. Wir nahmen ihn in den kühlen klimatisierten Räumen des Schiffes ein.

Dann ging es wieder hinaus in die Tropenglut. Doch um 11.30 Uhr erwartete uns die Chefstewardeß zum Mittagessen. Suppe, Fleisch und Gemüse – Obst oder Eis. Nach dem Essen muß man in den Tropen der Ruhe pflegen. Aber um 15.30 Uhr servierte die Stewardeß Kaffee und Kuchen auf dem Deck an einem schattigen Ort, das heißt: nicht am Donnerstag und Sonntag. Dann wurde in der Messe Kaffee getrunken.

Nun gibt es bis 18.00 Uhr keine Mahlzeit mehr. Aber dann muß man noch einmal warmes Fleisch und Kalte Platte essen, denn – wie man sagte – Wasser zehrt und macht hungrig.

Um 19.30 Uhr kommt zweimal wöchentlich der »Landfilm«. Große Freude bei der Besatzung, wenn der DEFA-Nackedei vom Dienst erscheint. Aber auch die Olsen-Bande ist beliebt. Zweimal in der Woche ist Büchertausch. Es gibt Geburtstagspartys, Spielabende, Grillabende, Räucherfischabende, Versammlungen, Belehrungen und mitunter auch einmal keine Veranstaltung.

Vor dem Schlafengehen sehen wir noch einmal nach dem Wetter. Die Tropennacht ist meist dunkel. Hell leuchten aber die Schaumkämme der Wellen. Ganz tief im Norden steht der Polarstern. Über uns leuchtet der Orion. Das Kreuz des Südens wird morgens gegen vier erscheinen. Todmüde von all den Anstrengungen fallen wir in unsere Koje.

So ging es wochenlang von Mitte November bis Ende Dezember.

Wohlgemerkt, das ist der Tagesablauf des Passagiers. Der Schiffsbäcker, der um vier Uhr geweckt wird, oder der Matrose, der acht Stunden Rost klopft, sieht manches anders.

Jedenfalls liegen wir Weihnachten auf der Reede vor Kanton. Der 24. Dezember war gut und ohne große Sentimentalität überstanden. Der Weihnachtsmann hatte die M. S. »Magdeburg« rechtzeitig auf dem Perlfluß gefunden und Geschenke und Telegramme gebracht. In der Messe stand ein Kunststoff-Weihnachtsbaum, von einem echten nur durch den fehlenden Harzgeruch zu unterscheiden.

Wir hatten im Kühlraum auch einen Naturbaum gelagert. Er verlor durch die Zeit und wohl auch durch die Lagerungsart alle Nadeln. Aber, an Bord weiß man sich zu helfen. Der Kabelgat-Matrose (Verwalter der Farben und Geräte) strich Stamm und Zweige giftgrün an. Der E-Mix (Elektriker) befestigte Kerzen daran, und der Bootsmann hißte den Baum in dem Topp des Ladegeschirrs. Dort strahlten seine Kerzen in die Tropennacht hinaus.

Tagsüber konnten wir an Deck in der Sonne liegen.

Im Dezember steht die Sonne noch südlich des Äquators, und in Kanton, das auf der Nordseite des Äquators liegt, ist die Temperatur noch erträglich. Sie gleicht einem warmen Sommertag zu Haus. Nach der schwülen Wärme bei Sumatra war dieses Wetter eine Erleichterung, besonders für die Besatzung bei Decksarbeiten.

Der Perlfluß ist hier etwa drei Kilometer breit, mit einzelnen Inseln. Die Inseln und das Festland tragen kleine Berge in Zuckerhutform. Der charakteristische Zuckerhut lag an der Stelle, wo die breite Flußmündung in das enge Fahrwasser übergeht. Alle Schiffe müssen dort auf einhundert Meter an das Land heran.

An dieser engen Stelle hatten die Chinesen früher Befestigungen stehen, deren Reste noch deutlich zu erkennen waren. Und gerade diese Stelle, die einerseits landschaftlich hervortritt, andererseits militärische Bedeutung hatte, ließ Kapitän von Krusenstern zeichnen. Es bleibt für uns offen, ob es wegen der Landschaft geschah oder wegen der Kanonen.

Im gelben Wasser des Flusses ankern 30 bis 40 große Seeschiffe aller Nationen. Ihre Zahl wechselt täglich. Es kommen neue hinzu, und andere werden nach Whampoa gelotst. Alle sechs Stunden wechselt infolge von Ebbe und Flut die Stromrichtung. Wenn die Ebbe einsetzt, dreht sich die »Magdeburg« ganz langsam um ihre Anker. Wir liegen am weitesten stromaufwärts. Die anderen Schiffe folgen mit zeitlichem Abstand, je nachdem, wie weit sie stromabwärts von uns entfernt liegen.

Beim Einsetzen der Flut ist es umgekehrt. Da sind wir das letzte sich drehende Schiff.

Das ist für die chinesischen Fischer wichtig. Sie liegen mit ihren Booten an flachen Stellen vor Anker. Jedes ihrer weit über einhundert Boote hat einen bestimmten Bereich, wo die Netze bei Stillwasser ausgelegt werden.

Sie müssen aufpassen, daß die sich drehenden Seeschiffe nicht in die Netze kommen.

Die Fischerboote sind mastlose Dschunken von etwa acht Metern Länge und zwei Metern Breite. Über dem offenen Boot sind halbkreisförmige Bambusspriegel angebracht. Darüber liegen Bastmatten, die vor Sonne und (vielleicht) auch vor Regen schützen. Die Familie lebt darunter. Nachmittags kommt das »Schulschiff«, vergleichbar unserem Schulbus, und verteilt die Schulkinder.

Wenn viermal in 24 Stunden Zeit zum Fischen ist, werden die Bastmatten so zurückgeschoben, daß Platz zum Arbeiten frei wird. Überall beginnen Dieselmotoren zu rumoren. Die Boote verteilen sich über die Bucht. Jedes hat nur wenige Meter Abstand zum nächsten. Dann wird der Motor abgestellt. Der Mann rudert langsam. Die Frau wirft ein endloses Grundnetz aus. Oft ist auf den Rücken der Frau ein Baby gebunden. Wenn sie sich über den Bootsrand neigt, sieht es für uns lebensgefährlich aus. Aber das Baby ist es gewöhnt, daß mitunter sein Kopf abwärts hängt. Es schläft ruhig weiter.

Nach einer Stunde, bevor die Ebbe- oder Flutströmung stark einsetzt, werden die Netze hochgeholt. Nur selten zappelt ein Fisch in den Maschen.

Uns wundert, daß es bei der Netzdichte überhaupt noch Fische gibt. Dabei haben die Fischer noch Konkurrenz. Nachts kommen bei Stillwasser Delphine. Sie springen in unserem Scheinwerferlicht aus dem Wasser. Sie schwimmen dabei genau mit der Geschwindigkeit flußaufwärts, wie der Bereich des Stillwassers zwischen Ebbe und Flut bergauf wandert.

Der Höhepunkt des Tages ist, wenn eine der wenigen dreimastigen Segeldschunken auftaucht. Es ist ein Bild aus vergangenen Tagen. Man sieht, die Boote werden auf Verschleiß gefahren. Ihre Körper sind ohne Farbe, und die Mattensegel sind zerfetzt. Aber wir freuen uns, Fahrzeuge zu sehen, die unsere Kinder nur noch aus Bildern kennen werden.

Anfang Januar kommt der Lotse und bringt uns nach Whampoa. Kilometerweit erstrecken sich die Hafenanlagen entlang des Perlflusses. Für unsere »Magdeburg« ist eine Lücke zwischen zwei anderen Schiffen vorgesehen, in die wir gerade hineinpassen. Bei dem starken Strom ist es ein kompliziertes Manöver, unser 150 Meter langes Schiff in die »Parklücke« hineinzubugsieren. Aber der Kapitän löst das Problem elegant.

Wir schauen den Fluß entlang. Die Fischerboote sind verschwunden. Dafür fahren Kähne mit Frachten, teils mit eigenem Motor, teils im Schlepp. Wir versuchen sie zu zählen. Mühelos kommen wir auf über einhundert, die sich in unserem Blickfeld bewegen. Diese Schiffe sind aus Beton gegossen. Achtern ist ein Holzhaus für die Schiffsfamilie aufgestellt. Wir betrachten immer wieder durch unser Fernglas das chinesische Familienleben auf dem Wasser.

»In Whampoa gibt es nur einige Häuser, den Seemannsclub und das Friendship-Store (zu deutsch: Intershop). Ein langweiliges Dorf. Das haben wir vor einem Jahr bis zum Überdruß gesehen«, erzählen uns die Besatzungsmitglieder.

Aber ein Jahr ist ein langer Zeitraum, wenn ein Einmilliarden-Volk etwas aufbauen will.

Whampoa ist eine brodelnde, sehr interessante Stadt geworden. Die chinesischen Städteplaner legten eine Hauptstraße als großes Dreieck mit etwa zwei Kilometer Seitenlänge an. Auf dieser Hauptstraße gibt es für Kraftfahrzeuge nur Einbahnverkehr. Wer also mit dem Auto zu seinem Nachbarn will, muß unter Umständen sechs Kilometer fahren. Er kann aber auch ein Fahrrad neh-

men. Breite Fahrradwege gestatten den Verkehr in beiden Richtungen.

In diesem Straßendreieck liegen die wenigen alten Häuser, die Viertel der vielen Neubauten, zwei Dörfer mit Lehmhütten, Bananenhaine, Mandarinenplantagen, Gemüsebeete und Kanäle. Und dazwischen wimmelt es von Fußgängern und Radfahrern.

Es gibt bei den Psychologen den sogenannten Assoziationstest.Der Psychologe nennt ein Wort, z. B. Haus, und der von ihm Geprüfte antwortet, was ihm daraufhin gerade einfällt, z. B. Miete, Eigentum, Maler bestellen, zu teuer usw. Der Psychologe versucht aus diesen Worten dann auf den Charakter oder die Fähigkeiten des anderen zu schließen.

Bevor ich nach China kam, hätte ich bei diesem Test ohne zu zögern: gelb geantwortet. Das Wort trifft auch heute noch zu. Zwar empfinde ich die meisten Chinesen nicht so sehr als gelb. Aber die ganze Landschaft ist lehmfarben getönt. Eine schöne grüne saftige Wiese ist in China (dort, wo ich war) unbekannt. Wenn überhaupt irgendwo ein grasähnliches Gewächs zu finden ist, so steht jeder Halm weit vom nächsten entfernt auf gelbbraunem Boden.

Nachdem ich um 1960 zum ersten Mal in China war, hätte ich bei dem Assoziationstest geantwortet: fleißig. Auch dieses Wort trifft noch jetzt zu. Unsere Schauerleute, die die »Magdeburg« ent- und beladen, sind emsig bei der Arbeit. Das gilt auch für alle anderen Arbeiter und Bauern, die wir beobachten. Aber in der Presse finde ich auch einen Artikel, in dem geschrieben wird: Für die Faulenzer gäbe es keinen »Eisernen Reistopf«, von dem sie unbegrenzt essen könnten.

Nun, nachdem ich das China des Jahres 86 erlebte, ist der Haupteindruck: Radfahrer. In einem Informationsblatt im Seemannsclub las ich, daß es 378 Millionen Räder in China geben soll. Die DDR produziert jährlich etwa 650000 Fahrräder. Unser Fahrradwerk müßte 581 Jahre Fahrräder nach China liefern, um diese Zahl zu erreichen. Natürlich sind die 378 Millionen Räder nicht in einem Jahr hergestellt worden, aber doch in einem kurzen Zeitraum.

Was kann man mit einem Fahrrad alles machen, außer einfach darauf zu radeln? Wer kräftige Wadenmuskeln hat, kann zusätzlich zwei Personen mitnehmen. Die Bauern binden links und rechts am Gepäckträger große Körbe mit Gemüse fest, und auf dem Gepäckträger steht mindestens einen Meter hoch Korb Nummer 3.

Wer zufällig ein neues Sofa benötigt, radelt vor die Tore der Stadt, wo ein großes Lager an Polstermöbeln am Straßenrand steht. Dort packt er ein großes Sofa auf den Gepäckträger, bindet es mit einer raffinierten Seilkonstruktion fest und schiebt das Rad zur Stadt zurück.

Chinesische Fahrräder sind sehr stabil. Doch mitunter ist es der letzte Strohhalm, der die Speichen einknickt. Wir sahen Räder, deren Felgen die Form einer Ellipse besaßen. Das ist auch kein Problem. Irgendwo ist eine

Reparaturwerkstatt, und davor liegt ein riesiger Berg rostiger Fahrradteile. Mit einigen Hammerschlägen werden Beulen und Verbiegungen beseitigt, und die Ersatzteile können eingebaut werden.

Die teilweise andere Denkweise der chinesischen Ingenieure gegenüber unserer europäischen Einstellung beweisen demonstrativ die Bremsen der Fahrräder. Ein Fahrrad »made in China« besitzt in der Regel keine Beleuchtung und auch keinen roten Rückstrahler. Bei den Millionen Rädern, die morgens und abends in der Dunkelheit fahren, wirft das natürlich manche Probleme auf, um so mehr, als der Autoverkehr stark zunimmt. Aber es ist nicht so einfach, fast 400 Millionen Lampen, Dynamos und Katzenaugen herzustellen, wenn die Bevölkerung so viele Bedürfnisse hat, die zuerst befriedigt werden müssen. Die Räder besitzen daher auch keine Rücktrittbremse. Am Vorderrad kann der chinesische Radfahrer, falls nötig, eine Handbremse anziehen. In den Vorschriften westlicher Länder über die Zulassung von Fahrrädern zum Straßenverkehr steht der Satz: Zweiradfahrzeuge müssen zwei voneinander unabhängige Bremsen haben.

Ich fahre seit 60 Jahren auf dem Rad. Ich fuhr in der Ebene, im Mittelgebirge und in den Alpen. Ich kann mich nicht besinnen, je zwei Bremsen gleichzeitig benutzt zu haben.

Doch da die chinesischen Behörden mich nicht nach meiner Erfahrung fragten (genauso wenig, wie unsere VP), verlangen sie, daß ihre Fahrräder zwei Bremsen haben müssen. Daher (und jetzt kommt die chinesische Lösung) konstruierten die Ingenieure an den Lenker neben dem großen Hebel für die Vorderradbremse auf der linken Seite, einen zweiten großen Hebel auf der rechten Seite. Über ein Gelenk kann er eine Stange bewegen, die vorn am senkrechten Teil des Rahmens läuft. Diese wirkt nun, ebenfalls über ein Gelenk, auf eine Stange, die entlang des vorderen schrägen Rahmenträgers angebracht ist. (Ich hoffe, Sie können mir folgen.) Unterhalb des Tretlagers drückt diese Stange wieder auf einen Hebel, dessen anderes Ende bei Betätigung des Systems (wenn es trotz der vielen Zwischengelenke funktioniert) auf das Hinterrad drückt und bremst.

Chinesische Ingenieure bauen Atomreaktoren, Atombomben und Fernraketen. Es gibt große Werften, und in den Städten erheben sich Wolkenkratzer. Aber sie finden auch technische (und künstlerische) Details mit ganz besonderen Lösungen.

Solche künstlerischen Lösungen, die uns in Staunen versetzen, sehen wir, als wir eine Elfenbein- und eine Jadeschnitzerei besichtigen. Am bekanntesten sind die reich beschnitzten Kugeln mit großen runden Löchern, durch die man eine zweite mit Schnitzerei verzierte Kugel sehen kann, die sich frei in der ersten Kugel bewegt und durch deren runde Löcher man eine dritte Kugel usw. sieht. Je nach Größe des Elfenbein- oder Jadestükkes bewegen sich vier, fünf oder sechs Kugeln ineinander.

In der Jadeschnitzerei (es wird nicht geschnitzt, sondern gebohrt, gesägt und gefräst) sitzen etwa 50 Menschen in einem Raum. Wir sehen, wie einer der Künstler ein Stück Jade von allen Seiten betrachtet. Er wendet den milchiggrünen, etwa kopfgroßen Stein hin und her. Dann skizziert er auf einem Papierblatt in einer Größe, die in den Steinbrocken paßt, die geplante Schnitzerei. Ihm schwebt, wie wir sehen, eine chinesische Göttin vor. Eine Ecke im Stein wird dabei noch nicht ausgenutzt. Geschickt läßt der Entwerfer das Haar der Göttin auswehen, bis auch diese Ecke mit in die Plastik kommt. Jade ist teuer, und alles muß ausgenutzt werden.

Die Skizze und der Steinbrocken wandern eine Arbeitsstation weiter. Dort sägt ein Mann mit einer Minikreissäge die groben Konturen des zukünftigen Bildes aus dem Block. Auf der zweiten Station ist das Sägeblatt noch kleiner, und kleine Ecken werden entfernt. Dann folgen mehrere Fräsvorgänge. Zwischendurch werden Löcher gebohrt. Es sieht sinnlos aus, wenn der Bohrer angesetzt wird. Aber wenn er herausgezogen wird, ist die Spalte zwischen Arm und Körper der Göttin plötzlich da. Alle Arbeiten erfolgen unter einem dünnen Wasserstrahl, um die Jade zu kühlen, und beim unbarmherzigen Licht nackter Glühlampen.

Viele Stationen durchläuft der Stein. Die Zeichnung ist längst fleckig und verwischt, wenn die Göttin poliert und nochmals poliert wird und schließlich bei einem Kontrolleur landet. Der gibt die Statue, an der wir keinen Makel erkennen können, noch einige Male zurück. Erst, wenn auch chinesische Augen keinen Fehler mehr sehen, kommt die Göttin in den Verkaufsraum und erhält ein Preisschild umgehängt. Die Zahl darauf ist vierstellig. Wenig, wenn man die Arbeit gesehen hat, viel, wenn man keine vierstelligen Scheine in der Brieftasche hat.

Ob wir auch sehen können, wie die ineinander geschachtelten Kugeln hergestellt werden? Leider ist es »gerade heute« nicht möglich, wird uns erklärt. Wir haben Verständnis.

Die Besichtigung des Jadebetriebes war vom Seemannsclub organisiert. Im Programm standen weitere Sehenswürdigkeiten von Kanton. Dazu gehörten eine große Tempelanlage, die heute ein Museum ist, und ein kleiner Tempel, der wieder »arbeitet« und in dem Mönche leben. Aus der Zeitung (es gibt englischsprachige Zeitungen) entnehmen wir, daß seit der Kulturrevolution 1200 Tempel wieder eingerichtet wurden. Sozusagen als Gegenstück wird über die erste Universität in Tibet berichtet, wo bisher der Lamaismus in den Klöstern der einzige Lehr- und Lernstoff war.

Mit Stolz wird uns der Kulturpark gezeigt. Unsere Matrosen gehen mit leichtem Widerwillen in den Park, »nur Blumen und Bäume«. Doch auf einem kleinen See finden sie einen Bootsscooter-Verleih. Kleine Zweimannboote mit einem 2-PS-Außenborder. Die Boote sind mit einer Gummiwulst umgeben, und man darf sich gegenseitig rammen. Nach 40 Tagen Seefahrt endlich einmal Kapitän sein dürfen. Sofort sind alle Boote von der Besatzung der M. S. »Magdeburg« besetzt, und mit großer Freude verstoßen unsere sonst so zuverlässigen Wachmatrosen gegen alle Ausweichregeln. Die sorgfältig gehüteten Devisen werden mit Freuden ausgegeben, um einmal »richtig« Schiff zu fahren.

Mit Mühe sammelt unser Reiseleiter seine Schäfchen wieder zusammen. Er will uns noch einige Straßen der Altstadt und der Neustadt von Kanton zeigen. Der Bus führt uns durch das Gewimmel der Radfahrer. Über den Bürgersteigen hängen vor jedem Haus die frisch gewaschenen Wäschestücke. Das Tropenklima erfordert öfteren Wäschewechsel, die Bevölkerungsdichte macht Trokkenplätze unmöglich. Der Raum über dem Bürgersteig gehört niemandem, und die Hosen und Hemden hängen dort diebstahlsicher. An »Fahnenstangen« wird das Zeug aus dem Fenster gehängt. Der Fußgänger muß aufpassen, wenn die Wäsche noch tropfnaß an die Leine kommt.

Unser Bus rollt vorsichtig durch eine Straße, in der sich die Buden der Fleischer befinden. Plötzlich wird es im Auto sehr still. Was dort neben uns liegt und hängt, sind ohne Zweifel abgehäutete Hunde. Der Kopf mit der langen Schnauze läßt keinen Zweifel zu.

Mit einem flauen Gefühl im Magen steigen wir aus, als der Bus vor einem Restaurant hält. Aber dort ist man auf weiße Touristen eingerichtet, und von den 15 Gängen sind alle hundefrei (hoffen wir!).

Nach dem Essen bringt man uns in das Friendshipstore. In Whampoa und noch mehr in Kanton sind das richtige große Kaufhäuser. Die vielen Auslandschinesen schicken Geld an ihre Verwandten im Heimatland, und diese gehen neben den Touristen in diese Läden. Gleich an den Eingängen ist immer eine Wechselstube (Verbesserungsvorschlag für Intershop). Dort kauft man chinesische »Forumschecks«. Nun kann man vom Auto bis zum ausgestopften Tiger alles kaufen. Eine ganze Abteilung ist voller chinesischer Medizinen. Die Europäer aller Länder erwerben dort eifrig mentholhaltige Salben und Essenzen gegen Rheuma, Kopfschmerzen und Schnupfen. Wer will, kann sich eine Akupunktureinrichtung zulegen, nebst einem kleinen Plastmenschen, auf dem die Einstichflecke bezeichnet sind.

Ich kann dem Angebot nicht widerstehen und kaufe »Long-life-balls«. Das sind zwei blankpolierte Stahlkugeln von Walnußgröße. In den Kugeln ist ein Mechanismus, der leise klingt, wenn die Kugeln bewegt werden. Man nimmt nun die zwei Kugeln in eine Hand und dreht sie umeinander, wobei sie nicht laut zusammenstoßen dürfen. Die Verkäuferin macht es vor. Der Effekt soll sein: 1. Verlängerung des Lebens, 2. Beruhigung der Nerven.

Wir sahen einen chinesischen Film. Der Bösewicht beruhigte sein schwarzes Gewissen mit Hilfe dieser Kugeln. Aber als es zum »letzten Gefecht« mit den guten Kräften kam, warf er mit ihnen und tötete zwei Mann. Also: 3. Bekämpfung von Gegnern.

Mich reizt immer wieder die Entzifferung der chinesischen Schrift. Die Charaktere von Mitte (ein durchgestrichenes Quadrat) oben, Mann, Eingang und Ausgang, Betrieb und Arbeit behalte ich, aber die übrigen 2300, die den Standard darstellen, vergesse ich immer wieder. Wir lassen uns aufklären, warum die Regierung an der Schrift festhält. Die Bewohner verschiedener Regionen können sich gegenseitig kaum oder gar nicht verstehen. Zum Beispiel sagt der Südchinese: Kanton (so verstanden die Engländer das Wort, und wir übernahmen es). In dem offiziellen Dialekt des Nordens spricht und schreibt man Guangzhou. Der Südchinese verwendet für Kanton ebenfalls die Charaktere für Guangzhou. Die 2300 Zeichen werden überall gleich geschrieben, aber völlig verschieden gesprochen. Sie bilden daher ein wichtiges Band der nationalen Einheit, das durch eine Schrift im europäischen Sinne nicht geknüpft würde.

Wie verschieden die chinesische Sprache von unserer ist, merken wir, als wir uns einen Sprachkursus chinesisch – deutsch in einer Zeitschrift ansehen. Das Lesestück besteht aus vier Teilen: den chinesischen Charakteren, der Aussprache, der wörtlichen Übersetzung und der eigentlichen Übersetzung.

»Ich nicht Vorsicht, verstauchen Fuß, jetzt schmerzen schlimm.«

»Sie leicht, leicht bewegen, ein bewegen, schmerzen?« Sinngemäß heißt das:

»Ich habe mir unvorsichtigerweise den Fuß verstaucht. Jetzt tut er sehr weh.«

»Bewegen Sie den Fuß leicht, tut das weh?«

Nun muß man sich einen technischen Text vorstellen, der in der einen oder anderen Richtung übersetzt werden soll. Die Schwierigkeiten beim Umdenken in die andere Sprache müssen sehr groß sein.

In Whampoa stürzen wir uns täglich mit neuem Interesse in das Menschengewimmel auf den Straßen. Entlang einem Hauptstraßenabschnitt stehen Bretterbuden, in denen man sich frisieren lassen kann oder Bilderrahmen kaufen oder Mandarinen (frisch vom Baum – herrlich!) erwerben kann. Mitten auf dem Gehweg sitzen Schusterfrauen (wir sahen nur Frauen in diesem Gewerbe) und nähen mit einer handbetriebenen Steppmaschine die Turnschuhe der Leute. Der oder die Schuhlose steht in Strümpfen daneben.

Dort, wo das Gedränge am allergrößten ist, sitzen die Uhrmacher. Vor ihrem Hocker steht ein winziger Tisch, gegen den Wind durch eine handhohe Umrandung abgeschirmt. Tausende eilen vorbei, niemand stößt den Uhrmacher an, der mit der Lupe im Auge arbeitet, während der Uhrbesitzer neben ihm wartet. Wahrscheinlich spielen die Uhrmacher abends zwei Stunden lang mit Longlife-balls, um ruhige Nerven zu behalten. Bei uns würde sogar ein Grobschmied nervös, der unter solchen Umständen arbeiten müßte.

In den Dörfern, die von den neuen Stadtvierteln eingeschlossen werden, geht das Leben geruhsamer weiter als in der Stadt. Vor jedem Lehmhaus ist frisch gekehrt. Aber nur haargenau bis zur Hausgrenze. (Ich wünschte, man würde dieses Prinzip zu Hause auch durchsetzen.) Daneben sammelt sich im Laufe der Zeit ein Dreckhaufen an. Aber doch nur sehr langsam, denn es gibt kaum Dinge, die in diesem Lande fortgeworfen werden. Nach einiger Zeit kommt ein Bauer mit einem Sieb. Er siebt den Humus heraus und bringt ihn auf sein Feld. Die winzigen Holzstücke, die auf dem Sieb bleiben, sammelt er in einem Sack zum Feueranmachen. Die Steinreste benutzt er, um die Wege aufzuschütten. Nichts geht verloren in China.

Auf einem Platz im Dorfe sitzen alte, ehrwürdige Männer um einen Tisch und spielen Karten. Wir schauen, höflich grüßend, über ihre Schultern. Sie sind erfreut über unser Interesse und spielen mit viel Würde weiter. Die würdigen alten Herren spielen einen ganz gemeinen Poker. Als ich das Wort ausspreche, nicken sie vergnügt. Aus irgendwelchen Gründen nimmt man (trotz aller gegenteiligen Erfahrung) immer wieder an, daß Dorfbewohner »unschuldiger« leben als Großstädter. Diese alten Chinesen blufften nach allen Regeln der Pokerkunst wie geborene New Yorker. Wenn einer von ihnen hereinfällt, kichern die übrigen vergnügt.

Nach einigen Tagen fühlen wir uns wie zu Hause. Wir haben uns an die Gerüche gewöhnt, an die vielen Menschen und an das Tropenklima.

Unsere »Magdeburg« kommt immer weiter aus dem Wasser heraus, denn die Kräne holen bei Tag und Nacht Güter aus ihrem Rumpf, die wir von Rostock oder Antwerpen mitbrachten. Unserem Kapitän geht es aber viel zu langsam. Über den Arbeitseifer der Hafenarbeiter kann er nicht klagen, aber er fordert immer mehr Leute an.

»Wieviel gangs?« ist die Standardfrage an den wachhabenden Offizier. Und wenn er antwortet, daß im Augenblick drei gangs, also Verlademannschaften, arbeiten, schimpft der Kapitän.

Wir, als Passagiere, haben es natürlich nicht so eilig mit dem Entladen. Aber eines Morgens steht am Schwarzen Brett: Landgangende 16 Uhr. Wir laufen eine Abschiedsrunde durch Stadt und Hafen. Zum letzten Male freuen sich die Wachposten, als wir kommen, und studieren pflichtgetreu unsere Paßnummern.

Ein Lotse kommt an Bord, und zwei Schlepper ziehen uns einige hundert Meter vom Kai fort in den Perlfluß. Dort werfen wir mitten im Strom zwei Anker aus. Das Beladen erfolgt mit Bargen, den kleinen Schuten aus Beton, auf denen in einem winzigen hölzernen Deckraum die Besatzung nebst Familie lebt. Das Ladegeschirr der »Magdeburg« holt aus den Rümpfen der Bargen auf Paletten Pakete mit Ananaskonserven oder mit Taschentüchern, oder was der Außenhandel sonst so einkauft.

Uns haben es natürlich die 33000 Kartons mit je 24 Ananasdosen angetan, die sorgfältig gestapelt eine kleine Ecke eines Laderaumes füllen. Die 792000 Dosen, vor denen wir in China stehen, repräsentieren rund eine Million Mark, das heißt, jede Dose kostet 1,26 M. Dafür kauft die Besatzung sie auch vom Schiffshändler für Frau und Kind daheim.

Wir überlegen: für 1,26 M muß die Ananas vom Bauern gepflanzt, gepflegt und geerntet werden. Dann muß sie in eine Fabrik transportiert werden. Dort wird sie geschält, ihr holziger Kern wird herausgeschnitten, und die Frucht wird in Scheiben zerlegt. Dann – ich will nicht alle Arbeitsgänge aufführen, die notwendig sind, damit schließlich die 33000 Pakete mit den 24 Dosen im Laderaum des Schiffes liegen. Und auf allen Zwischenstationen, die nach dem Bauern folgen, muß verdient werden. Nach solchen Gedanken wird verständlich, warum Agrarstaaten es im Welthandel so schwer haben.

Hinter uns im Fluß liegen weitere Schiffe, die beladen werden. Aus ihren Ankerklüsen strömt in einem dicken Strahl Wasser über die Ankerkette. Natürlich interessiert uns gleich am ersten Tage, als wir das sahen, warum dort ununterbrochen Wasser gepumpt wird. Unsere Offiziere lachen. Wir erfahren, daß die Klüsen – große Löcher, durch die die Ankerkette vom Deck zur Bordwand läuft – von den gangs als WC benutzt werden. Genaugenommen, benutzen die chinesischen Arbeiter nur die Löcher. Zum WC wird das Ganze erst, weil die Schiffsfeuerwehr Wasserschläuche dorthin legt.

Nun liegen wir auch im Perlfluß. Solange der Ebbstrom läuft, zeigt unser Bug nach Kanton. Der Flutstrom dreht die »Magdeburg« mit den Bargen backbord und steuerbord mit der Nase zum Meer. Leider erfolgen diese Wendungen nicht immer in den entsprechenden Richtungen, und so drehen sich unsere beiden Ankerketten spiralförmig umeinander. Als wir nach drei Tagen die Anker aufnehmen wollten, benötigten wir zwei Schlepper, die unser Schiff erst einmal so lange drehten, bis die Ketten wieder frei waren. Der Perlfluß ist an der Stelle, an der wir ankern, etwa 400 bis 600 Meter breit, je nachdem, ob wir Hoch- oder Niedrigwasser haben. Während unseres Manövers läuft der Ebbstrom, und der Fluß ist schmal. Die 150 Meter der »Magdeburg« quer im Wasser sind auf einmal ein riesiges Hindernis. Als unser Heck in den Bereich kommt, in dem der Verkehr der Binnenschiffe abläuft, reicht der Platz nicht mehr für alle. Der starke Ebbstrom drückt ein Dutzend Schuten auf die schmale Öffnung zwischen unserem Heck und dem Ufer. Entgegenkommt die gleiche Zahl anderer chinesischer Fahrzeuge. Betonschiff prallt auf Betonschiff. Die Rümpfe können das ab, aber die Wohnhäuser auf dem Verdeck sind nicht so stabil befestigt. Sie verrutschen bei dem Zusammenstoß. Aber sonst passiert nichts Ernsthaftes. Würde sich ein solcher Zwischenfall im Rostocker Hafen ereignen, wären die Konsequenzen unabsehbar. Auf dem Perlfluß und in den Tropen sieht man nicht alles so verbissen.

Hongkong und Kanton liegen nahe beieinander. Täglich verkehren zwei Luftkissenfähren zwischen beiden Häfen. Diese Fähren benutzen das Fahrwasser zwischen den Inseln. Wir dürfen dort nicht fahren. Die »Magdeburg« verläßt die VR China auf der vorgeschriebenen Route bis zur Grenze der Hoheitsgewässer. Dort laufen wir einige Meilen und biegen dann in die vorgeschriebene Route nach Hongkong ein.

Im Hafen liegen wir, wie fast alle Schiffe, an großen Bojen vertäut. Das Entladen und Laden übernehmen große Bargen. Sie sind zwar viel größer als die in Kanton, aber das Familienleben spielt sich auch hier auf den Schiffen ab. Alle zwei bis drei Stunden kommt eine Versorgungsdschunke angemotort und fragt, ob die Schiffsfrau etwas wünscht. Coca-Cola aus dem Eisschrank? Warmer Reis aus der Küche? Der Schiffshändler hat alles bereit.

Wir lehnen an der Reling und können uns nicht sattsehen an dem Gewimmel auf dem Wasser und der Stadtkulisse.

An Land dürfen wir nicht. Im Übertretungsfalle werden dem Kapitän (nicht uns!) 1000 Dollar Strafe angedroht. Natürlich würden wir gern in den wenigen Stunden, die wir hier liegen, einmal die Stadt (einen Stadtteil) betreten. Aber gerechterweise muß man zugeben, wenn ein Passagier aus Hongkong auf einem Frachter in Rostock auftaucht, dürfte er wohl auch nicht von Bord. Um über das Warum solcher Regeln nachzudenken, ist der Hafen zu interessant.

Kurz nach dem Festmachen kommt »die schwarze gang«. 35 in schwarzen Schlosseranzügen gekleidete Rauschgiftfahnder klettern an Bord und nehmen acht Stunden lang unser Schiff auseinander. In den Kabinen werden die Wandverkleidungen abgeschraubt, in jedes Loch wird hineingeleuchtet. Hinter den Kontrolleuren kommen nochmals Kontrolleure, die kontrollieren, ob auch alles kontrolliert wurde. Wir müssen auch in unsere Kammer gehen. Aber weil wir keine Lust haben, dort auf die Kontrolle zu warten, frage ich den Oberkontrolleur, ob wir wirklich in der Kammer bleiben müßten. Er schaut meine Frau und mich kurz an.

»No, Sir. Sie können gehen.«

Stolz über unser vertrauenerweckendes Aussehen gehen wir wieder an Deck.

Wir löschen Stahlträger aus dem Saargebiet. Natürlich regt das auch wieder zum Nachdenken über den Welthandel an. Warum kauft man in Hongkong ausgerechnet Träger, die über Saar, Mosel, Rhein und verschiedene Kanäle nach Antwerpen transportiert werden und die

dann 10000 Kilometer mit der »Magdeburg« über die Meere schifften?

Nach 18 Uhr kann ein Teil unserer Mannschaft für 4 Stunden an Land. Als sie zurückkommen, tragen sie vom Kapitän bis zum Matrosen die grauen Windjacken, die zu der Zeit modern werden. Hongkong ist ein Zentrum der Textilindustrie.

Am nächsten Tag verlassen wir die Tropen. Der Kurs geht Nord-Ost an der chinesischen Küste entlang. Stündlich wird es kälter. Zwar befinden wir uns immer noch auf der geografischen Breite des Mittelmeeres. Aber über Nord-China liegt das winterliche sibirische Hoch. Und natürlich sind wir durch vier Wochen Aufenthalt in Äquatornähe verwöhnt. Wir haben nun Zeit, die chinesischen Zeitschriften in englischer Sprache zu lesen, die wir vom Seemannsclub erhielten. Die Auswahl der Themen ist interessant: Ist es günstiger, kleine und schnelle Leute in unserer Basketballmannschaft zu haben, oder müssen wir längere Spieler aufstellen? (Etwas größere!) Braucht China eine Reservearmee von Arbeitskräften? (Wahrscheinlich!) Wie löst man das Problem der überalterten Parteifunktionäre? (Man gründet eine Pensionskasse.) Wie ist es mit dem »eisernen Reistopf«, nach dem schlechten Mitarbeitern nicht gekündigt werden darf? (So geht es nicht weiter!) Ist die Geburtenregelung notwendig? (Ja, der Menschenzuwachs verzehrt den Zuwachs des Nationaleinkommens.)

Wir lesen alles mit der heiteren Gelassenheit von Leuten, die auf dem Meer sind, wo alle Probleme klein werden. Der Himmel bleibt trotz sinkender Temperatur blau. Das Gelbe Meer wird planmäßig gelb.

Vor dem Hafen von Tientsin oder in neuer Schreibweise Tianjin kommen uns Eisschollen und schließlich Eisfelder entgegen. Das Eis ist, wie das Wasser, gelb und sieht unappetitlich nach Urin aus. Aber es ist natürlich ein europäisches Vorurteil, daß Eis weiß aussehen muß.

Für den Aufenthalt im Hafen sind nur wenige Tage vorgesehen. Wir buchen schnell eine Autofahrt nach Peking (Beijing). Morgens um 5 Uhr steht der Wagen an der Gangway. Es herrscht klirrender Frost, doch weil es windstill ist, kann man schon −10 °C oder −15 °C vertragen. Der Wagen ist angenehm warm. Wir fahren mit hoher Geschwindigkeit über die guten Straßen. Selten ist links oder rechts ein einsames Licht zu sehen. Dafür überholen wir öfter Fuhrwerke der Bauern, die zum Markt in die Stadt fahren (wie der Dolmetscher erklärt). Es sind zweirädrige Karren, hochbeladen, davor ein winziges Pferd oder ein Maultier. Immer sind es zehn bis zwanzig solcher Wagen, die hintereinander her fahren. Natürlich sind sie unbeleuchtet und tauchen immer erst im letzten Augenblick in unserem Scheinwerferlicht auf. Anfangs spähen wir vergebens nach den Kutschern. Schließlich entdecken wir sie. Sie liegen in ihre wattierten Mäntel gehüllt oben auf der Last und schlafen. Die Zugtiere kennen den Weg. Und Konfuzius verläßt einen

Chinesen auch nicht im modernen Straßenverkehr. Als es dämmrig wird, tauchen von überall Radfahrer auf. Auch sie glauben, ohne Laterne und Rücklicht, fest an die Vorbestimmung des Schicksals. Wenn es zuschlägt, hilft auch ein Katzenauge am Rad nichts.

Zum Glück sind chinesische Kraftfahrer reaktionsschnell, und unser japanischer Wagen verfügt über gute Bremsen. Nach vier Stunden sind wir in Peking. Zuerst geht es natürlich zum Platz des Himmlischen Friedens. Als ich dem Dolmetscher die Stelle zeige, wo ich zu Mao Tse-tungs Zeiten zur Parade am Nationalfeiertag *auf* der Tribüne stand, zeigt er uns, wie auf dem Platz jeder Chinese *vor* der Tribüne seinen Platz angewiesen erhält. Jede der Platten, mit denen der Platz gepflastert ist, bietet Raum für einen Mann. Jede Platte ist nach Reihe und Spalte numeriert, so daß jeder, der zu einer Kundgebung auf den Platz geht, »seine Platte« zugewiesen bekommt.

Inzwischen ist es in der Sonne wieder angenehm warm, denn Peking liegt auf dem Breitengrad von Italien, jedoch im Schatten ist es bitterkalt, denn Peking liegt im Bereich des Sibirischen Festlandes. Bisher ist noch kein Schnee gefallen, obwohl wir bereits Ende Januar schreiben. Die Zeitungen warnen vor dem Klima und sagen eine Grippe und Erkältungsepidemien voraus.

Unbeeindruckt von solchen Prophezeiungen besichtigen wir den Kaiserpalast und fahren dann zur Großen Mauer hinaus. Es ist erstaunlich, was alles geleistet werden kann, wenn einige Millionen Hände zugreifen. Gerade dieser Gedanke durchzieht auch heute das politische Leben. Immer wieder tauchen in den englischsprachigen Zeitschriften oder den Ausführungen des Dolmetschers für uns unvorstellbar große Zahlen auf.

Wir verlassen China mit der Überzeugung, daß unsere Maßstäbe für dieses Land ungeeignet sind, und mit der von den Zeitungen vorausgesagten Erkältung.

Die »Magdeburg« hallt wider vom Husten und Niesen. In einzelnen Fällen muß der II. Offizier, der die Sanitätsstelle verwaltet, zur Penicillin-Spritze greifen. Wir sind zwar in der DDR gegen allerhand Gebrechen geimpft worden, sogar gegen Grippe, und wir schlucken jeden Sonnabend zum Mittagessen unsere Antimalariatablette, aber so ein richtiger chinesischer Bazillus wird davon wenig beeindruckt.

Die »Magdeburg« fährt uns rund um Südkorea herum zum Hafen Hungnam in Nordkorea. Der Hafen liegt auf der Ostseite der Volksrepublik, dort, wo die Halbinsel Korea am Festland beginnt. Wir sollen dort fünf Feuerwehrautos abliefern, die wir als Decksladung mitführen. In Rostock hat sie der große Hafenkran mühelos auf die »Magdeburg« gestellt. Der Kapitän weiß aber, daß in Hungnam kein entsprechender Kran zur Verfügung steht. Aber Seeleute sind findig. Aus daumendicken Drahtseilen wird ein großes Netz gespleißt. In diesem Netz sollen die Feuerwehrautos hängen, wenn unser Schwerlastbaum sie an Land hievt. Unser Politoffizier verbucht die Stahlnetze als Initiative zur Neuererbewegung.

Die Offiziere warnen uns vor Hungnam. Sie haben dort schon −30 °C erlebt. Zu unserem Glück sinkt die Temperatur aber nicht tiefer als −15 °C. Weiter steht der Hafen in schlechtem Ruf wegen der Abgase, die eine chemische Fabrik abbläst. Wir stellen im Hafen aber fest, daß die Koreaner das Weltniveau des Raumes Merseburg-Halle-Bitterfeld noch lange nicht erreicht haben.

Schlimmer als Temperatur und Abgase ist, daß die Südkoreaner und US-Amerikaner ein großes Wintermanöver abhalten. Das führt in der Volksrepublik zu umfangreichen Sicherheitsmaßnahmen. Unsere Fotoapparate werden vom Kapitän vor dem Einlaufen eingesammelt, damit es keinen Ärger wegen Spionage gibt. Wenn auf den Hügeln über dem Hafen Geschützrohre zum Himmel ragen, schauen wir dezent weg.

Korea soll im Frühling sehr schön sein, aber unter den derzeitigen Umständen waren wir froh, den Hafen schnell wieder verlassen zu können.

Nun ging es südwärts. Jede Meile brachte uns wärmeren Gegenden näher. Bis auf 100 Kilometer führte die Reise an den Äquator heran zu einem der Traumhäfen der Seeleute: Singapore.

Um 1800 legten die Engländer mit sicherem Blick für die strategische Lage diesen Hafen an. Jedes Schiff, das von Europa, Afrika oder Indien kommt und nach China oder Japan will, muß um die Südspitze der Malayischen Halbinsel herum. Einer der großen Welthandelsströme war von hier aus leicht zu kontrollieren. Alle Waren, die von den vielen Inseln kommen oder für sie bestimmt sind, werden in Singapore umgeschlagen. Uns Europäern ist kaum bewußt, daß die Indonesischen Inseln von über 100 Millionen Menschen bewohnt sind. Von dort kommt ein bedeutender Anteil des Öls für die Industriestaaten. In Singapore steht jetzt die größte Raffinerie der Welt. Vor allem beherbergen die Wolkenkratzer im Stadtzentrum die Banken, über die alle Geschäfte dieser Region abgewickelt werden.

Von den 2,5 Millionen Bewohnern des Stadtstaates sind 70 Prozent Chinesen, etwa 15 Prozent Malayen, der Rest sind Inder, Indonesier, Europäer. Für die Besatzung vieler tausend Schiffe ist Singapore die Stadt mit den niedrigsten Preisen, vor allem für Elektronikprodukte. Kaum liegt unsere »Magdeburg« vor Anker, versammeln sich etwa 20 Mann an der Gangway, bereit zu umfangreichen finanziellen Transaktionen. Die Adressen der Einkaufsquellen werden eifrig ausgetauscht.

Der Kapitän hat ein Motorboot bestellt, um die Freiwächter an Land zu bringen. Es tuckert am Fuß der Gangway und schaukelt wild in den kurzen Wellen des Hafens. Wir 20 von der »Magdeburg« springen hinüber. »Zugelassen für 12 Personen« steht am Fahrstand angeschrieben. Das Boot wurde so konstruiert, daß der Steuermann hinter dem Steuerrad stehen muß. Doch unser Bootsführer, ein Chinese, hat eine neuartige Lösung gefunden. Er hat einen hohen Barhocker aufgetrieben und in das Steuerhaus gestellt. Auf dem Hocker hockt er nun und bedient mit dem linken nackten Fuß das Steuerrad. Nun müßte der Hocker bei der Schaukelei eigentlich umfallen. Aber wozu hat der Mensch einen rechten Fuß? Der liegt auf der Steuerkonsole und hält Hocker und Steuermann eisern fest. Nun hat unser Chinese die Hände frei und kann sie zur Unterstützung seiner Reden benutzen, denn er führt mit einem Kollegen eine lautstarke Unterhaltung.

Nach 20 Minuten sind wir am Landungssteg für Boote mit Schiffsbesatzungen. Alle zwei oder drei Minuten legt ein Motorboot ab, oder ein neues trifft ein. Auf dem Steg landwärts strömen die kauf- und schaulustigen Seeleute (und wir zwei Passagiere) vorbei an einem offenen Verschlag. »Der Steg ist nur für den Personenverkehr, nicht für Waren«, steht auf einem Schild. Im Schatten des Verschlages sitzt ein Mann, der, nach seiner Uniform zu rechnen, hier aufpassen soll, daß die Bestimmung auf dem Schild eingehalten wird. Der Mann liest eifrig Zeitung. Seewärts schieben sich Seeleute aller Nationen zu den Motorbooten. Die Männer schleppen große Kartons mit Stereolautsprechern, noch größere Packungen mit Vier-Box-Quadrupel-Kompakt-Welt-Radio-Empfängern, zu zweit transportieren sie Fernsehgeräte, zu viert schleppen sie Kühlschränke. Stewardessen tragen drei neu erworbene Fotoapparate um den Hals. Indische Matrosen tragen Körbe mit Gemüse. Alles das stört den Grenz- und Zollbeamten nicht bei der Lektüre seiner Zeitung.

Und wie man sieht, schadet sein Desinteresse dem Staate Singapore nicht. Die Geschäfte sind voll von Waren und von Käufern. Die großen und kleinen Händler gehen von dem Grundsatz aus, daß viele kleine Gewinnspannen mehr Gesamtgewinn bringen als wenige Geschäfte mit größerem Gewinn. Sie sind daher in der Elektronikbranche immer einen Dollar billiger als die Händler in Hongkong oder Nagasaki. So etwas spricht sich international herum.

Die Hitze an Land empfängt uns wie eine Mauer aus zähem Brei. 32 °C im Schatten und eine Luftfeuchtigkeit von fast 100 Prozent legen sich schwer auf die Brust. Zum Glück haben die Stadtväter von Singapore überall, wo es möglich ist, Bäume gepflanzt, so daß wir nur selten in die unbarmherzige Sonne müssen.

Kurz entschlossen mieten wir ein Taxi für eine Rundfahrt. Angenehm prickelnd ist es, wenn man in den klimatisierten Wagen einsteigt. Aus einem Fahrzeugraum mit 22 °C sieht die Außenwelt mit 32 °C bunt, exotisch und voller Leben aus. Der Fahrer zeigt uns als erstes die City. Im alten Teil stehen noch die Bauten aus der englischen Kolonialzeit. Im neuen Teil reiht sich Hochhaus an Hochhaus. Obwohl der überwiegende Teil der Bevölkerung Chinesen sind, gibt es eine kleine China-Town. Zwischen Wohnblocks mit zehn Stockwerken blieben einige alte Straßen erhalten. Dort spielt sich das Leben wie in Kanton ab, mit Straßenhändlern und Straßenhandwerkern.

Einige Straßen weiter liegt die Indian-Town. Hier sehen die Häuser aus wie in Bombay. Frauen mit Perlen im Nasenflügel und einem roten Punkt auf der Stirn kaufen ein. Ein Tempel trägt auf seiner Umfassungsmauer 20 heilige Kühe aus Gips.

Wir verfolgen unsere Fahrt auf einem Stadtplan. Im Begleittext zum Plan steht, wo der Fremde essen kann. Entweder exotisch: das heißt englisch oder bayrisch. Oder landesüblich: das heißt indisch, chinesisch oder indonesisch. Auf Seite 5 des Planes ist eine kleine Karikatur. Ein Tourist hat ausgespuckt, und ein Polizist kassiert Strafe. In der »Spruchblase« des Touristen steht: »Zu Hause war das Ausspucken frei, aber ich wußte nicht, daß es hier 500 Dollar kostet.« Aber wir wissen es jetzt.

Singapore legt Wert darauf, die sauberste Stadt Ostasiens zu sein. Nun spucken die Chinesen seit 4000 Jahren eifrig in Spucknäpfe und auf die Erde. Eine Milliarde Menschen tut es in China. In Singapore hat man es den zwei Millionen (0,2 Prozent aller Chinesen) Chinesen abgewöhnt. Dafür ist Ausspucken augenblicklich (1986) in Europa hochmodern.

Weil wir bei Strafen sind: Das Überqueren der Straße außerhalb der Ampelwege kostet 500 Dollar. Rauchen an verbotenen Stellen (z. B. Regierungs- und Stadtverwaltung) kostet 500 Dollar. Nirgends sind Verbotsschilder! Jeder wirft Papier oder Kippen in die reichlich vorhandenen (und offensichtlich regelmäßig gesäuberten) Behälter.

Ein großer Teil der Bevölkerung lebt in Hochhäusern, die zu Siedlungen zusammengefaßt sind. Jede Siedlung steht in einem tropischen Wald. Sie ist eingezäunt, mit einer Wache am Tor. Je nach Mietpreis besitzen die Siedlungen Kaufhallen, Tennisplätze und Bäder.

Unser Fahrer wohnt in einer dieser Siedlungen ohne Bäder und Sportplätze. Er zahlt 800 Dollar monatlich für drei Schlafräume (so sagt er). Nach 20 Jahren gehört die Wohnung ihm. Als wir wieder auf der »Magdeburg« sind, nehme ich meinen Taschenrechner. In 20 Jahren hat der Fahrer 192000 Dollar bezahlt. Aber wieviel Dollar hat die Bank vorgeschossen, um die Wohnung zu bauen? Sie nahm auf die jeweilige Schuld 8 Prozent Zinsen. Zum Glück braucht der DDR-Bürger eine solche Rechnung kaum zu machen, zumindest nicht mit 8 Prozent Zinsen. Mein Taschenrechner findet heraus, daß die Hochhauswohnung 95650 Dollar kostete und der Taxifahrer 96350 Dollar Zinsen zahlen mußte!

Wenn ich hier von Dollar spreche, meine ich Singapore-Dollar, die weniger als eine Mark wert sind. Wir können auch abschätzen, was unser Mann verdient. Er ist erfreut, als wir ihn nebst klimatisiertem Auto und Benzin für 20 Dollar je Stunde mieten (Versuchen Sie einmal in der DDR, ein Taxi für 20.- Mark je Stunde zu bekommen).

Er muß dem Wagenbesitzer (einer Aktiengesellschaft) monatlich 2000 bis 2500 Dollar geben und Benzin kaufen. Dann hat er 1000 bis 1500 Dollar brutto verdient. Neben den Abzügen für Steuern muß er dann 800 Dollar für die Wohnung zahlen.

Nach der Rechenarbeit an Bord lese ich die Tageszeitung. Sie ist etwa 20 Seiten dick mit viel Politik, Klatsch, Sport, Kultur und Reklame. Auf der Titelseite ist der Bericht einer Regierungskommission abgedruckt. Die Kommission sollte prüfen, warum die Wirtschaft von Singapore in den letzten Jahren nicht wuchs, und Vorschläge für die Zukunft machen. Dieser Bericht war nun in der Zeitung abgedruckt und kommentiert. Die Wirtschaft wuchs nicht, so stellte die Kommission fest, weil die Banken ihr Geld in Bauten anlegten. Notwendig ist es in Zukunft, Investitionen auf dem Gebiet der Technologie zu machen.

»Wir haben in Singapore keine Rohstoffe. Wir haben nur technisch hoch ausgebildete Arbeiter, die bereit sind, im Dreischichtsystem zu arbeiten. Diese müssen wir durch Rationalisierung unterstützen.«

Mir kommt der Gedanke sehr heimatlich vor.

»Wir empfehlen der Regierung einen Lohnstop für zwei Jahre.«

Das ist natürlich nicht heimatlich. Der Taxifahrer wird in Zukunft noch mehr Sorgen haben, wie er seine Schulden abbezahlt.

Die nächsten zwei Seiten unserer Zeitung (englisch geschrieben für die chinesische Bevölkerung) handeln von zwei Fällen von Rassendiskriminierung. Das Wort kommt im Text überhaupt nicht vor, aber es steht zwischen den Zeilen.

Der erste Fall behandelt eine Reisegruppe aus den First-class-Kreisen Singapores, die ihren Urlaub in Californien verbrachte. Dort hatte ein Sheriff sie aufgegriffen und mit den Worten: »Ihr verdammten Chunks (Chinesen) seid schwarz über die mexikanische Grenze gekommen« eingesperrt. Wer US-amerikanische Filme gesehen hat, kennt die Käfige der dortigen Gefängnisse. Als die Gefangenen protestierten, gab es Prügel. Erst als sie am nächsten Tag dem Haftrichter vorgeführt wurden, kamen sie frei. Natürlich sollte die Sache ein Nachspiel haben. Aber der Polizeioffizier sagte einfach: »Ich sperre täglich so viele Leute ein, da kann ich mich nicht an jeden Fall erinnern.« Und damit war Schluß.

Der zweite Fall betraf zwei Australier, die im Nachbarstaat Malaysia wegen Rauschgiftschmuggels zum Tode verurteilt waren. Die Todesstrafen wurden eingeführt, weil amerikanische und euopäische Staaten Südostasien als Quelle des Opiums bezeichneten. Nun waren zum ersten Male nach englischem Recht (als Erbe der Kolonialzeit) zwei Weiße verurteilt, »solange am Halse aufgehangen zu werden, bis der Tod eintritt«.

Statt der erwarteten Zustimmung über das energische Durchgreifen trafen Proteste und Bitten um Gnade aus den Ländern der Weißen ein. Vorher waren bereits über

20 Chinesen und Malayen gehenkt worden, ohne daß jemand darüber diskutierte. Aber zwei Weiße?

Warum zweierlei Maß? fragte die Zeitung.

Übrigens, die beiden wurden drei Monate später hingerichtet.

Aus den Nachbarkammern dröhnen die Lautsprecher der neuangeschafften Radios. Dazwischen klingen Flüche. Ausgerechnet dem Elektroingenieur hat man einen Apparat angedreht, der nicht funktioniert. Aber bei Billigpreisen gilt: Vom Umtausch ausgeschlossen.

Am nächsten Morgen wartet »unser« Fahrer bereits am Anlegesteg. Die Hitze ist noch drückender geworden.

Es wäre noch erträglich, meint er.

Als wir vor dem Jurong Bird Park halten, zögern wir, das kühle Auto zu verlassen.

»Es lohnt sich, Sie werden es sehen«, redet uns der Fahrer zu. Es lohnt sich wirklich. In dem Park leben etwa 3000 Tropenvögel. Die Erbauer ließen den tropischen Urwald in einer Schlucht stehen und überzogen ihn in großer Höhe mit Maschendraht. Durch eine Schleuse kann der Besucher eintreten und auf schmalen Urwaldpfaden die Vögel frei beobachten. Trotz der Hitze bleiben wir eineinhalb Stunden im Park. Es sind ja nicht nur die Vögel. Es sind auch die blühenden Pflanzen, die uns begeistern. Irgendwie steckt in uns Nordländern das Gefühl, eigentlich dürften wir im Februar keine grünen Bäume sehen.

Der Fahrer ist zufrieden, daß wir zufrieden sind.

Es gibt noch mehrere Parks in Singapore. Um Abwechslung zu haben, sind sie im Stil der dort wohnenden Nationalitäten angelegt. Es gibt daher einen Chinesen Garden, einen Japanesen Garden, ein Crocodilarium usw. und den berühmten Tiger Balm Garden. Ein Chinese namens Mister Aw kam vor vielen Jahren auf die

Idee, in Vaseline einige Tropfen Menthol zu mischen und das Produkt unter dem Namen Tiger-Balsam zu verkaufen. Tiger-Balsam hilft, falls man daran glaubt, gegen alle Krankheiten. Ein Teil der Einnahmen aus dem Balsamgeschäft benutzte Herr Aw, um auf einem Hügel Gips-Figuren aufstellen zu lassen, die meistens Szenen aus der chinesischen Mythologie darstellen. Sie sind »zum Teil herrlich grausam«, wie ein Prospekt verspricht. Gleich am Eingang stehen drei chinesische Reisbauern in Lebensgröße. Einer hat sich am Bein verletzt. Sein Kollege ist entsetzt über den Unfall. Doch Nummer drei kommt hoffnungsvoll angelaufen und trägt eine Schachtel mit Tiger-Balsam in der Hand.

Vor diesen Figuren haben Händler ihren Stand. Sie verleihen an Fotografen lebendige Schlangen. Diese werden den kreischenden Frauen und Mädchen um die Schultern gelegt, und der Vater oder Freund hält das Ganze in Farbe auf Fuji-Film fest.

Es gäbe noch viel in Singapore zu sehen, aber unsere »Magdeburg« will auslaufen. Singapore versinkt am Horizont. Vor uns liegen fast vier Wochen Seefahrt. Wir werden gerade zum Schluß des Winters in Rostock sein.

Wer diesen Reisebericht aufmerksam las, wird bemerkt haben, daß wir nur an wenigen Tagen in einem Hafen lagen. Mehr als drei Monate waren wir auf dem Meer. Man muß schon die See so lieben wie meine Frau und ich, wenn man »bloß Wasser sieht« und trotzdem begeistert ist.

Unser Dank gilt dem Kapitän und der Besatzung von M. S. »Magdeburg«, die 120 Tage lang zwei nichtstuende Passagiere auf ihrem Frachtschiff ertrugen.

Inhalt